Einführung in die Statistik für Kommunikationswissenschaftler

Ingrid Andrea Uhlemann

Einführung in die Statistik für Kommunikationswissenschaftler

Deskriptive und induktive Verfahren für das Bachelorstudium

Ingrid Andrea Uhlemann
Universität Greifswald
Kommunikationswissenschaft
Greifswald
Deutschland

ISBN 978-3-658-05768-8 ISBN 978-3-658-05769-5 (eBook)
DOI 10.1007/978-3-658-05769-5

Die Deutsche Nationalbibliothek verzeichnet diese Publikation in der Deutschen Nationalbibliografie; detaillierte bibliografische Daten sind im Internet über http://dnb.d-nb.de abrufbar.

Springer VS

Gedruckt auf säurefreiem und chlorfrei gebleichtem Papier

Springer VS ist eine Marke von Springer DE. Springer DE ist Teil der Fachverlagsgruppe Springer Science+Business Media
www.springer-vs.de

Vorwort

Zum Inhalt dieses Buches Das vorliegende Buch ist darauf angelegt, dem Leser/ der Leserin statistisches Grundwissen zu vermitteln. Dieses Wissen soll ihn oder sie dazu befähigen,

- die in der Fachliteratur vorgefundenen Auswertungen empirischer Forschung wenigstens im Grundsatz nachvollziehen zu können.
- die in den Medien dargestellten – oder den Medien in Pressemitteilungen dargebotenen – Ergebnisse empirischer Untersuchungen kritisch zu hinterfragen.
- grundlegende Auswertungen eigener oder fremder Daten durchführen zu können.

Im ersten Kapitel werden wichtige Grundbegriffe geklärt und der Bezug zwischen Statistik und empirischer Forschung hergestellt. Die *Kapitel zwei* bis *fünf* widmen sich dann verschiedenen Werkzeugen der *deskriptiven Statistik*: Kapitel zwei beginnt mit der *univariaten Darstellung kategorialer Merkmale*, das dritte Kapitel schließt daran an und befasst sich mit der *bivariaten Darstellung und Zusammenhangsanalyse kategorialer* Merkmale. Kapitel vier widmet sich der *univariaten Beschreibung und Darstellung von metrischen Merkmalen*. Im fünften Kapitel werden dann die *Analyse von Unterschieden* in der Verteilung metrischer Merkmale in verschiedenen Gruppen und *Maße für Zusammenhänge zwischen zwei metrischen Merkmalen* besprochen.

Die Kapitel *sechs* bis *acht* befassen sich mit der *induktiven Statistik*: Die in den Kapiteln drei und fünf dargestellten Unterschieds- und Zusammenhangsmaße sollen nun auf ihre Übertragbarkeit auf die GG getestet werden. Nach einer Einführung in grundlegende Begriffe der Wahrscheinlichkeitstheorie in Kapitel sechs werden in Kapitel sieben *verschiedene Testverfahren zur Prüfung von Hypothesen über Mittelwertunterschiede* vorgestellt. Kapitel acht befasst sich mit *Tests über signifikante Zusammenhänge*.

Tab. 1 Vorschlag: Aufteilung des Skripts auf Semesterwochen

Kapitel	Lehrveranstaltungen je Semesterwoche
1	1. Woche
2	5. Woche
3	3. & 4. Woche
4	5. & 6. Woche
5	6., 7. & 8. Woche
6	9. Woche
7	10. & 11. Woche
8	12. & 13. Woche

Das Buch erwuchs aus einer Reihe von Lehrveranstaltungen zur Einführung in die Statistik, die ich seit 2001 immer wieder gehalten habe. Dafür waren mir die Vorlesung und Übungen *Einführung in die Statistik für Soziologen I und II*, welche ich in München bei Prof. Iris Pigeot besuchte, eine hervorragenden Basis. Auch das am Münchner Institut für Statistik entstandene Lehrbuch von Fahrmeier/Künstler/Pigeot/Tutz: Statistik. Der Weg zur Datenanalyse war mir in der Ausgabe von 1999 für die Seminarvorbereitungen immer ein treuer Begleiter. Sofern ich mir eines Bezugs bewusst bin, habe ich dies entsprechend angeben. Es ist aber durchaus möglich, dass sich manche Inhalte unerkannt mit meinen Erörterungen verweben und bitte diesbezüglich um Nachsicht.

Zum Arbeiten mit diesem Buch Meiner Erfahrung nach lernt sich Statistik nicht „von selbst". Eine didaktisch gut aufgebaute Vorlesung ist natürlich die beste Grundlage, die man legen kann, reicht aber m. E. nicht aus, um das Lernziel zu erreichen. Die Komplexität der Materie erfordert es, sich selbstständig mit dem Stoff auseinanderzusetzten. Diesem Ziel soll dieses Buch dienen.

Falls das Buch ohne begleitende Lehrveranstaltung verwendet wird, empfehle ich, die einzelnen Kapitelabschnitte zunächst einmal am Stück durchzulesen, auch wenn nicht sofort alles verstanden wird. Nehmen Sie sich dann den Text noch einmal vor. Wenn Sie Begriffe nicht verstehen, blättern Sie notfalls noch einmal zu den vorderen Kapiteln. Formeln werden i. d. R. im Text erläutert. Halten Sie sich zunächst an diese „Auslegung" der Formel und versuchen Sie anhand dieser die mathematische Schreibweise zu entschlüsseln.

Obwohl das Buch im Rahmen einer Lehrveranstaltung entstanden ist, ist es nicht in zwölf oder dreizehn Kapitel gegliedert. Die Gliederung erfolgt anhand inhaltlicher Schwerpunkte, so dass insgesamt eher umfangreichere Kapitel entstanden. Eine empfohlene Aufteilung des Lehrbuchs zur Begleitung einer einsemestrigen Veranstaltung zeigt Tab. 1.

Anfangs werden die Inhalte möglicherweise sehr einfach erscheinen, dennoch sollte nicht auf eine Wiederholung und Einübung verzichtet werden, denn alle neuen Begriffe und Schreibweisen, die eingeführt werden, werden in den folgenden Kapiteln meistens ohne weitere Erläuterungen verwendet. Neue Begriffe sollten vergleichbar mit Vokabeln gelernt und durch das „Bedenken" der mit den Begriffen verbunden Vorstellungen aktives Wissen aufgebaut werden.

Die Erfahrung lehrt auch, dass der Umgang mit dem in statistischen Formeln häufig vorkommenden Summenzeichen Σ nicht selbstverständlich seit der Schulzeit geläufig ist. In den Umgang mit Summen wird in diesem Buch nicht gesondert eingeführt. Wenn Sie Schwierigkeiten feststellen, sollten Sie nach geeignetem Material such, um evtl. eingerostetes Wissen wieder zu aktivieren.

Das selbstständige Lösen der Übungsaufgaben soll dazu anregen, sich aktiv mit dem Stoff auseinanderzusetzen. Es legt gleichzeitig offen, welche Bereiche noch einmal vertieft werden müssen. Auch die Fragen zur Lernzielkontrolle am Ende eines jeden Kapitels dienen dazu, den erreichten Erkenntnisstand zu prüfen.

Inhaltsverzeichnis

1 Einführung

Zusammenfassung

Im ersten Kapitel werden wichtige Grundbegriffe geklärt – Was ist mit (einer) Statistik gemeint, was sind wichtige Werkzeuge der Statistik und in welchem Zusammenhang steht die Datenanalyse mit der empirischen Forschung? Am Beispiel einer Befragung wird der Weg von einem ausgefüllten Fragebogen zu einem Datensatz verdeutlicht, Begriffe wie Objekte, Merkmale, Merkmalsausprägung, Grundgesamtheit und Stichprobe geklärt und die verschiedenen Skalenniveaus und Merkmalstypen erläutert.

1.1 Ziel und Aufgabe der Statistik im Forschungsprozess

► **Statistik** Mit dem Begriff Statistik wird zum einen die **statistische Methodenlehre** bezeichnet, also alle Verfahren und Methoden der Gewinnung, vor allem aber der Verarbeitung, empirischer Daten.

Zum anderen meint der Begriff auch die **tabellarische oder grafische Darstellung** eines konkret vorliegenden Datenmaterials (z. B. die aktuelle Arbeitslosenstatistik).

Im Rahmen des Buches werden wir uns zum einen mit der Beschreibung von Daten bzw. Untersuchungsergebnissen befassen (***deskriptive Statistik***), zum anderen werden wir die gängigsten Verfahren der schließenden Statistik (***induktive Statistik***) kennenlernen.

I. A. Uhlemann, *Einführung in die Statistik für Kommunikationswissenschaftler*,
DOI 10.1007/978-3-658-05769-5_1

▶ Die Aufgabe der *deskriptiven Statistik* sind zusammenfassende Aussagen über die Beschaffenheit der untersuchten Objekte.

Die erfasste Menge an Objekten wird z. B. untersucht nach den Anteilen bestimmter Eigenschaften, der durchschnittlichen Größe eines Merkmals oder wie sich die einzelnen möglichen Werte einer Variablen über die Bandbreite verteilen.

Neben der Analyse einzelner Größen ist auch die Untersuchung von Zusammenhängen zwischen Merkmalen (z. B. der Zusammenhang zwischen Informationsanteil eines Senders und seiner Finanzierungsform im Beispiel 1.1) von besonderem Interesse. Mit der deskriptiven Statistik befassen sich die Kap. 2–5.

Beispiel 1.1: Programmanalyse

In regelmäßigen Abständen wird die sogenannte Programmanalyse durchgeführt, um zu untersuchen, „inwieweit Distanzen zwischen öffentlich-rechtlichen und privaten Programmprofilen in der empirischen Realität nachweisbar sind". (Krüger 2011, S. 204)

„Auf der Basis des Gesamtjahres wurden die Strukturprofile der bundesweit empfangbaren Programmangebote von ARD/Das Erste, ZDF, RTL, Sat.1 und ProSieben in den drei Dimensionen Sparten, Sendungsformen und Inhaltsschwerpunkte ermittelt. ... Dazu wurden ... die Sendungslisten mit Sendetiteln und Zeitangaben (1) der AGF-Sendungscodierung sowie tagesaktuelle Programmankündigungen und archivierte Programmaufzeichnungen verwendet. ... Ein Ziel dieser Verfahrensweise liegt darin, die Programmdaten auf Sendungsebene nach einheitlichen Programmkategorien darzustellen. [...] Im Spartenmodell der Programmanalyse werden die Angebotsschwerpunkte der Sender wie in den Vorjahren nach acht Sparten unterschieden: 1. Information, 2. Sport, 3. Nonfiktionale Unterhaltung, 4. Musik, 5. Kinder-/Jugendprogramm, 6. Fiction (ohne Kinderprogramm), 7. Sonstiges und 8. Werbung." (Krüger 2011, S. 204)

Eine von verschiedenen Auswertungstabellen dieser Studie ist in Abb. 1.1 dargestellt. Was wurde hier gemacht? Allen Sendungen eines Jahres wurden einer der genannten Programmsparten zugeordnet. Auch ihre Dauer wurde festgestellt. Sicherlich wurde das Ganze mit Hilfe eines Computers durchgeführt. Ganz praktisch kann man es sich vielleicht so vorstellen:

Für jeden Sender wird eine Datei angelegt. Für jede in einem Jahr ausgestrahlte Sendung wird dann eine Zeile ausgefüllt. Zum Beispiel kommt in die erste Spalte der Zeile der Name der Sendung, daneben der Tag, in der dritten Spalte wird dann immer die Dauer in Minuten eingetragen und in der vierten Spalte wird dann vielleicht die Programmsparte der Sendung festgehalten und in den weitern Spalten folgen weitere Merkmale.

① Spartenprofile von ARD/Das Erste, ZDF, RTL, Sat.1 und ProSieben 2008* bis 2010

	Sendedauer Min./Tag			in %		
	2008	2009	2010	2008	2009	2010
ARD/Das Erste						
Information	582	591	582	40	41	40
Sport	112	84	111	8	6	8
Nonfiktionale Unterhaltung	92	89	90	6	6	6
Musik	18	18	14	1	1	1
Kinder-/Jugendsendungen	72	87	87	5	6	6
Fiction	510	517	499	35	36	35
Sonstiges	34	35	37	2	2	3
Werbung	20	19	20	1	1	1
Gesamt Min./Tag	1 440	1 440	1 440	100	100	100
ZDF						
Information	659	714	690	46	50	48
Sport	101	77	94	7	5	7
Nonfiktionale Unterhaltung	162	145	135	11	10	9
Musik	17	16	12	1	1	1
Kinder-/Jugendsendungen	61	69	67	4	5	5
Fiction	387	367	392	27	25	27
Sonstiges	33	33	31	2	2	2
Werbung	20	20	20	1	1	1
Gesamt Min./Tag	1 440	1 440	1 440	100	100	100
RTL						
Information	309	337	328	21	23	23
Sport	22	24	27	2	2	2
Nonfiktionale Unterhaltung	335	408	479	23	28	33
Musik	33	30	16	2	2	1
Kinder-/Jugendsendungen	19	14	4	1	1	0
Fiction	359	361	317	25	25	22
Sonstiges	68	72	74	5	5	5
Werbung	296	193	195	21	13	14
Gesamt Min./Tag	1 440	1 440	1 440	100	100	100
Sat.1						
Information	240	244	238	17	17	17
Sport	8	14	21	1	1	1
Nonfiktionale Unterhaltung	426	466	460	30	32	32
Musik	15	7	3	1	0	0
Kinder-/Jugendsendungen	1	1	1	0	0	0
Fiction	443	403	415	31	28	29
Sonstiges	90	82	78	6	6	5
Werbung	216	224	223	15	16	15
Gesamt Min./Tag	1 440	1 440	1 440	100	100	100
ProSieben						
Information	223	227	152	15	16	11
Sport	3	0	0	0	0	0
Nonfiktionale Unterhaltung	335	336	285	23	23	20
Musik	16	3	4	1	0	0
Kinder-/Jugendsendungen	50	48	57	3	3	4
Fiction	540	539	662	37	37	46
Sonstiges	75	76	80	5	5	6
Werbung	198	211	200	14	15	14
Gesamt Min./Tag	1 440	1 440	1 440	100	100	100

* 2008 abweichend von Vorjahren recodiert.
Untersuchungszeitraum: 1. Januar bis 31. Dezember, 3.00–3.00 Uhr.

Abb. 1.1 Auswertung von Krüger (2011, S. 206) Beispiel 1.1 Programmprofile von Vollprogrammen

Tab. 1.1 Beispielhafte Tabelle zur Erfassung von TV-Inhalten

Erhebungsschema zur Erfassung von Spartenprofilen				
Sendung	Tag	Dauer (Min)	Sparte	…
….	1			
Tagesschau	1	15	1	
Rosen im September	1	90	6	
…	…	…	…	

Tabellen wie Tab. 1.1 liefern eine riesige Menge an Informationen, schließlich müsste sie für ein Jahr und für alle Sender ausgefüllt werden. Ist alles Material erfasst, dann wurde sicher eine Reihe von Blättern ausgefüllt. Allerding können wir mit ihnen in dieser Form noch wenig über die Sender berichten. Die fertig ausgefüllten Tabellen an sich sind genauso wenig aussagekräftig wie ein Stapel Fragebögen, der auf einem Tisch liegt. Erst indem wir mit Hilfe der Mathematik bzw. der Statistik geeignete Formen finden, die Daten zu verdichten, können wir sie uns erschließen.

Im Fall der Programmspartenanalyse im Beispiel 1.1 wird dieses Problem so gelöst, dass auf Basis der Einzelsendungen zunächst die Summe aller Minuten je Programmsparte berechnet wird. Diese werden dann zu einem durchschnittlichen Tag umgerechnet, indem wieder durch die Summe aller Sendeminuten insgesamt geteilt wurde. Auf diese Weise entstehen die Programmprofile, die in Abb. 1.1 abgebildet sind. Um dann die einzelnen Sender miteinander auf einer einheitlichen Basis vergleichen zu können, wurde im letzten Schritt noch der jeweilige prozentuale Anteil der einzelnen Programmsparten am durchschnittlichen Tag ermittelt, indem die Minutenanteile durch die 1440 min eines Tages geteilt wurden.

Ein solches Vorgehen nennt man auch *Datenverarbeitung*. Die Statistik liefert Methoden für die Datenverarbeitung und die Datenanalyse:

▶ **Datenverarbeitung/Datenanalyse** meint die Verdichtung und komprimierte Darstellung einer größeren Anzahl von Daten durch aussagekräftige (Kenn)Werte, in Form von Tabellen oder mittels grafischen Darstellungen. Sie verwendet Verfahren, die Daten nach Zusammenhängen und Mustern zu untersuchen und Hypothesen rechnerisch zu überprüfen.

Statistik ist eine Hilfswissenschaft, die überall Anwendung findet, wo empirische Daten erhoben und ausgewertet werden. Neben der Kommunikationswissenschaft, die in vielen Bereichen eine starke empirische Prägung hat, findet sie z. B. auch Anwendung in der Medizin, der Agrarwissenschaft, den Wirtschaftswissenschaften, der Soziologie oder der Psychologie.

Statistik sollte immer im Bezug zur empirischen Forschung gesehen werden. Sie dient zum einen dazu, die in quantitativen Untersuchungen in Form von Daten gewonnenen Informationen der Erkenntnis zugänglich zu machen (vgl. auch Beispiel 1.1). Solche Untersuchungen sind z. B. Befragungen, Inhaltsanalyse, wie die Programmanalyse, oder standardisierte Beobachtungen, etwa in der Mediennutzungsforschung.

Mit Hilfe von relativ einfachen Berechnungen wurde in Beispiel 1.1 aus einer unübersichtlichen Datenflut eine eindeutige und aussagekräftige Statistik erstellt. Dabei wurde nur deskriptiv gearbeitet, denn da alle Sendungen eines Jahres in die Analyse eingingen, kann von einer Vollerhebung gesprochen werden. In so einem Fall ist die Berechnung damit abgeschlossen.

Sehr häufig werden aber nicht alle Objekte untersucht, über die eine Aussage gemacht werden soll. In so einem Fall kommt nach der deskriptiven Statistik die induktive Statistik zum Einsatz.

► Das Ziel der induktiven Statistik ist der Schluss von der ***Stichprobe*** als einem Teil der Menge aller Objekte, über die eine Aussage gemacht werden soll, auf die ganze Gesamtheit (***Grundgesamtheit***).

Dies geschieht unter Rückgriff auf wahrscheinlichkeitstheoretische Überlegungen, d. h. die in der deskriptiven Statistik festgestellten Beschreibungen der Merkmale oder die Zusammenhänge in den Daten sollen auf ALLE verallgemeinert werden.

Die Statistiker unterstützen die verschiedenen Fachwissenschaften, indem sie ein Set von Werkzeugen bereitstellt, deren sich die Forscher bei der Analyse bedienen. Da diese „Werkzeuge" in vielen Fällen innerhalb der wissenschaftlichen Gemeinschaft bekannt sind, stellen sie sprachliche Zeichen dar, mit denen eine Reihe von Informationen über ein Merkmal vermittelt wird. Die Kenntnis ihrer Bedeutung ist eine wichtige Voraussetzung für das Verständnis von Auswertungstexten.

Beispiel 1.2: Verwendung von Kennwerten im Text

Durchschnittlich verbringen die Communitynutzer täglich 54 min in ihrer Community. Dabei liegt die Nutzungszeit bei Teens und Twens mit 77 bzw. 62 min pro Tag erwartungsgemäß deutlich über dem Mittelwert. (Busemann und Gscheidle 2012, S. 381)

In Beispiel 1.2 ist ein solcher Begriff der *Mittelwert*, der unter der alltagssprachlichen Bezeichnung *Durchschnitt* relativ bekannt ist. Das Wissen um die Bedeutung des Begriffs wird im Beispiel vorausgesetzt, er wird im ersten Satz dazu verwendet, eine allgemeine Aussage über die Nutzungsdauer in Online-Communities zu geben: Zählt man alle Nutzungszeiten der Untersuchten zusammen und verteilt sie gleichmäßig auf die alle Untersuchten, dann nutzt jeder etwa 54 min am Tag Communities.

Der zweite Satz von Beispiel 1.2. zeigt aber, dass man nicht davon ausgehen kann, dass alle untersuchten Personen sich gleichlang in Communities aufhalten. Die jünger Gruppe nutzt diese deutlich länger als das durchschnittliche Maß von 54 min. Ausgehend vom Wissen über den Mittelwert kann man sich jetzt denken, dass es andere geben muss, die deutlich weniger als 54 min am Tag in Communities aktiv sind. In Kap. 4 werden wir uns noch ausführlicher mit dem „Werkzeug" Mittelwert befassen.

Im Rahmen eines empirischen Forschungsprozesses bedienen sich Forscher ebenfalls bei den Erkenntnissen der Statistik, wenn sie gemäß dem kritischen Rationalismus Forschungs- bzw. Arbeitshypothesen auf Falsifikation prüfen. In diesem Fall dient die Statistik dazu, festzustellen, ob der in der Stichprobe gemessene Unterschied *auf die Grundgesamtheit übertragbar ist*. Die Statistiker haben für die meisten verbreiteten Hypothesen passende Testverfahren entwickelt.

▶ **Hypothesen** sind falsifizierbare Aussagen über Zusammenhänge zwischen empirisch gehaltvollen Begriffen.

Beispiel 1.2 Hypothesen

Je jünger Menschen sind, desto länger sind sie täglich in Online-Communities aktiv.

Teens und Twens sind länger täglich in Online-Communities aktiv als Personen über 50 Jahren.

▶ **Werkzeuge der Statistik**

Verschiedene Berechnungsverfahren für statistische Kennwerte (z. B. Mittelwert, Median, Modus,…)

Arten von Tab. (Häufigkeitstabellen, Kreuztabellen,…)

Formen grafischer Abbildungen und Diagramme (z. B. Balkendiagramme, Punktewolken,…)

Verfahren zur Bestimmung der Genauigkeit von Schätzungen (z. B. Konfidenzintervall)

Verfahren zum Testen von Zusammenhangshypothesen in der Grundgesamtheit (z. B. T-Test, Chi²-Test,…)

Statistik bzw. die statistischen Methoden kommen in der Hauptsache erst nach der Datenerhebung zur Verwendung.

1.2 Wichtige Grundbegriffe

Im Folgenden werden wir auf einige wichtige Grundbegriffe näher eingehen und ihre Bedeutung klären. Diese Begriffe werden im Verlauf des Buchs immer wieder verwendet. Es ist also wichtig, dass Sie sich die Begriffe einprägen oder ein eigenes Glossar anlegen. Nach der Nachbereitung dieses Kapitels sollten Sie alle Grundbegriffe ohne Nachschlagen erläutern können.

Bei einer Datenerhebung, zum Beispiel einer Befragung, werden von den einzelnen befragten Personen eine Reihe von verschiedenen Informationen erbeten und z. B. in einem Fragebogen festgehalten. Diese Informationen beziehen sich auf bestimmte Aspekte der untersuchten *Objekte* (in diesem Fall die Personen), und auf jede Frage muss es immer wenigstens zwei verschiedene Antwortmöglichkeiten geben.

Beispiel 1.3 Fragebogen aus einer Fragebogenübung

Sehr geehrte Damen und Herren,
im Rahmen eines Forschungsprojekts an der Universität Greifswald führen wir eine kurze Befragung durch, in der es vor allem um die Nutzung von Fernsehsendungen geht. Wenn Sie wenigstens gelegentlich Fernsehsendungen sehen, dann würden wir uns freuen, wenn Sie an dieser Befragung teilnehmen würden.

Frage 1: Zunächst geht es um den Fernsehempfang. Auf welche Weise empfangen Sie ihr Fernsehen? (*Mehrfachnennungen möglich)*

○ Kabelanschluss (Anbindung an das Breitbandkabelnetz via Kabelsteckdose)
○ Satellitenanschluss (Empfang über eine SAT-Anlage inkl. Parabolantenne = „Satellitenschüssel")
○ DVB-T Empfänger (digitales Fernsehen via Antenne und Receiver)
○ kein TV-Anschluss
○ weiß ich nicht
○ Sonstiges, nämlich: ______________________

Frage 2: Sind Sie mit den TV – Programmen die Sie empfangen können insgesamt eher
○ sehr zufrieden ○ weniger zufrieden oder ○ nicht zufrieden?

...

Frage 20: Wie viele angeschlossene Fernsehgeräte befinden sich in Ihrem Haushalt?

Tragen Sie bitte ein: ______ Geräte

▶ **Statistische Einheiten/Objekte** Merkmalsträger, an denen die empirischen Daten gewonnen wurden (Bsp: Personen, Personengruppen (Studenten), Einrichtungen (Universitäten), Fernsehsender, Artikel, Fernsehsendungen, Öffentliche Verkehrsmittel,…..)

Die Objekte stammen i. d. R. aus einer bestimmten Objektmenge, da die meisten empirischen Untersuchungen darauf angelegt sind, Aussagen über konkrete Objektmengen zu machen, z. B. über alle Kinder, über alle Fernsehsender, über alle Ausgaben einer bestimmten Zeitung usw.. Diese Menge nennt man Grundgesamtheit. Sehr oft wird nach einem festgelegten Verfahren nur ein Teil der Objekte der Grundgesamtheit (GG) untersucht. Diese Menge nennt man Stichprobe.

▶ **Grundgesamtheit/Population** Die Menge aller statistischen Einheiten, über die man Aussage gewinnen will

▶ **Stichprobe** Teilgesamtheit der Grundgesamtheit, über die die gewünschten Informationen vorliegen

Die verschiedenen Aspekte der Objekte, die untersucht werden, werden in der empirischen Forschung auch *Merkmale* genannt (s. Abb. 1.2). *Merkmale* können verschiedene *Merkmalsausprägungen* annehmen, z. B. kann eine Person bei Frage 1 in Bsp. 1.3 aus fünf verschiedenen Antworten auswählen, die verschiedene *(Merkmals-)Ausprägungen* des (Nicht-)Fernsehempfangs darstellen. Lediglich die Antwort „Weiß nicht" liefert keine verwertbaren Informationen über die Art des TV-Empfangs.

Wenn die Befragten den Fragebogen ausfüllen, schätzen sie sich selbst ein und entscheiden sich (im Idealfall) für die richtige Antwort. Sie messen sich also gemäß den Anfragen auf dem Fragbogen selbst aus und übermitteln uns den Wert dieser Selbsteinschätzung/Selbstmessung.

Anders ist es bei der Programmanalyse im Beispiel 1.1, hier wurden die Sendungen gemäß festgelegter Regeln den einzelnen Sparten zugeordnet. Für jede Sparte wurde dann ein numerischer Wert vergeben.

▶ **Merkmale/Variablen** Interessierende Größen, die an den statistischen Einheiten (=Merkmalsträger) erhoben werden

▶ **Wert/Merkmalsausprägung** konkreter Wert des Merkmals für eine bestimmte statistische Einheit=Messergebnis

▶ **Messen** Systematische Zuordnung von Zahlenwerten zu Messobjekten, so dass die zugewiesenen Werte die Relationen zwischen den Objekten hinsichtlich des gemessenen Merkmals abbilden. (Das zugewiesene numerische Relativ muss dem empirischen Relativ entsprechen)

Um die Befunde statistisch auszuwerten, müssen die Information (hier Befragungsergebnisse) in der Form von *Daten* vorliegen, d. h. es bringt nichts, wenn in der Tabelle Ja/Nein steht, sondern, um damit rechnen zu können, müssen auch verbale Informationen in geeignete numerische Informationen übertragen werden. Ja/Nein-Entscheidungen werden i. d. R. mit Ja = 1 und Nein = 0 übersetzt.

▶ **Daten** In Form von numerischen Werten vorliegende Informationen.

1.3 Erste Schritte einer Datenanalyse

Die adäquate Übersetzung von verbalen Informationen bzw. qualitativen Angaben in geeignete numerische Werte und der mathematisch zulässige Umgang mit den verschiedenen Arten von Daten ist ein wichtiges Thema für die Statistik bzw. bei der Auswertung. Die Kenntnis des vorliegenden *Skalenniveaus* und das damit verbundene Verständnis über die Art der vorliegenden Daten ist eine Voraussetzung dafür, die richtigen statistischen Werkzeuge anzuwenden und die Ergebnisse sinnvoll zu interpretieren. So wie ein Monteur den Unterschied zwischen einem Inbusschlüssel und einem Schraubendreher kennen muss, so muss ein empirisch arbeitender Wissenschaftler z. B. den Unterschied zwischen verschiedenen Merkmalstypen erkennen.

Daten sind Informationen über die interessierenden Objekte, die in einer Form vorliegen, in der sie auf irgendeine Weise quantifiziert, also rechnerisch verarbeitet werden können. Sie liegen meist als Ergebnisse von Messungen vor, bei denen gemäß einer festgelegten Regel bestimmte Eigenschaften bestimmten definierten Ausprägungen zugeordnet werden.

So sollten die Personen im Beispiel 1.3 die Art ihres Fernsehempfangs angeben, das Ausmaß der Zufriedenheit mit dem Empfang, den Sender, den sie am meisten vermissen würden und die Anzahl der Fernsehgeräte im Haushalt (vgl. Bsp. 1.3 ‚Auszug aus einem Fragebogen einer Befragungsübung im SS2012 an der EMAU‘).

Um diese Informationen rechnerisch verarbeiten zu können, müssen nun den Ausprägungen numerische Werte, also Zahlen, zugeordnet werden.

1.3.1 „Codierung": Von Informationen zu Daten

Im Beispiel 1.3 geschah dies bei der Eingabe der Daten in den Computer. Dazu wurde eine Vorlage erstellt, die den Studierenden zeigte, welche Zahlen sie für welche Möglichkeiten eintippen sollten (vgl. Bsp. 1.4 Fragebogeneingabeanweisungen). Da bei den Anschlussmöglichkeiten (Frage 1) mehrere Antworten möglich waren, entspricht jeder Antwortkreis formal einer JA/Nein-Frage. Entsprechend ist für jede Antwortmöglichkeit eine Spalte bei der Eingabe vorgesehen und für jedes nicht angekreuzte wird dort eine 0 eingetragen. Die Null bedeutet „Nein, trifft nicht zu", die Eins bedeutet „Ja, trifft zu".

Was haben die Ausprägungen in diesem Fall mit den Zahlen gemein? Die Ausprägungen drücken vor allem aus, dass z. B. einen Kabelanschluss zu haben etwas anderes ist als keinen Kabelanschluss zu haben. Dem entspricht die Zahleneigenschaft $1 \neq 0$. Weiterhin drückt eine angekreuzte Ausprägung aus, dass z. B. *ein* Kabelanschluss ein Anschluss mehr ist als *kein* Kabelanschluss, sie drücken als eine Mindestmenge von Kabelanschlüssen von 1 aus. Dem entspricht die Zahleneigenschaft $1 > 0$.

Beispiel 1.4 Fragebogeneingabeanweisungen

Frage 1: Zunächst geht es um den Fernsehempfang. Auf welche Weise empfangen Sie ihr Fernsehen? (*Mehrfachnennungen möglich*)

F1... – F1 ... 1 Ja

0/1 ○ Kabelanschluss (Anbindung an das Breitbandkabelnetz via Kabelsteckdose)
0/1 ○ Satellitenanschluss (Empfang über eine SAT-Anlage inkl. Parabolantenne = „Satellitenschüssel")
0/1 ○ DVB-T Empfänger (digitales Fernsehen via Antenne und Receiver)
0/1 ○ kein TV-Anschluss
0/1 ○ weiß ich nicht
0/1 ○ Sonstiges, nämlich: ____________

Frage 2: Sind Sie mit den TV – Programmen die Sie empfangen können insgesamt eher

○ sehr zufrieden 2 ○ weniger zufrieden oder 1 ○ nicht zufrieden? 0

Frage 3: Was denken Sie - welchen Fernsehsender würden Sie am meisten vermissen, wenn er sein Programm einstellen würde?

wenn möglich *Tragen Sie bitte ein:* ____________
→ offiziellen Sendername notieren (nur Erstgenannter im Zweifel)

...

Frage 20: Wie viele angeschlossene Fernsehgeräte befinden sich in Ihrem Haushalt?

Tragen Sie bitte ein: ______ Geräte

Bei der Frage nach der Zufriedenheit waren drei Antwortmöglichkeiten vorgesehen (vgl. Bsp. 1.4 ‚Hinweise zur Datencodierung auf einem leeren Fragebogen'), die sich in der Zufriedenheit abstufen. Die höchste Zufriedenheit drückt die erste Antwortmöglichkeit aus, entsprechend wird hier auch der höchste Zahlenwert vergeben. Die geringste Zufriedenheit, also „nicht zufrieden", wird mit 0 ausgedrückt. Die verwendeten Zahlen spiegeln jetzt also nicht nur die Verschiedenheit der Antwortmöglichkeiten wieder, sondern zeigen auch, dass die erste Antwortmöglichkeit weiter weg von der Nicht-Zufriedenheit liegt als die zweite Antwortmöglichkeit und dass die Zufriedenheit der Personen, die mit „2" eingetragen werden, höher ist als die der Personen, die mit „1" oder mit „0" eingetragen werden. Die Ausprägungen „sehr zufrieden", „weniger zufrieden" „nicht zufrieden" haben also mit den Zahleneigenschaften mehr gemein als nur Gleich/Ungleichheit – sie bilden auch wie die Zahlen eine Reihenfolge ab: $2 > 1 > 0$.

Anders ist es dagegen bei der Frage nach dem Lieblingssender. Hier werden zunächst alle Nennungen festgehalten (vgl. Bsp. 1.4). Später wird dann den einzelnen Ausprägungen eine Zahl zugewiesen, z. B. ARD = 1, RTL = 2, SAT1 = 3,.... Hier haben die Ausprägungen mit den Zahlen nur die Gleichheit/Ungleichheit gemeinsam ($1 \neq 2 \neq 3 \ldots$). Keine der anderen Zahleneigenschaften wird von den Ausprägungen von „am meisten vermisster Sender" abgedeckt.

Bei der Frage nach der Anzahl der Geräte im Haushalt wurde keine Eingabeanweisung formuliert (vgl. Bsp. 1.4 ‚Hinweise zur Datencodierung auf einem leeren Fragebogen'), da dies nicht notwendig ist. Hier liegt die Messung/Angabe bereits in numerischen Werten vor – die Befragten geben die Anzahl als Zahl an, und diese wird genau so eingegeben. Die Eigenschaften der Ausprägungen entsprechen allen für Rechnungen wichtigen Eigenschaften der Zahlen:

- $1 \neq 2 \neq 3 \ldots$
- $1 < 2 < 3 < \ldots$
- $1 + 1 = 2$; $3 + 1 = 4$
- $2/1 = 2$; $4/2 = 2$

1.3.2 Merkmalsarten und Skalenniveaus

Die Ausführungen zum Beispiel 1.4 zeigen, dass Ausprägungen und Zahlen in unterschiedlichem Maß korrespondieren können – manchmal entsprechen die Ausprägungen allen Zahleneigenschaften, manchmal haben Ausprägungen und Zahlen nur die Gleich/Ungleich-Relation gemeinsam.

Diese muss es mindestens geben, d. h. es gibt wenigstens zwei verschiedene Ausprägungen des Merkmals, die von zwei verschiedenen Ziffern ausgedrückt wird. Kommt ein Merkmal nur in einer Ausprägung vor, ist es für weitere Analysen nicht interessant, da es sich um eine Konstante handelt.

Je nachdem, welche Eigenschaften der Zahlen und damit welche Berechnungen für die mit den Zahlen bezeichneten Ausprägungen möglich sind, besitzen die Daten für die Auswertung verschiedene Qualitäten. Diese Qualitäten spiegeln sich in den unterschiedlichen Skalenniveaus wieder.

► Grundsätzlich gilt: Die Möglichkeiten der Auswertung ergeben sich nicht aus den Zahlen, sondern aus den mit den Zahlen bezeichneten Ausprägungen!

Ein Erhebungsinstrument (z. B. ein Fragebogen) inklusive der dazugehörigen Vorschrift der Zuordnung der Zahlen zu den Ausprägungen wird auch Skala genannt.

► **Skala** Eine Skala ist das Ergebnis einer Messung. Entsprechend der Eigenschaften verschiedener Merkmalsarten sowie unterschiedlicher Messanweisungen gibt es verschiedene Skalenarten. Die Art einer Skala ergibt sich aus den Verhältnissen (Relationen) der möglichen Messergebnisse (Ausprägungen) und den zulässigen mathematischen Operationen. Je mehr Zahleneigenschaften auch für die Merkmalsausprägungen zutreffen, umso höher ist **das Skalenniveau.**

1.3.2.1 Qualitative Merkmale

Die einfachste Art, eine Person/ein Objekt hinsichtlich einer bestimmten Eigenschaft zu quantifizieren, ist danach, welche Eigenschaft eines Merkmals bei einer Person auftritt.

Beispiel 1.5 nominalskalierte Frage

Frage 29: In welchem Beschäftigungsverhältnis stehen Sie zurzeit?

1 ○ Teilzeit
2 ○ Vollzeit
3 ○ Ruhestand
4 ○ nicht arbeitsfähig
5 ○ Student/Schüler/in Ausbildung
6 ○ arbeitssuchend
7 ○ Hausfrau/Hausmann
8 ○ Sonstiges: ______________________ bitte bei F29_sonstText eintragen

	A	B	C	D	E	FGHI	J	K	CF	EH
1	Be	Fra	F1_Kabel	F1_Sat	F1_DVBT	FFFF	F2	F3_send	F20_geräte	F29_beruf
2	Al	1	1	0	0		1	Pro7	2	5
3	Al	2	1	0	0		2	Euro Sport	2	5
4	Al	3	1	0	0		2	RTL	1	2
5	Al	4	1	0	0		1	Pro7	1	5
6	Al	5	0	0	1		1	n-tv	3	5
7	Al	6	1	0	0		0	Phönix	2	2
8	Al	7	1	0	0		1	n-tv	2	1
9	Al	8	1	0	1		1	Sport 1	3	6

Abb. 1.2 Datentabelle bzw. Datenmatrix in einem Tabellenkalkulationsprogramm

Wenn das Objekt nur je eines von mehreren Ausprägungen desselben Merkmals annehmen kann, geschieht die Quantifizierung durch Zuweisung unterschiedlicher Zahlenwerte zu unterschiedlichen Ausprägungen (vgl. Bsp. 1.5). Eine derartige Zuordnungsfunktion bezeichnet man als ***Nominalskala***.

Abbildung 1.2 zeigt einen Ausschnitt aus der Datentabelle der Befragung zur Fernsehnutzung von Beispiel 1.3 aus der auch die Frage von Beispiel 1.5 stammt. In den Spaltenköpfen stehen abkürzende Bezeichnungen für die einzelnen Merkmale, jede Zeile stellt einen Fall (ein Objekt, eine befragte Person dar). Das Beschäftigungsverhältnis, zum Beispiel, wurde als „F29_beruf" bezeichnet. Die ersten eingetragenen Personen sind mehrheitlich Studenten oder Schüler (Ausprägung 5).

► **Nominalskala** Eine Nominalskala ordnet den Objekten eines empirischen Relativs Zahlen zu, wobei Objekten mit gleicher Merkmalsausprägung gleiche Zahlen, Objekten mit verschiedenen Merkmalsausprägungen verschiedene Zahlen zugewiesen werden.

Wenn es sich bei den Daten um nominalskalierte Daten handelt, dann stehen die Zahlenwerte nur als Symbole für Namen von Eigenschaften und repräsentieren nur Äquivalenzrelationen ($=$ oder $\neq$) zwischen den Merkmalen.

Ermöglichen die Ausprägungen eines Merkmals neben der Äquivalenzrelationen ($=$oder $\neq$) auch eine *Ordnungsrelation* ($<, \geq, >$), so nennt man die entsprechenden Daten *ordinalskaliert*. Die Abstände zwischen den Merkmalsausprägungen müssen dabei nicht gleichgroß sein.

Dies entspricht der Zufriedenheit mit dem Empfang (Bsp. 1.4 ‚Hinweise zur Datencodierung auf einem leeren Fragebogen', Frage 2).

► **Ordinalskala** Eine Ordinalskala ordnet den Objekten eines empirischen Relativs Zahlen zu, wobei von zwei unterschiedlich großen Objekten dem Objekt mit der größeren Merkmalsausprägung eine größere Zahl zugewiesen wird als dem Objekt mit der kleineren Merkmalsausprägung. Daneben erfüllt sie alle Anforderungen an eine Nominalskala.

Beispiel 1.6: Ordinalskalierte Fragebogenfrage

Frage 7: Wie oft nehmen Sie zeitversetzte Fernsehnutzung in Anspruch?

- ○ mehrmals täglich
- ○ täglich
- ○ mehrmals wöchentlich
- ○ wöchentlich
- ○ mehrmals im Monat
- ○ einmal im Monat
- ○ einmal im halben Jahr
- ○ seltener

► *Ordinale* und *nominale* Merkmale werden auch als *kategoriale* oder *qualitative Merkmale* bezeichnet.

Sie besitzen endlich viele Ausprägungen und die Ausprägungen spiegeln nicht ein Ausmaß, sondern eine Qualität wieder. Dabei ist die Zuordnung ordinaler Daten zu den qualitativen Merkmalen grenzwertig, weil sie aufgrund der Ordnungseigenschaft auch einen schwachen quantitativen Aspekt haben. Da aber der qualitative Aspekt dominiert, werden Sie i. d. R. den qualitativen Daten zugeordnet (Fahrmeier et al. 1999, S. 18)

Neben der Einteilung der Merkmale anhand der mathematischen Möglichkeiten in nominal und ordinal ist auch *Dichotomität* eine bedeutsame Dateneigenschaft.

► **Dichotome Merkmale** Bei Messungen, die lediglich feststellen, ob eine bestimmte Eigenschaft bei einem Objekt auftritt oder nicht, liegen letztendlich nur zwei Ausprägungen vor. Sie werden i. d. R. als „1 = vorhanden; 0 = nicht vorhanden" codiert. Man erhält dann ein sog. ***dichotomes Merkmal*** (vgl. Bsp. 1.3: Frage 1).

Grundsätzlich kann jedes Merkmal in ein dichotomes Merkmal umgewandelt werden, indem man die Daten entsprechend zusammenfasst. Man kann z. B. alle mit der Frage 7 aus Beispiel 1.6 befragten Personen auch in folgende Gruppen einteilen: *Alle die mindestens mehrmals wöchentlich zeitversetzt nutzen* und *alle anderen*. Codiert man die erste Gruppe mit 1, so bedeutet „1" jetzt: „mindestens wöchentliche zeitversetzte Nutzung angegeben" und „0" heißt: „weniger als mindestens wöchentliche zeitversetzte Nutzung angegeben".

Die Berufstätigkeit in Frage 6, Beispiel 1.5 könnte man ebenso zusammenfassen in 1 = arbeitssuchende Personen und 0 = nicht arbeitssuchende Personen.

Im *dichotomen Fall* hat die mit eins bezeichnete Merkmalsausprägung mit der Zahl 1 mehr als die Gleich/Ungleich-Relation gemeinsam. Sie drückt auch das Vorhandensein gegenüber einem Nichtvorhandensein aus und kann damit auch in ihrer *ordinalen* und, mit Einschränkungen, sogar in ihrer *quantifizierenden Eigenschaft* aufgefasst werden (vgl. 1.2.1).

Dichotome Merkmale stellen damit einen Grenzfall dar und werden in weiterführenden statistischen Auswertungen auch bisweilen wie quantitative Merkmale behandelt. Häufig werden sie auch zur Indexbildung eingesetzt. So können z. B. verschiedene formale Merkmale einer Webseite auf ihr Vorhandensein geprüft werden, z. B. Navigationsleiste, Suchfunktion, Linkverfolgung, etc. Liegt eine derartige Funktion auf einer Webseite vor, wird 1 codiert. Am Ende kann dann z. B. so etwas wie eine technische Dimension von Nutzerfreundlichkeit berechnet werden, wenn man davon ausgeht, dass die Webseite umso nutzerfreundlicher ist, je mehr technische Navigationshilfen vorhanden sind. Dies würde folgende Rechnung bedeuten: *Nutzerfreundlichkeit* = *Navigationsleiste* + *Suchfunktion* + *Linkverfolgung* + ... Für ein Objekt ergibt sich dann für z. B. sieben untersuchten Navigationshilfen der Wert: *Nutzerfreundlichkeit* = *1* + *1* + *0* + *0* + *1* + *0* + *1* = *4*. Maximal wäre ein Wert von 7 erreichbar. Null würde bedeuten, dass keine der untersuchten Navigationshilfen vorhanden ist.

In ihrer einfachen Form als dichotome Merkmale werden dichotome Merkmale als qualitative Merkmale behandelt.

► Alle Variablen können in dichotome Merkmale umgewandelt werden.

1.3.2.2 Quantitative Merkmale bzw. metrische Merkmale

> Geben die Ausprägungen … eine Intensität oder ein Ausmaß wieder, in dem die interessierende Eigenschaft enthalten ist, so spricht man von quantitativen Merkmalen. Damit sind alle Messungen im herkömmlichen Sinn, deren Werte Zahlen darstellen, Ausprägungen quantitativer Merkmale. (Fahrmeier et al. 1999, S. 18)

Geben also die den beobachteten Objekten zugewiesenen Zahlen eine Intensität oder ein Ausmaß wieder, in dem die interessierende Eigenschaft bei einem Objekt auftritt, so spricht man auch von quantitativen Merkmalen. Im Allgemeinen betrifft diese Bezeichnung vor allem die intervall- bzw. verhältnisskalierten Variablen. Der oben dargestellt Index Nutzerfreundlichkeit ist ein Zählindex und damit ebenfalls verhältnisskaliert.

▶ **Intervallskala** Eine Intervallskala ordnet den Objekten eines empirischen Relativs Zahlen zu, so dass die Zahlendifferenzen der Merkmalsauprägungen zwischen unterschiedlich großen Objekten dem Größenunterschied zwischen diesen Objekten entsprechen.

Die Zahlenwerte drücken damit zusätzlich zur Reihenfolge der Objekte auch deren Abstand zueinander aus.

Genaugenommen sind in der Kommunikationswissenschaft Intervallskalen selten. Meist wird als Beispiel die Temperatur in Celsius herangezogen – da der 0-Punkt auf dem Thermometer nicht dem absoluten Tiefstwert entspricht, ist die Temperaturskala Celsius nur intervallskaliert. Die Messung von Körpertemperatur kommt in der Kommunikationswissenschaft am wahrscheinlichsten in der Mediennutzungsforschung vor, wenn z. B. untersucht werden soll, wie sich bestimmte Filme auf Gefühle auswirken. In der Befragung im Beispiel 1.3 ist keine Intervallskala enthalten.

Das Merkmal „Anzahl der TV-Geräte im Haushalt" (vgl. Bsp. 1.3 ‚Auszug aus einem Fragebogen einer Befragungsübung im SS2012 an der EMAU': Frage 20; Bsp. 1.4 ‚Hinweise zur Datencodierung auf einem leeren Fragebogen' F20_Geräte) stellt eine Stückzahl dar. Da es mit „kein Gerät" einen eindeutigen Nullpunkt gibt, erfüllen diese Daten alle Anforderungen an eine Verhältnisskala.

▶ **Verhältnisskala (Ratioskala)** Eine Verhältnisskala ordnet den Objekten eines empirischen Relativs Zahlen zu, so dass das Verhältnis der Zahlendifferenzen zwischen zwei unterschiedlich großen Objekten dem Verhältnis der Merkmalsunterschiede zwischen je zwei Objekten entspricht.

Es wird also von den Zahlenwerten zusätzlich zur Reihenfolge der Objekte und ihrem Abstand auch deren Verhältnis zueinander quantifiziert. Eine Verhältnisskala liegt vor, sobald sowohl die Eigenschaften einer Intervallskala als auch, zumindest theoretisch, ein absoluter Nullpunkt vorliegen.

Beispiel 1.7 Verhältnisskalierte Merkmalsmessung

Frage 30: Wie viele Stunden sind Sie durchschnittlich in der Woche in Ihrem Beruf tätig?

Tragen Sie bitte ein: **ca. ______ Stunden**

Kann man also davon ausgehen, dass die von den Zahlen ausgedrückten Abstände mit den Merkmalsabständen proportional sind, liegt auf jeden Fall eine *Intervallskala* vor. Als nächstes stellt man sich bei der Beurteilung einer Messung folgende Fragen:

1. Was bedeutet theoretisch der absolute Nullpunkt eines Merkmals?
2. Wird dieser Nullpunkt von meinem Messinstrument berücksichtigt?

Diese Fragen sind manchmal schwierig zu beantworten. Zur Beruhigung sei darauf hingewiesen, dass die Frage nach intervall- oder verhältnisskaliert bei allen in diesem Grundkurs angewandten Auswertungen nicht wirklich entscheidend ist. Nur wenn man aus den Daten Quotienten bilden will, dürfen diese tatsächlich nicht intervallskaliert sein. Dies ist z. B. der Fall, wenn man ein geometrisches Mittel berechnen will. Ansonsten reicht es aus, wenn man mindestens intervallskalierte Merkmale als *metrische Merkmale* erkennt.

▶ **Metrische Merkmale** Ein Merkmal, welches mindestens Intervallskaliert ist, wird oft auch als metrische Variable bezeichnet.

In einigen Statistikbüchern findet sich auch noch die sogenannte *Kardinalskala*, die auch manchmal *Absolutskala* genannt wird. Diese tritt z. B. bei Stückzahlen auf und wird als die höchste Skala bezeichnet. Sie stellt eine besondere Form der Verhältnisskala dar und zählt damit ebenfalls zu den metrischen Merkmalen.

1.3.2.3 Quasimetrische Merkmale

Wird bei einem Fragebogen eine quasi-kontinuierliche Messskala verwendet, dann gehen die meisten Wissenschaftler davon aus, dass die Befragten sich an diesem Antwortkontinuum orientieren und bei der Einschätzung, z. B. des Ausmaßes der Zustimmung zu einer Sache, ihre eigenen Angaben entsprechend einordnen. Man nimmt an, dass die Personen die gleichen Abstände der vorgelegten Skala als Maßstab für die eigene Einschätzung anlegen. Die so festgestellten Informationen werden dann wie metrische Daten behandelt. Ein Beispiel für eine solche Messung ist die folgende Frage:

Beispiel 1.8: Frage zur quasimetrischen Messung

Frage 15: Im Folgenden sehen Sie eine Reihe von Aussagen zum zeitversetzten Fernsehen. Bitte geben Sie für jede Aussage an, inwieweit sie auf Sie zutrifft. (Wenn die Aussage nicht auf Sie zutrifft, kreuzen Sie bitte ganz rechts an, wenn die Aussage auf Sie zutrifft, ganz links. Mit den Möglichkeiten dazwischen können Sie abstufen.)

	trifft zu				trifft nicht zu
Ich sehe zeitversetzt fern, um mich zu informieren.	○	○	○	○	○
Um mich zu entspannen sehe ich Sendungen zeitversetzt.	○	○	○	○	○
Ohne zeitversetztes Fernsehen habe ich das Gefühl nicht mitreden zu können.	○	○	○	○	○
Wenn ich Langeweile habe, sehe ich zeitversetzt fern.	○	○	○	○	○
Das zeitversetzte Fernsehen hat für mich eine	○	○	○	○	○

In der Frage von Beispiel 1.8 (vgl. ‚Quasi-kontinuierliche Fragestellung') wird auf verbale Abstufungen verzichtet. Die fünf Punkte stehen in gleichem Abstand zueinander und man sollte davon ausgehen, dass die meisten Befragten sich bei Ihrer Antwort anhand des vorgegebenen Spektrums einstufen werden. Die Messung wird als *quasimetrisch* angesehen.

Bei der Frage, ab wann eine Messung als quasimetrisch betrachtet werden kann, sind in der Anwendung unterschiedliche Praktiken verbreitet. Einige Auswertende verwenden auch Bewertungsskalen wie Schulnoten von 1-6 oder verbal abgestufte Häufigkeitsangaben (vgl. Beispiel 1.9) als quasimetrisch. Streng genommen messen solche Fragen aber nur auf ordinalem Niveau.

Beispiel 1.9 – ordinalskalierende Frage

Frage 19: Wenn Sie eine Folge Ihrer Lieblingssendung verpassen, suchen Sie dann im Internet danach?

nie	selten	gelegentlich	regelmäßig	immer
○	○	○	○	○

Sobald verbale Angaben formuliert werden, würde ich davon abraten, die Abstände zwischen den Formulierungen als gleich zu betrachten. Es ist schon nicht gewiss dass alle Befragten die Rangordnung von Antworten wie „nie", „selten", „gelegentlich", „regelmäßig" und „immer" erkennen. Noch weniger kann davon

Tab. 1.2 Überblick über die vier klassischen Skalenniveaus

Skala		Operationen	Anmerkung	Beispiele
Nominalskala	kategorial/qualitativ	= / ≠	• Nicht-hierarchische Unterschiede	• Geschlecht • Farbschema
Ordinalskala		= / ≠ > / < / ≤ / ≥	• Hierarchische Anordnung • Ungleiche Abstände	• Schulnoten • Konfektionsgröße bei Kleidung
Intervallskala	metrisch	= / ≠ > / < / ≤ / ≥ + / -	• Gleiche Abstände zwischen den Merkmalsauspr.	• Temperatur in °C • IQ
			• Kein nat. Nullpunkt	
Verhältnisskala (Ratioskala)		= / ≠ > / < / ≤ / ≥ + / - × / ÷ Ø , ...	• Gleiche Abstände zwischen den Merkmalsauspr. • Nat. Nullpunkt	• Körpergröße, -gewicht • Preis, Einkommen

ausgegangen werden, dass z. B. der Abstand zwischen „nie" und „selten" übereinstimmend von allen Befragten ebenso groß eingestuft wird wie etwa zwischen „gelegentlich" und „regelmäßig". (Tab. 1.2)

▸ Jede Skala kann auf die nächstniedrigere reduziert/umgerechnet werden (z. B. Intervallskala zu einer Nominalskala), allerdings birgt jede Reduzierung einen Informationsverlust.

1.3.2.4 Stetige und diskrete Merkmale

Neben der Skalenart bzw. des Skalenniveaus, welches auch die zulässigen mathematischen Operationen bestimmt, die bei der Datenanalyse sinnvoll interpretierbar auf das Zahlenmaterial angewendet werden können, werden Merkmale bzw. Skalen auch nach der Anzahl der möglichen Ergebnisse unterschieden.

▶ **Merkmal** Ein Merkmal ist **diskret**, wenn es endlich viele oder abzählbar unendlich viele Ausprägungen annehmen kann.

▶ **Stetiges Merkmal** Ein Merkmal ist **stetig**, wenn innerhalb eines Intervalls alle Werte möglich sind.

Diskrete Merkmale, die viele Ausprägungen annehmen können, sowie die Ergebnisse verschiedener, in der Sozialforschung oft verwendeter, Skalen oder Indexbildungen, werden oft wie stetige Variablen behandelt. Man spricht dann von **quasi-stetigen** Merkmalen.

Dabei kann ein theoretisch stetiges Merkmal auf einer diskreten Skala gemessen werden, aber ein diskretes Merkmal kann nicht in ein stetiges umgewandelt werden.

Um Stetigkeit zu verstehen, ist es wichtig, sich deutlich zu machen, dass Stetigkeit im Grunde ein rein theoretisches Konstrukt ist. Es wird von *unendlich vielen Ausprägungen* ausgegangen, und dies kann in der Praxis nicht nachvollzogen werden: Jede Messung bedeutet, dass man einen bestimmten Punkt aus dem Spektrum der unendlich möglichen Antworten fixiert. Da man nie unendlich viele Messpunkte hat, sind die einzelnen Messungen immer so etwas wie diskrete Realisationen.

Die Frage, ob es sich um ein stetiges oder um ein diskretes Merkmal handelt, ist vor allem dann interessant, wenn man das Merkmal grafisch darstellen möchte: Nur für ein stetiges Merkmal darf man als Funktion eine durchgezogene Linie zeichnen.

Übungsaufgaben Kapitel 1

1. Überlegen Sie sich eine Codierung folgender Fragebogenseite: Anhang Fragebogen Nutzeranalyse S. 4 (Fragen 12–14)
2. Geben Sie für alle Merkmale des Codierbuchs der Nachrichtenanalyse das Skalenniveau an.
3. Benennen Sie in folgender Untersuchung *Stichprobengröße, Grundgesamtheit, Merkmale und Merkmalsausprägungen und das Skalenniveau der Merkmale*: Stark, Birgit/Kraus, Daniela: Crossmediale Strategien überregionaler Tageszeitungen. Empirische Studie am Beispiel des Pressemarktes in Österreich. In: Media Perspektiven 6/2008, S. 307–317.

Lernzielkontrolle Kapitel 1

Was ist/sind die Aufgaben der deskriptiven Statistik? Inwiefern baut induktive Statistik darauf auf?

In welchem Verhältnis stehen Grundgesamtheit, Stichprobe und Untersuchungsobjekte?

Worin unterscheiden sich ordinale von nominalen Merkmalen?

Worin sind metrische Merkmale ordinalen und nominalen Merkmalen überlegen?

Welche Skalenniveaus haben qualitative Merkmale, welche quantitative Merkmale?

Was sind quasimetrische Merkmale?

Literatur

Busemann, Katrin, and Christoph Gscheidle. 2012. Web 2.0: Habitualisierung der Social Communitys. Ergebnisse der ARD/ZDF-Onlinestudie 2012. *Media Perspektiven* 8:380–390.

Fahrmeier, Ludwig, Rita Künstler, Iris Pigeot, and Gerhard Tutz. 1999. *Statistik. Der Weg zur Datenanalyse*. 2. verb. Aufl. Berlin: Springer.

Krüger, Udo Michael. 2011. Profile und Funktionen deutscher Fernsehprogramme. Programmanalyse 2010 - Teil 1: Sparten und Formen. *Media Perspektiven* 4:204–224.

Eindimensionale Darstellung qualitativer Merkmale 2

Zusammenfassung

Das zweite Kapitel führt zunächst in die verschiedenen Möglichkeiten der univariaten Datenbeschreibung ein und widmet sich dann verschiedener Möglichkeiten der Deskription kategorialer (nominaler und ordinaler) Merkmale. Anhand einer Reihe von Beispielen wird das praktische Vorgehen zur Berechnung sowie die Interpretation folgender Statistiken beschrieben: Absolute und relative Häufigkeiten, absolute und relative Häufigkeitsverteilung und der Modus für nominale und ordinale Daten sowie die kumulierten absoluten und relativen Häufigkeitsverteilungen und der Median für ordinale Daten. Mit Balken,-Säulen- und Tortendiagramm werden außerdem verschiedene Möglichkeiten der grafischen Darstellung kategorialer Daten beschrieben.

Im folgenden Kapitel und in Kapitel vier befassen wir uns mit der eindimensionalen Beschreibung von Merkmalen.

2.1 Analysebereiche und Beschreibungskriterien von Merkmalen

Eindimensional bedeutet, dass man jeweils nur ein Merkmal für sich betrachtet. Diese univariaten (uni = eins; variate = nur eine Variable betreffend) Analysen bilden die Grundlage für später folgende bivariate Analysen, bei denen es um die Zusammenhänge zwischen zwei Variablen gehen soll.

I. A. Uhlemann, *Einführung in die Statistik für Kommunikationswissenschaftler*,
DOI 10.1007/978-3-658-05769-5_2

Beispiel 2.1 Häufigkeit von Themen in Nachrichten

Vor dem Hintergrund der Konvergenzthese, die sich die Frage stellt, inwieweit sich die öffentlich-rechtlichen Fernsehsender den privaten Sendern angleichen, wurde in einer Inhaltsanalyseübung im SS 2012 am IPK eine Nachrichtenanalyse verschiedener Fernsehsender durchgeführt. Dabei wurden von sieben Sendern jeweils die Hauptnachrichten einer zufällig ausgewählten künstlichen Woche[1] nach verschiedenen Merkmalen inhaltsanalytisch erfasst. Unter anderem war dabei das *Thema* der Nachrichtenbeiträge von Interesse. Es wurde in insgesamt neun Hauptkategorien erfasst: 1 = Politik, 2 = Wirtschaft, 3 = Gesellschaft, 4 = Wissenschaft/Kultur, 5 = Unfall/Katastrophe, 6 = Kriminalität, 7 = Human Interest/Buntes, 8 = Sport, 9 = Wetter. Weitere Variablen, die in Anlehnung an die Nachrichtenwerttheorie erhoben wurden, waren *Einfluss der Akteure*, über die berichtet wird, *Personalisierung* des Beitrags, *Reichweite* und *Aktualität* des Ereignisses und *kulturelle Nähe* des Ereignisortes. Die genauen Codieranweisungen finden Sie im Codierbuch im Anhang des Skripts.

Eine *eindimensionale Beschreibung* der in Beispiel 2.1 beschriebenen Untersuchung stellt zunächst dar, welche Art der Berichterstattung auf allen Sendern insgesamt oder bei einem einzelnen Sender vorgefunden wurde. Eine zweidimensionale Analyse weitete den Blickwinkel z. B. auf den Vergleich einzelner Sender oder die Zusammenhänge zwischen verschiedenen Themen und bestimmten Nachrichtenfaktoren.

▶ **Analysebereiche**

Eindimensional/univariat Nur ein Merkmal mit seinen Ausprägungen.

Zweidimensional/bivariat Zwei Merkmale werden gemeinsam untersucht/verglichen, um Zusammenhänge festzustellen.

Mehrdimensional/multivariat Mehrere Merkmale werden auf komplexe Zusammenhänge untersucht.

Zur Beschreibung von Daten bietet die Statistik verschiedene Werkzeuge an. Letztlich geht es dabei immer darum, ein begreifbares bzw. erkennbares Bild davon zu bekommen, wie es denn um ein Merkmal in seinen Ausprägungen in einer größeren Menge von Objekten bestellt ist.

[1] Der Zeitraum von Ende Februar (20.02) bis Anfang April (08.04.) wurde nach den jeweiligen Wochentagen sortiert. Aus jeder Gruppe wurde dann einer zufällig ausgewählt, so dass aus dem ganzen Zeitraum sieben Tage zufällig ausgewählt wurden und dabei sichergestellt war, dass jeder Wochentag einmal in der Stichprobe vertreten ist.

Statistiken zur Beschreibung von Daten kommen dafür immer dann zum Einsatz, wenn die Anzahl der untersuchten Objekte so groß ist, dass wir durch bloße Anschauung keinen Überblick mehr über die Situation bekommen können. Ab welcher Zahl dies genau der Fall ist, hängt von verschiedenen Aspekten wie der Art der Objekte, der Art des Merkmals und dem Erkenntnisinteresse ab. Ab etwa 10–15 Objekten ist auch bei einfachen Merkmalen wie *die Farben von Tassen* oder den *Arten von Obst* im Obstkorb das Erfassungsvermögen mit bloßem Auge schnell erschöpft.

Bei der Beschreibung von Merkmalen leiten uns letztendlich immer folgende Fragen:

- *Wie viele verschiedene Ausprägungen* des Merkmals liegen bei den Objekten vor?
- *Wie verteilen sich* die erfassten Objekte auf die einzelnen Ausprägungen des Merkmals?
- Zeigt sich eine *verallgemeinerbare Tendenz*, d. h. kann man über die Objekte z. B. Aussagen machen wie: „Meistens ist es….." oder: „Die meisten sind….", oder: „Am verbreitesten ist…?

Entsprechend dieser Fragen bietet die Statistik Werkzeuge zur Beschreibung der *Verteilung von Daten* an. Die *Verteilung* eines Merkmals gibt vor allem auf die ersten beiden oben genannten Fragen eine Antwort. Sie drückt aus, wie sich die Objekte auf die einzelnen Merkmalsausprägungen verteilen.

► **Verteilung** Beschreibt die Verteilung der Daten im Hinblick auf die verschiedenen vorkommenden Ausprägungen des interessierenden Merkmals.

Einen Eindruck der *zentralen Tendenz* geben die sogenannten *Lagemaße.* Sie verdichten das durch die Verteilung gewonnene Bild noch einmal und fokussieren auf die am meisten herausstechenden Ausprägungen.

► **Lagemaß** Statistischer Kennwert, der die zentrale Tendenz der Objekte im Hinblick auf das interessierende Merkmal ausdrücken soll.

Da bei dieser Fokussierung Informationen verloren gehen, stellt sich die Frage, wie aussagekräftig die Lagemaße für das Ganze sind. Diese Frage wird mit den *Streuungsmaßen* beantwortet. Sie geben Hinweise darauf, wie stark die Variation der Ausprägungen insgesamt ist.

► **Streuungsmaß** Statistischer Kennwert, der das Ausmaß der Abweichung der Daten von dem als zentrale Tendenz identifizierten Wert ausdrückt.

2.2 Häufigkeitsverteilung qualitativer bzw. kategorialer Merkmale

Die Erarbeitung der verschiedenen Verteilungen, Lagemaße und Streuungsmaße der beschreibenden Statistik beginnt in diesem Buch mit der Beschreibung von qualitativen Daten.

Wir erinnern uns daran: Als *qualitativ* werden solche Merkmale bezeichnet, die eine endliche Menge an Ausprägungen haben und bei denen die Daten keine Quantität/kein Ausmaß widerspiegeln, sondern eine Qualität als eine ganz bestimmte Eigenschaft der erfassten Objekte. Diese werden auch als kategoriale Merkmale bezeichnet. Merkmale mit einem *nominalen Skalenniveau* gehören eindeutig zu dieser Gruppe, ebenso Merkmale mit einem *ordinalen Skalenniveau.*[2]

Für qualitative Daten stellen Häufigkeiten eine gebräuchliche Beschreibung dar.

2.2.1 Absolute und relative Häufigkeiten von Ausprägungen

In Beispiel 2.1 wurde allen Nachrichtenbeiträgen eine Themenkategorie zugewiesen, d. h. die entsprechende Zahl zugeordnet. Das Skalenniveau der Messwerte ist nominal, da jedes Thema für sich steht und die Themenausprägungen keine Rangordnung darstellen. Die Ziffern repräsentieren damit nur Themenbezeichnungen. Eine einfache Liste von Zahlen, die die Merkmalsausprägungen eines Merkmals einer untersuchten Menge an Objekten darstellt, wird auch als *Urliste* bezeichnet.

► **Urliste** Ein Merkmal X werde an den *n* Merkmalsträgern einer Population bzw. einer Teilmenge (Stichprobe) davon gemessen. Die resultierenden Zahlen $x_1,\ldots,x_n$ bezeichnen dann die Beobachtungswerte.

[2] Hinweis: Die verschiedenen Skalenniveaus wurden ebenso wie die die Verwendung der folgenden Begriffe Objekte (im Sinn statistischer Einheiten) Merkmal/Variable, Merkmalsausprägung/Werte, Daten, Grundgesamtheit, Stichprobe, Messung im letzten Kapitel eingeführt und werden als bekannt vorausgesetzt. Sie sollten also jetzt von diesen Begriffen eine Vorstellung haben und ihre Bedeutung für sich selbst in eigenen Worten ausdrücken können.

x_i bedeutet dabei die beim i-ten Objekt beobachtete Merkmalsausprägung der Variable X. Die Zahlenreihe der Länge n $(x_1,...,x_n)$ wird auch **Urliste** genannt (oder „n-Tupel").

Beispiel 2.1 Häufigkeit von Themen in Nachrichten (Fortsetzung)

Insgesamt wurden 745 Nachrichtenbeiträge untersucht, von denen 120 kein Thema zugeordnet werden konnte, weil es sich um prozedurale Elemente wie Trailer, Vorspann, Begrüßungen etc. handelt. Man erhält damit 625 verwertbare Daten.

Tabelle 2.1 zeigt einen Ausschnitt aus dem Datensatz von Beispiel 2.1. Der Übersicht halber wurde nur eine zufällig Auswahl vom Umfang $n=34$ aller Daten ausgewählt. Bei einer eindimensionalen Betrachtung sind keine weiteren Informationen von Interesse, so dass im Moment nur die Spalte des interessierenden Merkmals „Themenkategorie" von Interesse ist. Das Merkmal *Themenkategorie* wird damit durch folgende Datenliste abgebildet:

1, 1, 7, 1, 1, 1, 3, 2, 4, 9, 2, 8, 1, 2, 2, 1, 5, 6, 2, 1, 7, 2, 1, 7, 1, 7, 6, 1, 9, 7, 5, 5, 1, 8

Es wurde in diesem Fall an 34 Objekten gemessen. Entsprechend gilt für Beispiel 2.1: Der Stichprobenumfang $n = 34$, x_7 der Urliste hat den Wert 3 $(x_7 = 3)$ und $x_{34} = 8$.

Bei 34 Objekten wird deutlich, dass die Urliste an sich bereits nicht mehr auf einen Blick zu erfassen ist und dass der Einsatz statistischer Kennwerte hilfreich ist.

Eine gängige Möglichkeit, die Urliste zusammenzufassen, ist die Bildung von *absoluten Häufigkeiten.* Dazu ist es einmal notwendig, alle Merkmalsausprägungen, die vorkommen können bzw. die tatsächlich im Datensatz vorkommen, festzustellen und dann zu zählen, wie oft diese auftreten (Gl. 2.1). *Absolut* werden die Häufigkeiten genannt, weil Sie die gezählte Menge an Objekten dieser Ausprägung angeben.

▶ **relative und absolute Häufigkeiten** Sei mit $a_1, a_2, a_3, \ldots a_k$, k < n die Menge der möglichen Merkmalsausprägungen bezeichnet, dann sind die Anzahl aller Werte, die mit einer Ausprägung a_j übereinstimmen,

$$\text{deren } \textbf{absolute Häufigkeiten} \quad h(a_j) = h_j \tag{2.1}$$

und der Anteil dieser Werte an der Menge aller n Beobachtungen

deren **relative Häufigkeiten** $$f(a_j) = f_j = h_j / n \quad (2.2)$$

Durch Multiplikation mit 100 berechnet man aus den relativen Häufigkeiten Prozentwerte.

Die relativen Häufigkeiten drücken die Anzahl in Relation zur Gesamtmenge aus – bei $n=400$ Objekten sind 10 gezählte Ausprägungen eines Merkmals anderes zu interpretieren als bei $n=40$ Objekten.

Die ***relative Häufigkeit*** gibt den Anteil einer Merkmalsausprägung an allen festgestellten Ausprägungen an (Gl. 2.2). Greifen wir die Zahlen von oben wieder auf, so sind 10 von 400 ein Vierzigstel, also ein Anteil von 0,025. 10 von 40 drücken dagegen einen Anteil von 0,25 aus.

Die im allgemeinen Sprachgebrauch häufiger verwendeten Prozentzahlen bekommen wir, wenn beim Anteilswert das Komma um zwei Stellen nach rechts verschoben wird – aus 0,025 werden 2,5 %, aus 0,25 werden 25 %.

Beispiel 2.1 Häufigkeit von Themen in Nachrichten (Fortsetzung)

Unser Merkmal *Themenkategorie* kommt im Datensatz in folgenden Ausprägungen vor: 1, 2, 3, 4, 5, 6, 7, 8, 9.

Damit gilt: $k=9$, es gibt also neun verschiedene Ausprägungen die mit a_1, a_2, a_3, … a_9 bezeichnet werden und $a_1=1$, $a_5=5$ usw.

Durch Auszählen ergibt sich die absolute Häufigkeit $h(a_1)=12$, die Kategorie 1 = Politik kommt also 12 mal vor.

Entsprechend berechnet sich die relative Häufigkeit $f(a_1)=h(a_1)/n=12/34=0{,}353$ (gerundet!). Der Anteil der Beiträge mit politischen Themen liegt also bei gut einem Drittel, bei 35,3 %.

Praktisch geht man zur Ermittlung von Häufigkeiten eines Merkmals in einem Datensatz so vor, dass man z. B. von oben nach unten durch die Daten schaut und alle Werte mit der gesuchten Ausprägung anstreicht und durchzählt.

Liegt die Tabelle in digitaler Form vor, dann ist der erste Schritt zu einer computergestützten Ermittlung von Häufigkeiten das Sortieren der Daten nach dem interessierenden Merkmal. Die Häufigkeiten können dann ganz einfach ausgezählt werden bzw. wenn man alle Zellen mit der gleichen Ausprägung markiert, dann kann man i. d. R. in der Statusleiste die Anzahl ablesen.

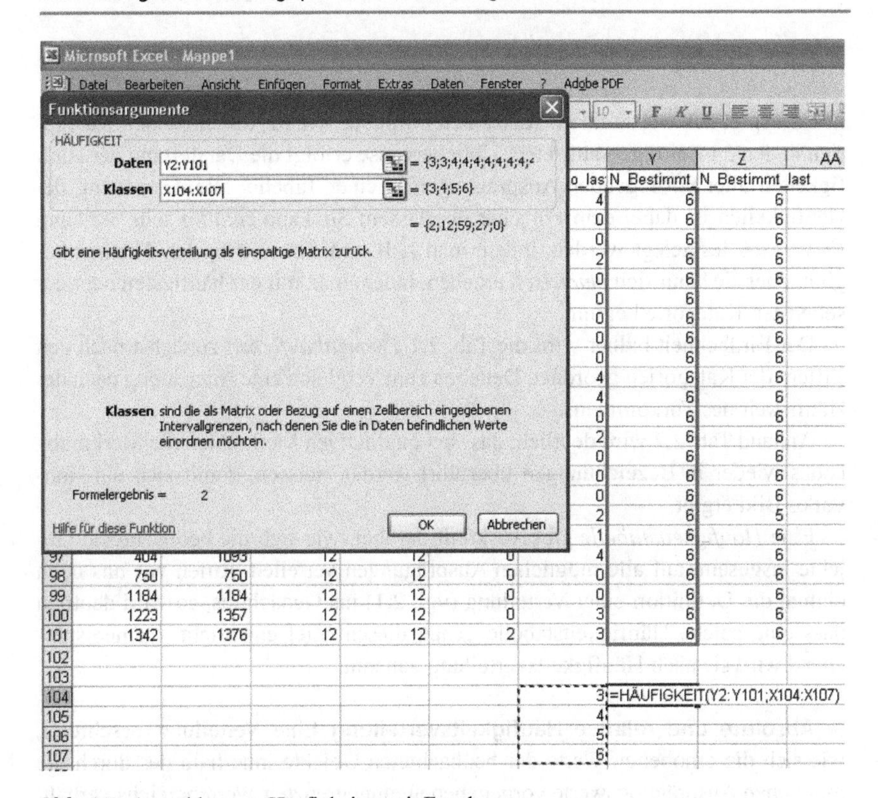

Abb. 2.1 Auszählen von Häufigkeiten mit Excel

Noch schneller geht es mit Hilfe der eigens dafür vom Programm angebotenen Funktion HÄUFIGKEIT:

Schritt 1: Geben Sie die möglichen Ausprägungen in einer Reihe untereinander ein.

Schritt 2: Gehen Sie nun in die Zelle neben der ersten Ausprägung, gehen Sie auf FORMELN → FUNKTION EINFÜGEN → STATISTIK → HÄUFIGKEIT und markieren Sie bei Daten den Datenbereich, den Sie auszählen wollen und bei Klassen die von Ihnen eingegebenen Ausprägungen (vgl. Abb. 2.1).

Schritt 3: Markieren Sie nun – von der Zelle aus beginnend, welche die Formel enthält – die Zellen neben den Klassen (Ausprägungen), drücken Sie F2 und anschließend Strg + Umsch + Enter. Die Tabelle ist fertig, sie enthält die absoluten Häufigkeiten.

2.2.2 Häufigkeitstabellen

Für Beispiel 2.1 wurde durch Auszählen ermittelt, wie oft die einzelnen Kategorien in den 34 Beiträgen auftreten. Üblicherweise erfolgt die Darstellung der Häufigkeiten aller vorliegenden Ausprägungen in einer Tabelle. Die Anordnung der Häufigkeiten ist dabei dem Forscher überlassen: Sie kann *zufällig* sein, sie kann *theoretisch* festgelegt werden, indem man z. B. mit den wichtigsten Themen beginnt oder sie kann sich *empirisch* ergeben, indem man mit der häufigsten oder der seltensten Kategorie beginnt.

Der Einfachheit halber wird die Tab. 2.1 *Themenhäufigkeit* zunächst nach den Ziffern der Kategorien geordnet. Daneben zum Vergleich eine Anordnung nach der Häufigkeit des Vorkommens.

Anhand Tab. 2.2 wird deutlich, dass bei qualitativen Merkmalen die Merkmalscodes wieder in Bezeichnungen überführt werden müssen, damit sich ein sinnvolles Bild ergibt.

Eine *Häufigkeitstabelle* gibt Auskunft darüber, wie sich die beobachteten Objekte insgesamt auf alle möglichen Ausprägungen verteilen. Rufen wir uns noch einmal die Definition einer Verteilung (vgl. 2.1) ins Gedächtnis, so wird deutlich dass eine solche Häufigkeitstabelle genau diesem Ziel entspricht. Dementsprechend wird sie auch Häufigkeitsverteilung genannt.

▶ **Absolute und relative Häufigkeitsverteilung** Eine Verteilung beschreibt, wie sich die erhobenen Werte der beobachteten Objekte innerhalb des durch die möglichen Ausprägungswerte vorgegebenen/eingegrenzten Wertebereichs verhält.
Danach bezeichnen
$h_1,\ldots,h_k$ die absolute Häufigkeitsverteilung
$f_1,\ldots,f_k$ die relative Häufigkeitsverteilung

Die Summe aller absoluten Häufigkeiten einer Verteilung ergibt n, die Summe aller relativen Häufigkeiten ergibt 1, die Gesamtprozent einer Verteilung sind immer 100 %.

Trifft dies auf eine Verteilung nicht zu, dann ist dies ein Hinweis darauf, dass ein Rechenfehler vorliegt. Ungültige Werte müssen in einer Tabelle entweder ausgewiesen werden, oder es werden die Stichproben entsprechend bereinigt. Damit ergibt sich dann auch eine geänderte Stichprobengröße und alles stimmt wieder zusammen.

Die Tab. 2.3 wurde so vom Statistikprogramm SPSS erzeugt. Sie stellt die Häufigkeitsverteilung der Themenkategorien dar und enthält sowohl die Beiträge, für die kein Thema feststellbar war, als auch weitere 5 fehlende Werte.

Tab. 2.1 Daten der Nachrichtenanalyse (*n* = *34*)

Sender	Beitrag	Dauer_ sek	Einfluss	Personalisierung	Reichweite	Aktualiät	Darstel.-form	kult. Nähe	Themenkategorie
10	1007405	32	3	1	3	0	1	0	1
10	1007406	26	4	1	4	3	1	0	1
10	1007413	15	0	0	3	3	2	3	7
10	1026208	23	0	0	1	3	1	1	1
10	1028306	42	4	0	3	1	1	0	1
20	2001302	106	3	1	3	1	2	0	1
20	2007406	114	2	1	3	0	3	0	3
40	4001304	136	4	2	4	3	3	0	2
40	4007402	30	4	1	3	3	3	3	4
40	4009319	91	0	0	4	3	1	0	9
40	4026307	27	2	0	3	3	2	0	2
40	4026316	129	3	1	3	3	3	0	8
50	5001304	26	4	1	4	3	3	3	1
50	5007209	26	0	0	2	2	2	0	2
50	5028303	21	3	0	3	3	2	0	2
60	6007204	113	4	1	2	3	3	0	1
60	6007206	177	1	1	4	3	3	0	5
60	6009305	93	2	1	2	3	3	0	6
60	6026204	91	4	1	4	3	3	0	2
60	6026301	103	4	1	4	3	3	0	1
70	7007210	25	0	0	2	1	2	1	7
80	8001308	121	4	1	3	3	3	0	2
80	8007405	27	4	1	4	3	1	0	1
80	8007411	107	1	1	4	2	3	0	7
80	8009304	21	4	0	3	3	1	0	1
80	8009315	22	0	0	0	1	3	0	7
80	8026308	118	2	2	1	3	3	0	6
80	8028302	126	3	1	3	3	3	0	1
10	10010314	67	0	0	0	3	2	0	9
30	30260208	111	1	2	0	3	3	2	7
50	50070405	24	1	0	1	3	2	0	5
70	70010302	133	3	1	2	3	3	0	5

Tab. 2.1 (Fortsetzung)

Sender	Beitrag	Dauer_ sek	Ein- fluss	Perso- nalisie- rung	Reich- weite	Aktu- aliät	Dar- stel.- form	kult. Nähe	The- menka- tegorie
70	70010306	30	4	1	4	3	2	4	1
80	80260212	32	3	0	0	3	1	0	8

Tab. 2.2 Absolute Häufigkeitsverteilung des Merkmals Themenkategorie (Nachrichtenanalyse $n = 34$)

aj	$h(a_j)$
1	12
2	6
3	1
4	1
5	3
6	2
7	5
8	2
9	2
n	34

Themenkategorie a_j	$h(a_j)$	$f(a_j)$	Anteil in Prozent
Politik	12	0,353	35,3%
Wirtschaft	6	0,176	17,6%
Buntes	5	0,147	14,7%
Unfälle	3	0,088	8,8%
Kriminalität	2	0,059	5,9%
Sport	2	0,059	5,9%
Wetter	2	0,059	5,9%
Gesellschaft	1	0,029	2,9%
Kultur	1	0,029	2,9%
Gesamt	n=34	1,0	100%

Entsprechend werden in Tab. 2.3 zwei Prozentwerte ausgegeben, einmal die Gesamtprozent und einmal die gültigen Prozent[3]. Wollte man die 120 Fälle, für die kein Thema feststellbar ist, aus der Analyse ausschließen, dann muss man die relativen Werte entweder noch einmal von Hand berechnen oder bei SPSS die Ausprägung 10 = kein Thema feststellbar als fehlenden Wert definieren und die Häufigkeitsverteilung neu berechnen. Dies wird im Folgenden für Beispiel 2.1 durchgeführt.

Beispiel 2.2: Häufigkeit von Themen in Nachrichten (*n* = 750) Welche Anteile ergeben sich für Tab. 2.3, wenn nur die vorhandenen Themen zugrunde gelegt werden?

Schritt 1: Stelle die neue Basis aller gültigen Werte fest: $h_{(\text{gültige Werte})} - h_{(\text{ungültige Werte})} - h_{(\text{kein Thema feststellbar})} = 750 - 5 - 120 = 625$ (vgl. Tab. 2.3).

Schritt 2: Berechne die relativen Häufigkeiten neu, indem jede absolute Häufigkeit der Tab. 2.3 durch die neue Basis geteilt wird, z. B. $f(a_1) = 186/625 = 0{,}2976$ (vgl. Gl. 2.2).

[3] Die ebenfalls ausgegebenen kumulierten Prozent stellen für das Merkmal Themenkategorie keine sinnvolle Auswertung dar und können ignoriert werden.

Tab. 2.3 Häufigkeitsverteilung Themenkategorien von Beispiel 2.1 ($n = 754$)

Thema in Hauptkategorien

		Häufigkeit	Prozent	Gültige Prozente	Kumulierte Prozente
Gültig	Politik	186	24,8	25	25,0
	Wirtschaft	38	5,1	5,1	30,1
	Gesellschaft	29	3,9	3,9	34,0
	Kultur	24	3,2	3,2	37,2
	Unfälle/Katastrophen	59	7,9	7,9	45,1
	Kriminalität	60	8,0	8,1	53,2
	Buntes/Human Touch	132	17,6	17,7	70,9
	Sport	56	7,5	7,5	78,4
	Wetter	41	5,5	5,5	83,9
	kein Thema feststellbar	120	16	16,1	100,0
	Gesamt	745	99,3	100	
Fehlend	System	5	,7		
Gesamt		750	100,0		

Der Prozentanteil von Politik an allen Beiträgen mit feststellbarem oder bekanntem Thema liegt damit bei der Erhebung im Beispiel 2.1 mit insgesamt 750 beobachteten Beiträgen bei knapp 30 % (29,8 %).

2.2.3 Häufigkeitsdiagramme für qualitative Merkmale

Neben der Darstellung in Tabellenform bieten sich auch grafische Darstellungen an.

▶ **Säulendiagramm** Trage über den Merkmalsausprägungen $a_1, \ldots, a_k$ jeweils eine senkrechte Säule (Rechteck) der Höhe $h_1, \ldots, h_k$ (bzw. der Höhe $f_1, \ldots, f_k$) ein.

Balken- und Säulendiagramme sind dabei die bekanntesten, diese können sowohl für absolute (Abb. 2.2) als auch für relative Häufigkeiten (Abb. 2.3) verwendet werden.

▶ **Balkendiagramm** Zeichne an den Merkmalsausprägungen $a_1, \ldots, a_k$ jeweils einen waagerechten Balken der Länge $h_1, \ldots, h_k$ (bzw. der Länge $f_1, \ldots, f_k$) ein.

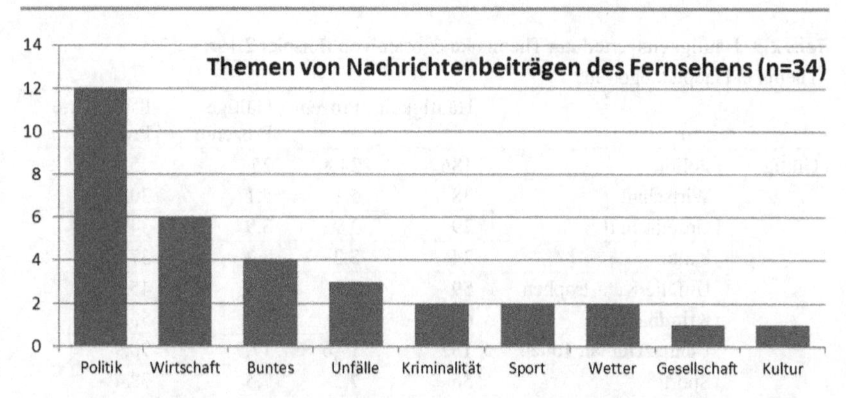

Abb. 2.2 Säulendiagramm absolute Häufigkeiten der Nachrichtenthemen (vgl. Tab. 2.2)

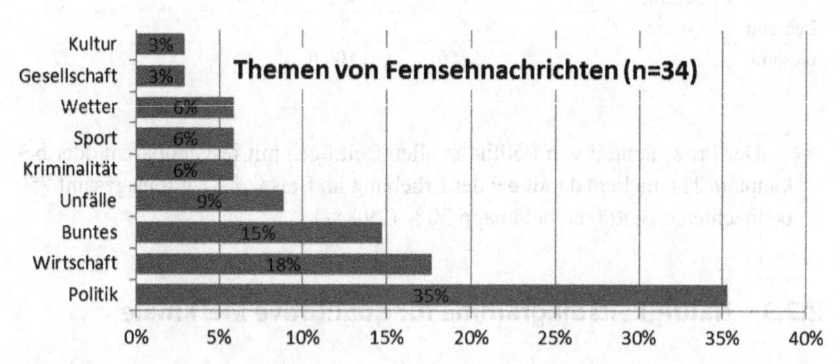

Abb. 2.3 Balkendiagramm relative Häufigkeitsverteilung Nachrichtenthemen (vgl. Tab. 2.2)

Zum Zeichnen eines Säulen- oder Balkendiagramms von Hand ist es sinnvoll, zunächst die Kategorie mit der größten Häufigkeit zu ermitteln. Anhand dieser Kategorie wird dann der Maßstab festgelegt, z. B. 1 Kästchen = Anzahl 1 (vgl. Abb. 2.4). Die Kategorie Politik mit $h(a_1) = 12$ würde dann 12 Kästchen hoch werden. Entsprechend ergeben sich die Höhen der restlichen Kategorie wie folgt: Wirtschaft: $h(a_2) = 6 = 6$ Kästchen, Buntes: $h(a_3) = 5 = 5$ Kästchen, Unfälle: $h(a_4) = 3 = 3$ Kästchen usw., usf. Beim Balkendiagramm erfolgt die Berechnung entsprechend.

Sollen relative Häufigkeiten dargestellt werden, dann wird wieder anhand einer beliebigen Kategorie der Maßstab festgelegt bzw. es wird festgelegt, wie hoch z. B. ein Anteil von 0,1 ist, z. B. 0,1 = 1 cm. Entsprechend werden dann die Höhen der Säulen bzw. die Längen der Balken ermittelt: Die Kategorie Politik mit $f(a_1) = 0{,}353$ würde dann 35 mm hoch werden. Entsprechend ergeben sich die Hö-

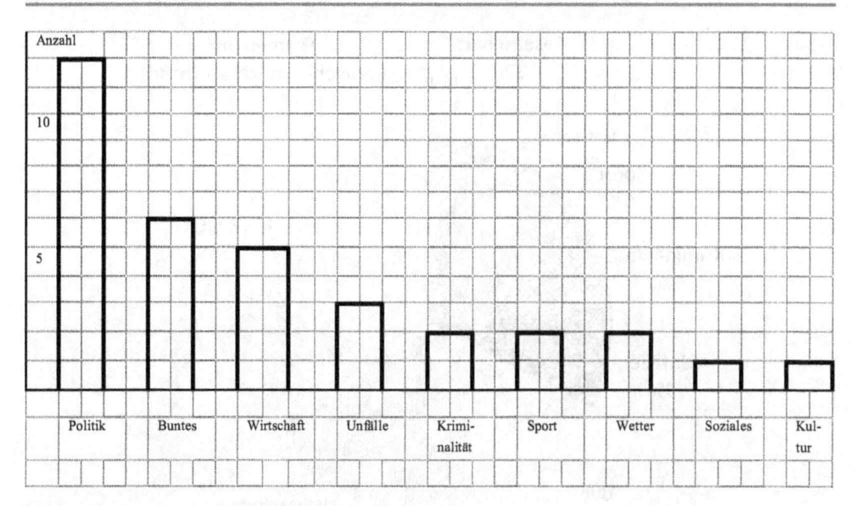

Abb. 2.4 Erstellen eines Balkendiagramms

hen der restlichen Kategorie wie folgt: Wirtschaft: $h(a_2)=0{,}176=18$ mm, Buntes: $f(a_3)=0{,}147=15$ mm, Unfälle: $h(a_4)=0{,}088=9$ mm usw., usf.

Für die eindimensionale Darstellung der relativen Häufigkeitsverteilung nominaler Merkmale werden auch gerne sogenannte Tortendiagramme (Abb. 2.5) verwendet.

Für das Tortendiagramm wird zunächst ein Kreis gezeichnet und eine Strecke vom Kreismittelpunkt bis zum Rand gezogen. Nimmt man nun den Winkel um die Strecke, dann entspricht der ganze Kreis 360°. Je nach Anteil der Kategorien werden nun diese 360° aufgeteilt.

▶ **Kreisdiagramm** Der Kreis entspricht allen Ausprägungen, die einzelnen Kreissektoren verdeutlichen die Anteile (=relative Häufigkeiten $f_1,\ldots,f_k$) der einzelnen Merkmalsausprägungen $a_1,\ldots,a_k$ am Gesamt. Die Flächen der Kreissektoren sind direkt proportional zu den Häufigkeiten.

Winkel der Kreissektoren:

$$\omega_j = f_j \cdot 360° \tag{2.3}$$

Zum Erstellen eines Tortendiagramms ist also immer die Berechnung der relativen Häufigkeiten $f(a_j)=h(a_j)/n$ notwendig. Das Merkmal Kultur mit einem Anteil von 0,029 erhält also entsprechen 0,029*360° = 10,6° (Gl. 2.3) des Kreises. An der Strecke wird also das Geodreieck angelegt und 11° markiert. Durch die Markierung wird das Lineal angelegt und eine weitere Strecke vom Mittelpunkt bis zum

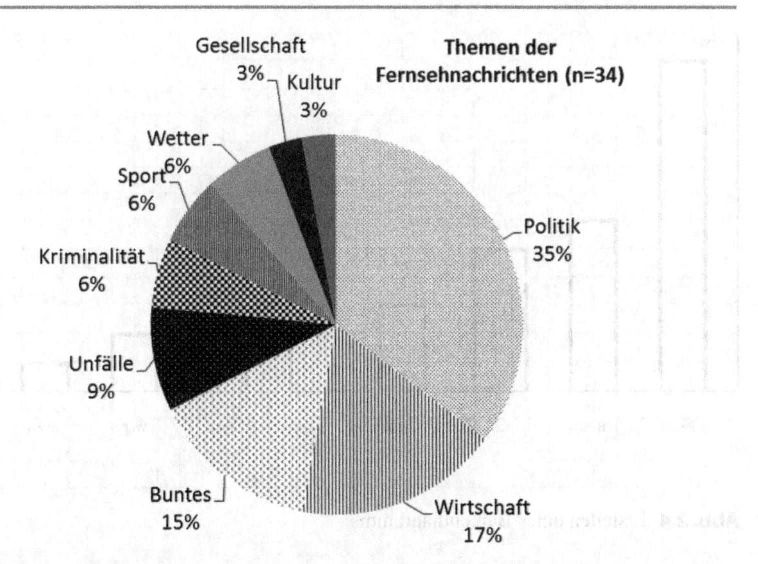

Abb. 2.5 Tortendiagramm Anteile der Nachrichtenthemen (vgl. Tab. 2.2)

Rand gezogen. Das so erhaltene Tortensegment repräsentiert den Anteil der Kultur an den Gesamtnachrichtenbeiträgen mit Thema. Die neue Strecke ist jetzt die Orientierungslinie für das Anzeichnen des nächsten Kreisanteils.

Mit vielen Computerprogrammen lassen sich Diagramme schnell generieren. Beispielhaft wird im Folgenden das Vorgehen mit Excel beschrieben: Zunächst wird die Häufigkeitstabelle erstellt. Diese wird markiert (Abb. 2.6).

Über EINFÜGEN → SÄULE (oder KREIS oder BALKEN) stehen eine Reihe der verschiedensten Designs zur Auswahl, die dann noch auf verschiedene Weise bearbeitet werden können.

2.2.4 Kumulierte Häufigkeitsverteilung kategorialer Merkmale

Neben den nominalen Merkmalen zählen auch die *ordinalskalierten* Merkmale zu den qualitativen bzw. kategorialen Merkmalen.

Bei ordinalskalierten Daten repräsentieren die Zahlen nicht nur die Gleich/Ungleich-Relation, sondern auch die Beziehungen < / >. Damit erweitern sich die Möglichkeiten der Datendarstellung.

Ein Beispiel für ein derartiges Merkmal im Beispiel 2.1 ist der *Einfluss der Akteure*, über die in den Nachrichtenbeiträgen berichtet wird.

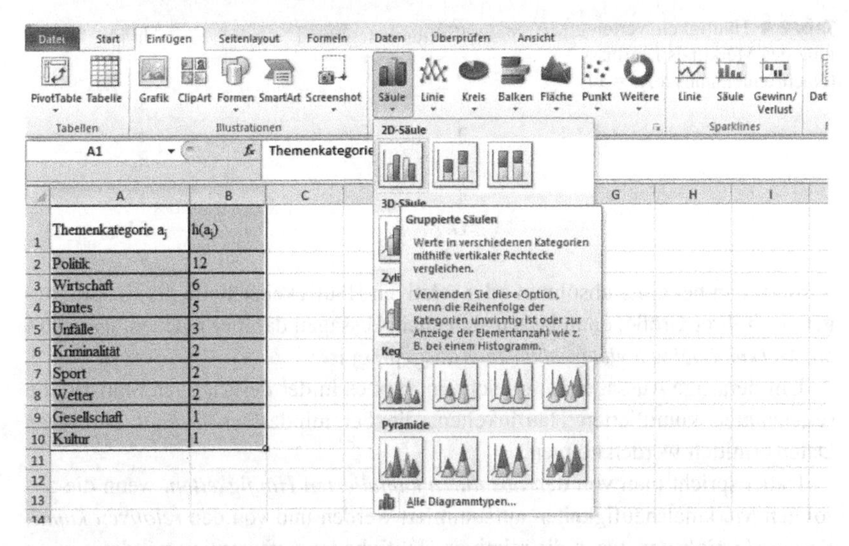

Abb. 2.6 Diagrammerstellung mit Excel

Beispiel 2.3 Verteilung des Nachrichtenfaktor einflussreicher Akteur in Nachrichtenbeiträgen

Das Merkmal wurde in folgenden Ausprägungen erhoben: 0 = kein Akteursbezug, 1 = Bezug auf Akteure mit geringstem Einfluss, 2 = Bezug auf Akteure mit geringem Einfluss, 3 = Bezug auf Akteure mit großem Einfluss, 4 = Bezug auf Akteure mit größtem Einfluss (vgl. Codierbuch im Anhang.)

Aus den Daten der Tab. 2.1 erstellen wir für die 34 Beiträge die Häufigkeitsverteilung des Merkmals Einfluss. Das Vorgehen entspricht dem bei der Themenkategorie. Allerdings achten wir darauf, dass die Tabelle nach der Größe der Ausprägungen sortiert ist.

Mit ein bisschen rechnen lässt sich aus der Tab. 2.4 ‚Häufigkeitsverteilung des Merkmals Einfluss' ablesen, dass bei 11 von 34 Fällen bestenfalls auf einen Akteur mit geringstem Einfluss Bezug genommen wurde. Der Nachrichtenfaktor *einflussreicher Akteur* ist in diesen Beiträgen nicht wirklich ausgeprägt. Andersrum lässt sich interpretieren, dass der Faktor nur in 15 von 34 Fällen wenig bis gering ausgeprägt ist (höchstens Ausprägung 2), in den restlichen Fällen liegt er stark bis sehr stark ausgeprägt vor.

Tab. 2.4 Häufigkeitsverteilung des Merkmals Einfluss (Nachrichtenanalyse, $n = 34$)

Einflusskategorie a_j	$h(a_j)$
0	7
1	4
2	4
3	7
4	12
Gesamt	34

Sortiert man bei einer absoluten oder relativen Häufigkeitstabelle die Ausprägungen nach ihrer Größe, dann lassen sich auch Aussagen darüber machen, *wie stark ein Merkmal bei wie vielen höchstens* ausgeprägt ist.

Um derartige Aussagen zu erleichtern, gibt es in der deskriptiven Statistik die sogenannten kumulierten Häufigkeiten, die bei mindestens *ordinal skalierten* Daten ermittelt werden können.

Dabei spricht man von den *absoluten kumulierten Häufigkeiten*, wenn die absoluten Merkmalshäufigkeiten aufsummiert werden und von den *relativen kumulierten Häufigkeiten*, wenn die relativen Häufigkeiten aufsummiert werden.

Analog zur Bezeichnung der einfachen absoluten und relativen Häufigkeiten mit $h(a_j)$ bzw. $f(a_j)$ werden die kumulierten absoluten und relativen Häufigkeiten mit $H(x)$ bzw. $F(x)$ angegeben.

▶ **absolute kumulierte Häufigkeitsverteilung eines Merkmals X**
$H(x)$ = Anzahl der Werte x_i mit $x_i \leq x$

$$H(x) = \sum_{j:aj \leq x} h_j \quad (2.4))$$

Für die Ausprägungen $a_1 < \cdots < a_k$ des Merkmals X und deren Häufigkeiten lässt sich $H(x)$ schreiben als
$H(x) = h(a_1) + \cdots + h(a_j)$ für $a_j \leq x$ und $a_{j+1} > x$

Sinnvoller ist es im Allgemeinen jedoch, die relativen Häufigkeiten zu verwenden, man erhält dann die sogenannte

▶ **Relative kumulierte Häufigkeitsverteilung (Empirische Verteilungsfunktion)**

$$F(x) = H(x) / n$$

bzw.

$$F(x) = f(a_1) + \cdots + f(a_j)$$

$$\text{für } a_j \leq x \text{ und } a_{j+1} > x \quad (2.5)$$

Diese beschreibt denn Anteil der Beobachtungswerte, die kleiner oder gleich einem bestimmten Wert x sind.

Die Gleichung (2.5) heißt in Worten ausgedrückt: *Beginne mit dem Anteil der kleinsten Ausprägung und addiere solange den Anteil der nächst größeren Ausprägung hinzu, bis Du bei der Ausprägung angelangt bist, die kleiner oder gleich des interessierenden Wertes x ist.*

Sie fragen sich jetzt vielleicht, warum man nicht $H(a_j)$ bzw. $F(a_j)$ schreibt. Dies wäre aber falsch, weil die kumulierte Häufigkeitsverteilung nicht die Häufigkeit einer Kategorie bzw. Merkmalsausprägung angibt, sondern Auskunft über konkrete Werte der erhobenen Daten macht.

▶ Eine kumulierte Verteilung gibt an, wie viele (H(x)) bzw. zu welchem Anteil (F(x)) beobachtete Werte vorliegen, die einen Wert kleiner gleich dem konkreten x-Wert haben.

Liegt eine nach der Größe sortierte Häufigkeitstabelle vor, dann lassen sich die Werte für die absoluten und die relativen kumulierten Häufigkeiten bzw. der empirischen Verteilungsfunktion ermitteln, indem man nur immer die absoluten und relativen Häufigkeiten der nächstgrößeren Ausprägung zu denen der kleineren Ausprägungen dazuzählt. Die Funktionswerte für eine Kategorie a_j lassen sich dann einfach in der entsprechenden Zeile a_j ablesen.

Beispiel 2.3 Verteilung des Nachrichtenfaktor einflussreicher Akteur in Nachrichtenbeiträgen (Fortsetzung): Entsprechend Gl. 2.5 ist F(3) des Merkmals Einflussreicher Nachrichtenfaktor wie folgt zu ermitteln

$$F(3) = f(a_1) + ... + f(a_j) = \sum_{i:a_i \leq 3} f_i = f(0) + f(1) + f(2) + f(3) =$$

$$7/34 + 4/34 + 4/34 + 7/34 = 0,206 + 0,118 + 0,118 + 0,206 = 0,648$$

Die ganze Verteilung wird durch Tab. 2.5 dargestellt.

Tab. 2.5 einfache und kumulierte Häufigkeitsverteilungen von Einfluss

Einflusskategorie a_j	$h(a_j)$	H(x)	$f(a_j)$	F(x)
0	7	7	0,206	0,206
1	4	11	0,118	0,324
2	4	15	0,118	0,441
3	7	22	0,206	0,647
4	12	34	0,353	1,000
Gesamt	34		1,000	

Auch eine grafische Darstellung der absoluten bzw. der kumulierten Häufigkeitsverteilung ist möglich. Beide Verteilungen stellen sich als monoton wachsende Treppenfunktionen dar, die an den Stellen $a_1,....,a_k$ um die entsprechenden absoluten bzw. relativen Häufigkeiten nach oben springen, wobei der obere Wert der dazugehörige Funktionswert ist.

Die grafische Darstellung einer kumulierten Häufigkeitsverteilung benötigt Erkenntnisse über die Abstände zwischen den ordinalen Ausprägungen. Werden diese bei der Darstellung als gleich angenommen, so wird *bei ordinalen Daten* eine Genauigkeit der Messung impliziert, die eigentlich nicht gegeben ist. Eine grafische Darstellung ist deshalb m. E. erst ab quasimetrischen Daten sinnvoll. Sie wird in diesem Lehrbuch im Rahmen der Darstellung (quasi-)metrischer Werte bearbeitet.

Einzelne Werte einer absoluten oder relativen (kumulierten) Häufigkeitsverteilung können meist sehr gut zur Beschreibung von Merkmalen verwendet werden. Daneben gibt es aber auch konkrete Einzelwerte (Lagemaße) zur Beschreibung kategorialer Daten.

2.3 Lagemaße kategorialer Daten

2.3.1 Modus

Bei nominalskalierten, kategorialen Daten ist neben dem Auszählen der Häufigkeiten keine weitere Rechenoperation möglich.

Der einzig sinnvolle Kennwert zur Beschreibung der Häufigkeitsverteilung – und somit zur Erläuterung des Datensatzes bzw. eines entsprechenden Untersuchungsergebnisses ist damit die häufigste Ausprägung, auch Modus genannt.

▶ **Modus** x_{mod} : Ausprägung mit der größten Häufigkeit.
Der Modus ist eindeutig, falls die Häufigkeitsverteilung ein eindeutiges Maximum besitzt. Hat die Häufigkeitsverteilung mehrere Modi, spricht man von einer bi- bzw. multimodalen Verteilung.

Beispiele 2.1 und 2.3: Berechnung des Median

Für die beiden bisher analysierten Merkmale *Themenkategorie* und *Nachrichtenfaktor einflussreicher Akteur* könnte man entsprechen folgende Auskünfte erteilen

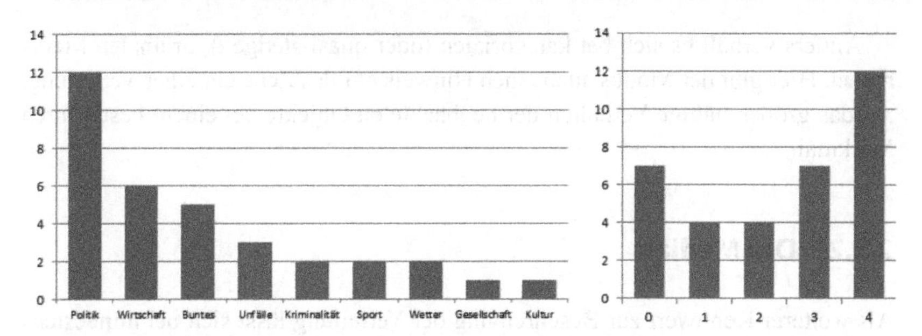

Abb. 2.7 Häufigkeitsverteilungen von Themenkategorie und Einfluss, Nachrichtenanalyse (*n* = *34*)

- Am häufigsten werden die Zuschauer in Fernsehnachrichten über politische Themen informiert.
- Am häufigsten wird über Akteure mit höchstem Einfluss berichtet.

In unserm Beispiel hat der x_{mod} Themenkategorie 1 = Politik eine relative Häufigkeit von 0,353. Er ist recht eindeutig, vergleicht man dies mit der Häufigkeiten der anderen acht Kategorien. Auch der Modus der Nachrichtenfaktorenausprägungen von „Einflussreicher Akteur" x_{mod} = 4 = höchster Einfluss hat die gleiche relative Häufigkeit von 0,353.

Vergleicht man die Häufigkeitsdiagramme der beiden Merkmale (s. Abb. 2.7), dann ist recht deutlich zu sehen, dass der Modus Politik die anderen Ausprägungen deutlicher überragt als der Modus 4 = höchster einflussreicher Akteur.

Wir sehen, dass eine relative Häufigkeit von 0,353 bei *mehr Ausprägungen* aussagekräftiger sein kann als bei *wenigen Ausprägungen*. Ein weiterer wichtiger Indikator ist die Differenz zur nächstkleineren Häufigkeit. Diese ist bei beiden Merkmalen recht deutlich.

► Die Aussagekraft des Modus für die Verteilung steigt mit der relativen Häufigkeit der Kategorie im Verhältnis zur Menge an möglichen Ausprägungen und mit dem Abstand zur nächstkleineren Häufigkeit an.

Wie bereits besprochen stehen Werte bei kategorialen, nominalen Merkmalen nur für Namen. Ob denn nun der Wert *Eins* am häufigsten codiert wurde oder ob der Wert *Zwei* der meistgenannte wäre, spielt damit keine Rolle.

Anders verhält es sich bei kategorialen (oder quasi-stetigen), ordinalen Merkmalen. Hier gibt der Modus auch einen Hinweis auf das Zentrum einer Verteilung, auf das größenmäßige Verhalten der beobachteten Objekte bei einem bestimmten Merkmal.

2.3.2 Der Median

Als weiterer Kennwert zur Beschreibung der Verteilung lässt sich bei mindestens *ordinalskalierten* Merkmalen auch *der Median* angeben.

- Der Median ist der Wert, für den gilt, dass die Hälfte aller beobachteten Objekte kleinere (oder gleich große) Ausprägungen hat, die andere Hälfte größere (oder gleich große) Ausprägungen hat.

Hat man für ein ordinales Merkmal bereits die relative kumulierte Häufigkeitsverteilung errechnet, so lässt sich der Median direkt daraus ablesen:

- Der Median ist der Wert, bei dem die kumulierte Häufigkeitsverteilung F(x) erstmals den Wert 0,5 erreicht.

Beispiel 2.3 Verteilung des Nachrichtenfaktor einflussreicher Akteur in Nachrichtenbeiträgen (Fortsetzung)

Betrachtet man die Tab. 2.5 aus Beispiel 2.3, dann zeigt sich: Bei Kategorie 3 übersteigt der Wert F(x) mit 0,647 das erste Mal 0,5. Der Median $x_{(med)} = 3$: Das heißt: Mindestens die Hälfte aller beobachteten Nachrichtenbeiträge verweist auf einen Akteur mit wenigstens Nachrichtenfaktorausprägung 3 (= großer Einfluss).

Die Aussagen, die mit Hilfe des Medians über eine Verteilung gemacht werden können, liegen inhaltlich nahe an den Aussagen über kumulierte Verteilungen.

Hat man noch keine kumulierte Verteilung berechnet, kann der Median auch noch auf eine andere Weise ermittelt werden. Dazu werden zunächst alle Ausprägungen der Größe nach sortiert – dabei mit dem kleinsten beginnend. Bitte beachten Sie: Wenn in einer Formel der Index i in Klammern steht, also z. B. $x_{(i)}$ dann heißt das, dass die *Werte der geordneten Liste* gemeint sind. Steht also $x_{(8)}$, so ist der Wert an der achten Stelle von vorne gemeint.

▶ **Ordnungsstatistik** $(x_{(1)},\ldots,x_{(n)})$ ist die geordnete Urliste $(x_1,\ldots,x_n)$, wobei $x_{(1)}$ heißt die Ausprägung mit dem kleinsten Rang, also das x_i mit dem kleinsten Wert.

Man erhält die *geordnete Urliste,* auch *Ordnungsstatistik* genannt.

Beispiel 2.3 Verteilung des Nachrichtenfaktor einflussreicher Akteur in Nachrichtenbeiträgen (Fortsetzung):

Die geordnete Urliste des Merkmals Bezug auf einflussreichen Akteur ergibt sich nach den Daten aus Tab. 2.1 wie folgt

0 0 0 0 0 0 0 1 1 1 1 2 2 2 2 3 3 3 3 3 3 3 4 4 4 4 4 4 4 4 4 4 4 4

Für den nächsten Schritt zur Ermittlung des *Median* zählt man die Ordnungsstatistik durch, bis man zu dem Wert kommt, der die Mitte bildet.

Wenn n ungerade ist, dann ist dies der x-Wert an der Stelle (n/2 + 1) der geordneten Urliste, also $x_{(n/2+1)}$.

Zur Illustration nehmen wir an, von unseren $n = 34$ Nachrichtenbeiträgen von Beispiel 2.1 ist einer ungültig und wir hätten nur die 33 folgenden Wert in der Urliste:

0 0 0 0 0 0 1 1 1 1 2 2 2 2 3 3 3 3 3 3 3 4 4 4 4 4 4 4 4 4 4 4 4

Dann ist es optisch deutlich zu sehen, dass der 17. Wert, in diesem Fall eine 3, den Mittelpunkt der Daten bildet (Abb. 2.8). Würden alle Zahlen gleich viel wiegen, dann müsst eine Waage waagerecht stehen, wenn diese 17te Drei genau über dem Mittelpunkt steht:

x_{med} ergibt würde sich dann ergeben aus: $x_{med} = x_{((n+1)/2)} = x_{((33+1))/2)} = x_{(34/2)} = x_{(17)} = \mathbf{3}$

Bei geradem Stichprobenumfang ist es nicht ganz so einfach, wie das obige Beispiel mit allen 34 Fällen zeigt (Abb. 2.9).

Der Platz über der Mitte bleibt sozusagen frei und muss aus den beiden benachbarten Werten ermittelt werden.

0 0 0 0 0 0 1 1 1 1 2 2 2 2 3 3   3   3 3 3 3 4 4 4 4 4 4 4 4 4 4 4 4

⌂

Abb. 2.8 Median als Mittelpunkt der Datenmenge bei ungeradem *n*

0 0 0 0 0 0 0 1 1 1 1 2 2 2 2 3 3 3 3 3 3 4 4 4 4 4 4 4 4 4 4 4

Abb. 2.9 Median als Mittelpunkt der Datenmenge bei geradem n

1. Indem das Mittel aus beiden zum Mittelpunkt benachbarten Werten $x_{(n/2)}$ und $x_{(n/2+1)}$ genommen wird, in unseren Fall also $(3+3)/2=3$. Dies ist nur dann möglich, wenn dieser Wert auch im Hinblick auf die Merkmalsausprägungen sinnvoll ist. *Bei ordinalen* Merkmalen geht das nur, wenn beide Werte gleich sind, da Werten, die keine ganzen Zahlen sind (wie z.B 3,5 bei 3 und 4) keine Ausprägungen entsprechen. Die Werte sind also nicht definiert. Es gilt dann:
2. Wenn der Median genau zwischen zwei Ausprägungen liegt, dann wird gemäß der Definition der nächste kleinere Wert gewählt.

Median

$$x_{med} = \begin{cases} x_{(\frac{n+1}{2})} & \text{wenn n ist ungerade} \\ \frac{1}{2}\left(x_{(n/2)} + x_{(n/2+1)}\right) & \text{wenn n ist gerade} \end{cases} \quad (2.6)$$

Dies kann auf zweierlei Weise geschehen:

Beispiel 2.3 Verteilung des Nachrichtenfaktor einflussreicher Akteur in Nachrichtenbeiträgen (Fortsetzung):

Für unser Beispiel des Nachrichtenfaktors „Bezug zu einflussreichem Akteur" (Beispiel 2.1) mit folgender geordneter Urliste
0 0 0 0 0 0 0 1 1 1 1 2 2 2 2 3 3 3 3 3 3 4 4 4 4 4 4 4 4 4 4 4
lässt sich der Median wie folgt berechnen (Gl. 2.6):

$$x_{med} : \tfrac{1}{2}(x_{(34/2)} + x_{((34/2)+1)}) = \tfrac{1}{2}(x_{(17)} + x_{(18)}) = \tfrac{1}{2}(3+3) = 3$$

Der Median liegt also bei 3 = großer Nachrichtenwert. Berücksichtigt man dabei die Tatsache, dass als höchste Ausprägung der Wert „4" vergeben wurde, kann man sagen: Die Hauptmenge der Daten liegt eher auf der linken Seite, die Nachrichtenbeiträge nehmen insgesamt eher auf einflussreiche Akteure Bezug. Dies entspricht auch der Aussage, die wir aus der kumulierten relativen Häufigkeitsverteilung Tab. 2.5 ablesen konnten.

Tab. 2.6 Häufigkeitsverteilung Nutzung zeitversetztes Fernsehen, Nutzungssituation Alleinnutzung (n=132) (Übungsaufgaben Kap 2, Aufgabe 4)

Wie häufig nutzen Sie zeitversetztes Fernsehen allein?					
		Häufigkeit	Prozent	Gültige Prozente	Kumulierte Prozente
Gültig	nie	3	2,4	3,6	3,6
	selten	13	10,6	15,7	19,3
	manchmal	11	8,9	13,3	32,5
	oft	13	10,6	15,7	18,2
	meistens	43	35,0	51,8	100,0
	Gesamt	83	67,5	100,0	
Fehlend	System	40	32,5		
Gesamt		123	100,0		

Übungsaufgaben Kapitel 2

Beispiel Nachrichtenanalyse, n=34 (Daten siehe Tab. 2.1)

1. Geben Sie die relative Häufigkeit und die relative kumulierte Häufigkeit der Merkmalsausprägung *starke kulturelle Nähe* an.
2. Stellen Sie die relative Häufigkeitsverteilung des Merkmals *Sender* in Form eines Tortendiagramms dar.
3. Geben Sie Modus und Median des Merkmals *Personalisierung* an. Schreiben Sie dabei die Formel für die Berechnung des Medians auf und setzen Sie die Werte entsprechend ein.
4. Interpretieren Sie folgende SPSS-Ausgabe und stellen Sie die Häufigkeitsverteilung in Form eines Säulendiagramms dar. Berechnen Sie aus den Daten den Wert von H(3) (Tab. 2.6).

Lernzielkontrolle Kapitel 2

- Was ist eine eindimensionale Darstellung?
- Nennen Sie die drei Fragen, die bei der Beschreibung von Merkmalen beantwortet werden sollen.
- In welchem Verhältnis stehen Lage- und Streuungsmaße?
- Schreiben Sie die Formel zur Berechnung der relativen Häufigkeit eines Merkmals X mit den Ausprägungen a_j, j=1,…,k, an.
- Für welches Lagemaß braucht man zur Berechnung eine geordnete Urliste oder eine empirische Verteilungsfunktion? Wie liest man dieses Maß aus der empirischen Verteilungsfunktion ab?

Bivariate Darstellung kategorialer Merkmale

3

Zusammenfassung

Kapitel drei befasst sich sowohl theoretisch als auch anhand von zwei fortlaufend berücksichtigten praktischen Beispielen mit der zweidimensionalen Analyse kategorialer (nominaler und ordinaler) Daten: Nach einigen Vorüberlegungen wird zunächst die Erstellung bzw. die Interpretation gemeinsamer absoluter oder relativer Häufigkeitsverteilungen, sog. Kreuztabellen oder Kontingenztabellen beschrieben und verschiedenen Möglichkeiten der grafischen Darstellung vorgestellt. Im Anschluss daran wird die Berechnung und Interpretation bedingter Häufigkeiten erläutert. Diese dienen zur Ermittlung von Zusammenhängen zwischen zwei kategorialen Merkmalen. Im dritten Abschnitt wird zur Quantifizierung von Zusammenhängen zwischen kategorialen Merkmalen das Maß χ^2 bzw. der (korrigierte) Kontingenzkoeffizient behandelt.

3.1 Vorüberlegungen

Im letzten Kapitel haben wir uns mit der eindimensionalen Darstellung bzw. Beschreibung kategorialer Merkmale beschäftigt und verschiedene Möglichkeiten der Darstellung qualitativer, also nominal- oder ordinalskalierter Daten kennengelernt.

Eine rein univariate Darstellung eines Merkmals ist in der Kommunikationswissenschaft relativ selten. Wenn wir an das Beispiel 2.1 denken, in dem es um die Themen der Nachrichten ging, dann gewinnt so ein Ergebnis erst dann die rechte Aussagekraft, wenn man es mit einem anderen vergleichen kann. So wäre es vielleicht interessant zu wissen, ob diese Verteilung der Themen vor 10 Jahren ganz genauso war, oder ob sich etwas verändert hat. Das ist natürlich nur möglich,

I. A. Uhlemann, *Einführung in die Statistik für Kommunikationswissenschaftler*,
DOI 10.1007/978-3-658-05769-5_3

wenn man Daten aus einer früheren Studie zur Verfügung hat. Wenn wir uns an den theoretischen Hintergrund des Beispiels 2.1 erinnern, fällt jedoch ein weiterer interessanter Bezugspunkt ins Auge, der auch mit den vorliegenden Daten zu realisieren ist: Die Konvergenzthese prüft ja eine mögliche Angleichung zwischen öffentlich-rechtlichen und privaten Sendern. Es ist also interessant zu untersuchen, inwieweit ein Zusammenhang zwischen der Themengestaltung und der Art der Finanzierung eines Senders feststellbar ist.

Bei den Ergebnissen der Befragung, die im ersten Kapitel teilweise dargestellt wurde (Bsp. 1.3; siehe auch Anhang *Fragebogen*), könnte es interessant sein zu untersuchen, inwieweit ein Zusammenhang zwischen der Art des Fernsehempfangs und der Zufriedenheit mit den TV-Programmen besteht. Bei den beiden Merkmalen handelt es sich einmal um ein dichotomes Merkmal (Art des Empfangs,) und einmal um ein ordinales Merkmal mit drei Ausprägungen (Grad der Zufriedenheit mit dem Programm), vgl. 1.3.2.1.

Entsprechend dieser Überlegungen formulieren wir zunächst zwei offene Hypothesen:

Beispiele für offene Hypothesen

Beispiel 3.1: Inwieweit wird die Zufriedenheit mit dem Fernsehprogramm von der Art des Fernsehempfangs beeinflusst? Beispiel 3.2: Welcher Zusammenhang besteht zwischen der Finanzierungsform und den Nachrichtenthemen von TV-Sendern?

Im Fall solcher Fragestellungen interessiert für jedes einzelne Objekt nicht nur die Ausprägung eines Merkmals, sondern die Ausprägung beider Merkmale zusammen.

Es kann Befragte geben, die einen Satellitenempfang haben und sehr zufrieden sind, und auch welche die keinen Satellitenempfang haben und auch zufrieden sind. Wenn der Satellitenempfang zufrieden macht, dann müssten von letzterer Sorte weniger Personen vorhanden sein, dagegen müssten mehr Menschen auftauchen, die keinen Satellitenempfang haben und weniger oder gar nicht zufrieden sind.

► Um einen Zusammenhang zwischen zwei Merkmalen zu untersuchen, muss die gemeinsame Verteilung der Beobachtungswerte auf beide Merkmale mit ihren je unterschiedlichen Ausprägungen betrachtet werden.

3.2 Gemeinsame Darstellung zweier kategorialer bzw. diskreter Merkmale

3.2.1 Gemeinsame Häufigkeiten und Kreuztabellen

Liegen die Merkmale in nur wenigen, diskreten Ausprägungen vor, das ist bei kategorialen Merkmalen der Fall, dann zeigt sich diese gemeinsame Verteilung z. B. in Form der gemeinsamen Häufigkeiten.

Beispiel 3.1: Zusammenhang zwischen Satellitenempfang und Programmzufriedenheit

Die Tab. 3.1 zeigt das Befragungsergebnis: Insgesamt wurden von den Studierenden einer Übung im SS2012 121 Personen befragt, von denen nur 33 Personen ihr Fernsehen über Satellit empfangen. Der *Modus der Zufriedenheit* ($x_{mod\ Zufriedenheit} = 1$) liegt bei *weniger zufrieden*, das heißt insgesamt sind gut die Hälfte der Befragten ($h(a_2) = 62$) mit dem Programm nur weniger zufrieden.

$H(a_2) = h(a_1) + h(a_2) = 12 + 62 = 74$ als absolute kumulierte Häufigkeit der Ausprägung a_2. Die relative kumulierte Häufigkeit von a_2 $F(a_2)$ ergibt sich durch Division durch n aus $H(a_2) = H(a_2)/n = 74/121 = 0{,}612 \rightarrow$ Insgesamt sind 61,2 % der Befragten mit dem Programm bestenfalls wenig zufrieden.

Die Kombination *kein Satellitenempfang* & *weniger zufrieden* tritt insgesamt am häufigsten auf, die am wenigsten häufig vertretene Gruppe sind Personen mit Satellitenempfang, die mit dem Programm nicht zufrieden sind.

Aus einer Tabelle wie in Beispiel 3.1 ‚Tab. 3.1 Gemeinsame Häufigkeitsverteilung von Programmzufriedenheit und Satellitenempfang' können einerseits die *gemeinsamen Häufigkeitsverteilung* (innere Zellen der Tabelle), als auch die Häu-

Tab. 3.1 Gemeinsame Häufigkeitsverteilung von Programmzufriedenheit und Satellitenempfang

Gemeinsame Verteilung	Zufriedenheit mit dem Programm			
Satellitenempfang	Nicht zufrieden	Weniger zufrieden	Sehr zufrieden	GESAMT
Nicht vorhanden	9	51	28	88
Vorhanden	3	11	19	33
GESAMT	12	62	47	121

		Y			
		b_1	...	b_m	
	a_1	h_{11}	...	h_{1m}	$h_{1\cdot}$
	a_2	h_{21}	...	h_{2m}	$h_{2\cdot}$
X	:	:		:	:
	a_k	h_{k1}	...	h_{km}	$h_{k\cdot}$
		$h_{\cdot 1}$	...	$h_{\cdot m}$	n

h_{ij} bezeichnet die Anzahl der Beobachtungen mit der Ausprägungungskombination (a_i, b_j)

$h_{i\cdot}$, i= 1,...,k, die relativen Randhäufigkeiten zu X → absolute Häufigkeitsverteilung von X
$h_{\cdot j}$, j= 1,...,m, die relativen Randhäufigkeiten zu Y → absolute Häufigkeitsverteilung von Y

Abb. 3.1 Kontingenztafel absolute Häufigkeiten

figkeitsverteilungen der einzelnen Merkmale (Tabellenränder) abgelesen werden. Man spricht deshalb auch von der sogenannten *Randverteilung*. Formal werden die Grundlagen für eine gemeinsame Häufigkeit wie folgt ausgedrückt:

► **Gemeinsame Häufigkeit** Zwei diskrete Merkmale X,Y mit $\begin{matrix} X \in \{1,\ldots,k\} \\ Y \in \{1,\ldots,m\} \end{matrix}$

an n unabhängigen Objekten gemessen ergibt n unabhängige Wiederholungen einer gemeinsamen Variable (X_i, Y_j), die $k \times m$ – Kombinationen (a_i, b_j) annehmen kann und in einer Kontingenztafel dargestellt werden kann (vgl. Abb. 3.1).

Diese formale Definition bedeutet, dass sich aus den zwei Ausprägung *Satellitenempfang* (0 = nicht vorhanden; 1 = vorhanden) und den drei Ausprägungen *Zufriedenheit mit TV-Empfang* (0 = nicht zufrieden; 1 = wenig zufrieden; 2 = sehr zufrieden) eine neues, gemeinsames Merkmal mit sechs verschiedenen Ausprägungen ergibt:

Nicht vorhanden & nicht zufrieden (a_1b_1);
Nicht vorhanden & wenig zufrieden (a_1b_2);
Nicht vorhanden & sehr zufrieden (a_1b_3);
Vorhanden & nicht zufrieden (a_2b_1);
Vorhanden & wenig zufrieden (a_2b_2);
Vorhanden & sehr zufrieden (a_2b_3);

Von allen diesen Kombinationen ist es jetzt interessant zu wissen, wie oft sie im Datensatz auftauchen. Wird dabei die *Anzahl der beobachteten Fälle je Kombination* festgestellt, dann spricht man von den *absoluten gemeinsamen Häufigkeiten.*

▶ **Absolute gemeinsame Häufigkeit einer Merkmalskombination: $h(a_i, b_j) = h_{ij}$**

Die gemeinsame Häufigkeitsverteilung, die die Häufigkeit aller Merkmalskombinationen insgesamt enthält, wird üblicherweise in Form einer Kreuztabelle dargestellt (vgl. Bsp. 3.1 ,Tab. 3.1 Gemeinsame Häufigkeitsverteilung von Programmzufriedenheit und Satellitenempfang‘). Dabei wird das mit X bezeichnete Merkmal in k Zeilen (für jede mögliche Ausprägung eine Zeile) und das mit Y bezeichnete Merkmal in m Spalten (ebenfalls für jede mögliche Ausprägung eine Spalte) eingetragen. Jede Zelle der so gebildeten Matrix steht dann für eine gemeinsame Häufigkeit h_{ij}.

Ebenso wie aus den absoluten Häufigkeiten durch Division durch n die relativen Häufigkeiten gebildet werden, können aus den absoluten gemeinsamen Häufigkeiten relative gemeinsame Häufigkeiten f_{ij} errechnet werden.

▶ **relative gemeinsame Häufigkeit einer Merkmalskombination**

$$h(a_i, b_j) / n = f_{ij} \quad \text{bzw.} \quad f_{ij} = h_{ij} / n \tag{3.1}$$

Die gemeinsame absolute bzw. relative Häufigkeitsverteilung von kategorialen Merkmalen wird in der Regel in Form einer *Kreuztabelle* (vgl. Bsp. 3.2 ,Tab 3.1 Gemeinsame Häufigkeitsverteilung von Programmzufriedenheit und Satellitenempfang‘) dargestellt. Weitere Bezeichnungen dafür sind auch *Kontingenztabelle* oder *Kontingenztafel* (vgl. Abb. 3.2).

		Y			
		b_1	...	b_m	
X	a_1	f_{11}	...	f_{1m}	$f_{1\cdot}$
	a_2	f_{21}	...	f_{2m}	$f_{2\cdot}$
	:	:		:	:
	a_k	f_{k1}	...	f_{km}	$f_{k\cdot}$
		$f_{\cdot 1}$	...	$f_{\cdot m}$	*1*

f_{ij} bezeichnet die relative Häufigkeit der Beobachtungen mit der Ausprägungungskombination *(a_i, b_j)*

$f_{i\cdot} = h_{i\cdot} / n$, i= 1,...,k, die relativen Randhäufigkeiten zu X→ relative Häufigkeitsverteilung von X
$f_{\cdot j} = h_{\cdot j} / n$, j= 1,...,m, die relativen Randhäufigkeiten zu Y→ relative Häufigkeitsverteilung von Y

Abb. 3.2 Kontingenztafel relative Häufigkeiten

Beispiel 3.2: Zusammenhang zwischen Finanzierungsform und Nachrichtenthemen

Das Merkmal Finanzierungsform kann zwei verschiedene Eigenschaften annehmen: Mischfinanzierung aus Werbeeinnahmen und Gebühren und reine Finanzierung aus Werbeeinnahmen. Ersteres gilt für die beiden untersuchten öffentlich-rechtlichen Sender ARD und ZDF, zweites für die restlichen sechs untersuchten Sender RTL, RTL2, Vox, ProSieben, SAT1, Kabel1. Da man die Ausprägungen nach dem Grad der Abhängigkeit von Werbeeinnahmen ordnen kann (1 = Mischfinanzierung; 2 = reine Werbefinanzierung) ergibt sich aus dieser theoretischen Perspektive ein *ordinales* Merkmal. Es handelt sich also um ein *kategoriales bzw. qualitatives* Merkmal.

Der Datensatz aus dem letzten Kapitel (Tab. 2.1) wird entsprechend um die neue Variable Finanzierungsform ergänzt. Als Indikator dafür dient die Sendercodierung: Dem Codierbuch (s. Anhang) ist zu entnehmen, dass die beiden öffentlich-rechtlichen Sender mit den Zahlen 10 = ARD und 80 = ZDF erfasst wurden. Bei allen anderen erfassten Sendern (20, 30, 40, 50, 60, 70) handelt es sich um Privatsender. Aus diesen Informationen wird wie folgt eine neue Variable gebildet: {10;80} = 1 (Mischfinanzierung); {20;…;70} = 2 (reine Werbefinanzierung). Die Daten finden sich in der Tab. 3.2 ‚Beispieldaten Nachrichtenanalyse'.

Die gemeinsame Häufigkeitsverteilung *Themenkategorie* und *Finanzierungsform* ergibt sich durch Auszählen.

Tab. 3.3 zeigt z. B.: Es wurden sechs Nachrichtenbeiträge analysiert, die ein politisches Thema verfolgen und im mischfinanzierten Fernsehen ausgestrahlt wurden. Relativ zur Menge der $n = 34$ Fernsehbeiträge sind dies 17,7 % (Rundungsfehler mgl.). Das lässt sich aus der Kontingenztabelle der relativen Häufigkeiten Tab. 3.4 ablesen.

Für Beispiel 3.1 wurde die gemeinsame Häufigkeitsverteilung von Hand durch Auszählen ermittelt. Bei $n = 34$ lässt sich dies noch gut bewältigen. Im Folgenden werden Hinweise gegeben, wie man bei größeren Datensätzen eine gemeinsame Häufigkeitsverteilung mit Hilfe von Excel erstellen kann. Zunächst werden dazu die Daten nach dem Merkmal Y der geplanten Kreuztabelle sortiert (das Merkmal, welches die Spalten bildet). Der Übersichtlichkeit halber wird die Berechnung am Datensatz des Beispiel der Nachrichtenanalyse mit $n = 34$ dargestellt. Die in Abb. 3.3 gezeigte Sortierfunktion findet sich über SORTIEREN (UND FILTERN) → BENUTZERDEFINIERTES SORTIEREN

Für die sortieren Daten greift man nun jeweils wieder auf die in 2.2.1 (vgl. Abb. 2.1) beschriebene Excel-Funktion HÄUFIGKEIT zurück. Für die einzelnen

Tab. 3.2 Beispieldaten Nachrichtenanalyse, $n=34$

Sender	Beitrag	Dauer_ sek	Einfluss	Personalisierung	Reichweite	Aktualiät	Darstel.-form	Kult. Nähe	Themenkategorie	Finanzierung
10	1026208	23	0	0	1	3	1	1	1	1
10	1007405	32	3	1	3	0	1	0	1	1
10	1007406	26	4	1	4	3	1	0	1	1
10	1028306	42	4	0	3	1	1	0	1	1
80	8028302	126	3	1	3	3	3	0	1	1
80	8007405	27	4	1	4	3	1	0	1	1
80	8009304	21	4	0	3	3	1	0	1	1
20	2001302	106	3	1	3	1	2	0	1	2
50	5001304	26	4	1	4	3	3	3	1	2
60	6007204	113	4	1	2	3	3	0	1	2
60	6026301	103	4	1	4	3	3	0	1	2
70	70010306	30	4	1	4	3	2	4	1	2
80	8001308	121	4	1	3	3	3	0	2	1
40	4026307	27	2	0	3	3	2	0	2	2
40	4001304	136	4	2	4	3	3	0	2	2
50	5007209	26	0	0	2	2	2	0	2	2
50	5028303	21	3	0	3	3	2	0	2	2
60	6026204	91	4	1	4	3	3	0	2	2
20	2007406	114	2	1	3	0	3	0	3	2
40	4007402	30	4	1	3	3	3	3	4	2
50	50070405	24	1	0	1	3	2	0	5	2
60	6007206	177	1	1	4	3	3	0	5	2
70	70010302	133	3	1	2	3	3	0	5	2
80	8026308	118	2	2	1	3	3	0	6	1
60	6009305	93	2	1	2	3	3	0	6	2
10	1007413	15	0	0	3	3	2	3	7	1
80	8009315	22	0	0	0	1	3	0	7	1
80	8007411	107	1	1	4	2	3	0	7	1
30	30260208	111	1	2	0	3	3	2	7	2
70	7007210	25	0	0	2	1	2	1	7	2
80	80260212	32	3	0	0	3	1	0	8	1
40	4026316	129	3	1	3	3	3	0	8	2
10	10010314	67	0	0	0	3	2	0	9	1
40	4009319	91	0	0	4	3	1	0	9	2

Tab. 3.3 Kreuztabelle Themenkategorie × Finanzierungsform, Nachrichtenanalyse ($n=34$)

Gemeinsame Verteilung	Finanzierungsform		
Themenkategorie	Mischfinanzierung	Werbefinanzierung	GESAMT
Politik (=1)	6	6	12
Wirtschaft (=2)	1	5	6
Gesellschaft (=3)	0	1	1
Kultur (=4)	0	1	1
Unfälle (=5)	0	3	3
Kriminalität (=6)	1	1	2
Buntes (=7)	3	2	5
Sport (=8)	1	1	2
Wetter (=9)	1	1	2
GESAMT	13	21	34

Tab. 3.4 Kreuztabelle Themenkategorie × Finanzierungsform, relative Häufigkeiten Nachrichtenanalyse ($n=34$)

Gemeinsame Verteilung	Finanzierungsform		
Themenkatgorie	Mischfinanzierung	Werbefinanzierung	GESAMT
Politik (=1)	0,176	0,176	0,353
Wirtschaft (=2)	0,029	0,147	0,176
Gesellschaft (=3)	–	0,029	0,029
Kultur (=4)	–	0,029	0,029
Unfälle (=5)	–	0,088	0,088
Kriminalität (=6)	0,029	0,029	0,059
Buntes (=7)	0,088	0,059	0,147
Sport (=8)	0,029	0,029	0,059
Wetter (=9)	0,029	0,029	0,059
GESAMT	0,382	0,618	1,000

Ausprägungsgruppen des Merkmals Y wird damit die Häufigkeit der Ausprägungen des Merkmals X berechnet. Auf diese Weise werden die einzelnen Spalten der Kreuztabelle erstellt (vgl. Abb. 3.4)[1].

[1] Noch schneller kann man über die Funktion → EINFÜGEN → PIVOT-TABLE eine Kreuztabelle erstellen. Bei einem sehr großen Datensatz lohnt es sich, sich in dieses Funktionspaket einzuarbeiten, vor allem wenn man nicht im Besitz einer anderen, komfortableren Auswertungssoftware ist. An dieser Stelle würde dies aber das Anliegen dieses Buches sprengen.

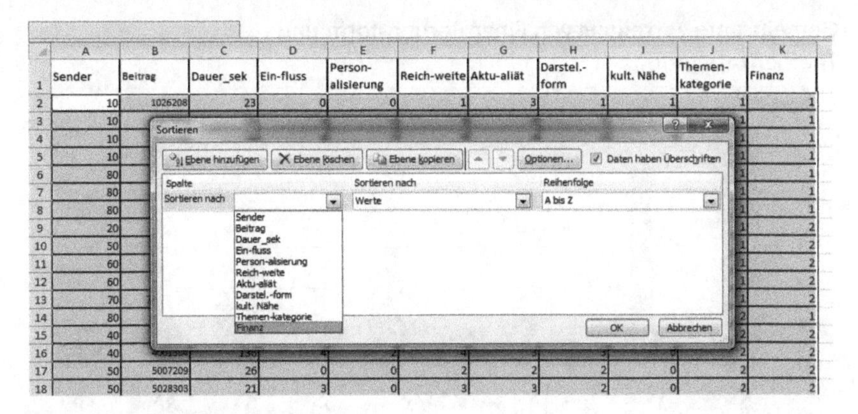

Abb. 3.3 Sortieren mit Excel

	kult. Nähe	Themen-kategorie	Finanz
1	1	1	1
1	0	1	1
1	0	1	1
1	0	1	1
3	0	1	1
1	0	1	1
1	0	1	1
3	0	2	1
3	0	6	1
2	3	7	1
3	0	7	1
3	0	7	1
1	0	8	1
2	0	9	1
2	0	1	2
3	3	1	2

Thema	Finanzierung gemsicht	Finanzierung Werbung
1	=HÄUFIGKEIT(J2:J15;M2:M10)	
2	HÄUFIGKEIT(Daten; **Klassen**)	
3	0	
4	0	
5	0	
6	1	
7	3	
8	1	
9	1	

Abb. 3.4 Häufigkeiten Merkmal X für einzelne Ausprägungen des Merkmals Y

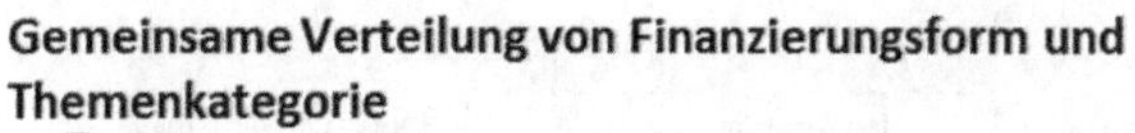

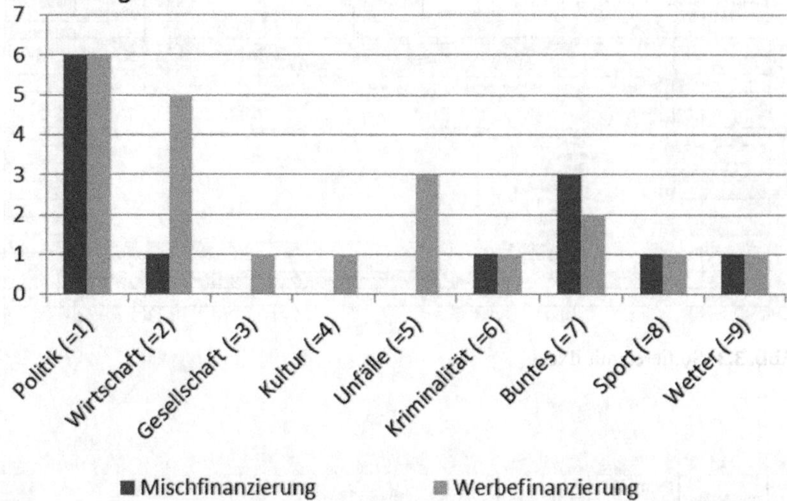

Abb. 3.5 Zweidimensionale Häufigkeit von Finanzierungsform und Themen der Nachrichtenbeiträge

In Abb. 3.4 wird die Berechnung der ersten Spalte gezeigt. Dasselbe muss nun für den Bereich Finanzierungsform 2 (in Abb. 3.4 als grauer Bereich zu sehen) auch durchgeführt werden.

3.2.2 Zweidimensionale Häufigkeitsdiagramme

Neben der Darstellung in einer Kreuztabelle sind auch zweidimensionale grafische Darstellungen denkbar. Dabei wird analog zum Vorgehen für einfache Häufigkeiten die absolute bzw. die relative Häufigkeit beider Variablen dargestellt. Die Höhe der Balken ist dabei proportional zur absoluten bzw. relativen Häufigkeit.

Für die Anordnung der Balken bzw. Säulen sind verschiedene Varianten denkbar. So können die Säulen jeweils nebeneinander abgebildet werden (vgl. Abb. 3.5).

Excel bietet dabei auch eine „echt" zweidimensionale Darstellung an (Abb. 3.6). Solche extravaganten Darstellungen bieten meist nicht die gewünschte Übersicht.

Will man z. B. vor allem die Gesamtmenge einer Kategorie betonen, dann bieten sich auch gestapelte Säulen (oder Balken) an (Abb. 3.7). Hierbei werden die Häufigkeiten der jeweiligen Ausprägungen des anderen Merkmals farblich voneinander abgesetzt. Eine weiter gängige Variante sind gruppierte Säulen (Abb. 3.8),

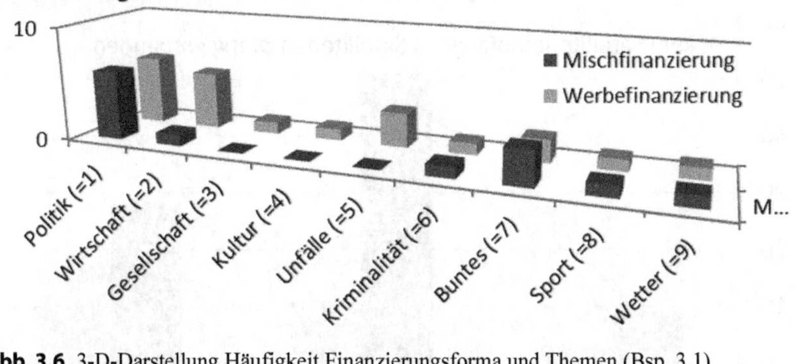

Abb. 3.6 3-D-Darstellung Häufigkeit Finanzierungsforma und Themen (Bsp. 3.1)

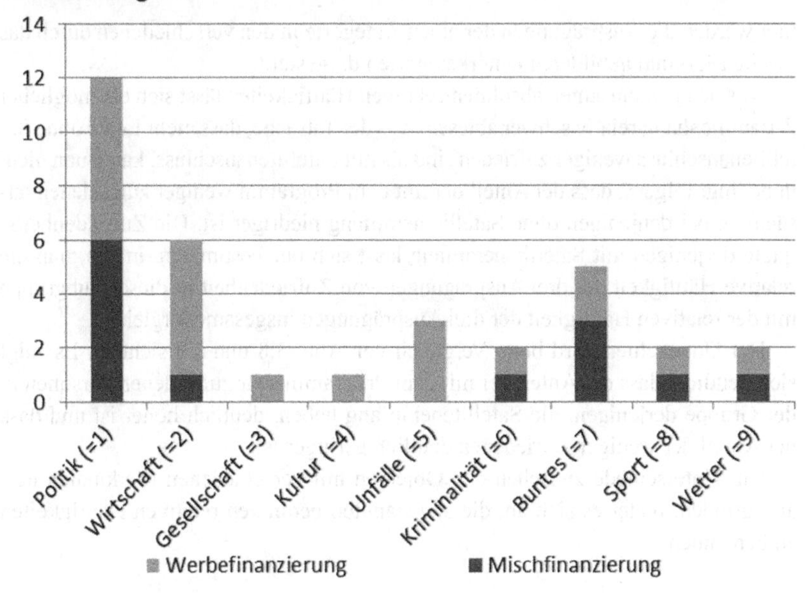

Abb. 3.7 Gestapelte Säulen Häufigkeit Finanzierungsform und Themen (Bsp. 3.1)

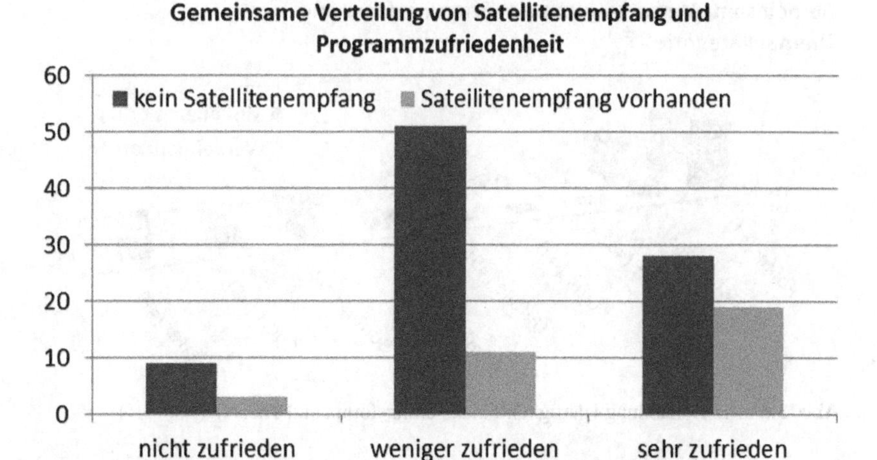

Abb. 3.8 Gruppiertes Säulendiagramme zum Beispiel 3.1 Nutzungsbefragung

hier werden die Ausprägungen der einen Kategorie in den verschiedenen durch das zweite Merkmal gebildeten Unterkategorien dargestellt.

Aus den gemeinsamen absoluten/relativen Häufigkeiten lässt sich ein möglicher Zusammenhang relativ schwer ablesen. Aus der Tatsache, dass mehr Leute ohne Satellitenanschluss weniger zufrieden sind als mit Satellitenanschluss, kann man nicht unbedingt folgern, dass der Anteil der mit dem Programm weniger zufriedenen tatsächlich bei denjenigen ohne Satellitenempfang niedriger ist. Die Zufriedenheitsquote derjenigen mit Satellitenempfang lässt sich nur bestimmen, indem man die relative Häufigkeit der drei Ausprägungen von Zufriedenheit in dieser Subgruppe mit der relativen Häufigkeit der drei Ausprägungen insgesamt vergleicht.

Der Unterschied wird beim Vergleich von Abb. 3.8 und 3.9 sichtbar. Es zeigt sich deutlich, dass der Anteil der mit dem Programm sehr zufriedenen Personen in der Gruppe derjenigen, die Satellitenempfang haben, deutlich höher ist und dass der Anteil der weniger zufriedenen deutlich geringer ist.

Um Unterschiede zwischen den Objekten mit verschiedenen Merkmalen herauszufinden, bietet es sich an, die sogenannten bedingten relativen Häufigkeiten zu berechnen.

3.2.3 Bedingte relative Häufigkeitsverteilung

Die Idee dabei ist, dass durch den Vergleich der relativen Häufigkeitsverteilung eines Merkmals *innerhalb der durch das zweite interessierende Merkmal gebilde-*

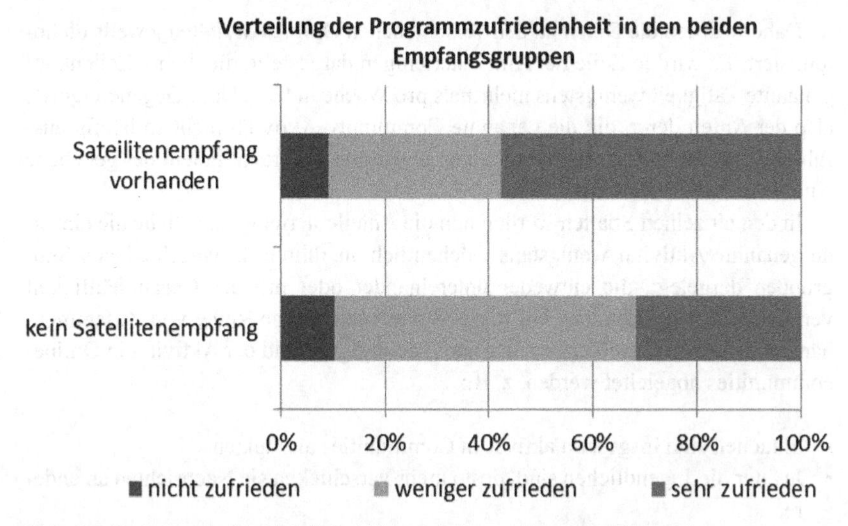

Abb. 3.9 Programmzufriedenheit in Abhängigkeit vom Empfang (Bsp. 3.2)

ten Gruppen mit der *relativen Häufigkeitsverteilung insgesamt* Rückschlüsse auf Zusammenhänge zwischen den Daten gemacht werden können.

Man kann auch sagen: Man stellt das eine Merkmal in Abhängigkeit vom anderen Merkmal dar. Hat man dabei eine Vermutung, welches Merkmal dasjenige ist, welches mögliche Unterschiede hervorruft, so sollte dieses Merkmal als bedingendes Merkmal fungieren.

Beispiel 3.3: Bedingte Häufigkeitstabelle aus der JIM-Studie (Feierabend/Rathgeb 2012, S. 350)

MEDIA PERSPEKTIVEN 6/2012 350 Sabine Feierabend/Thomas Rathgeb

⑨ **Onlinecommunitys: Funktionen Nutzungsfrequenz 2011**
Befragte, die Onlinecommunitys nutzen, täglich/mehrmals pro Woche, in %

	Gesamt (n=1 041)	Jungen (n=514)	Mädchen (n=527)	12-13 J. (n=214)	14-15 J. (n=262)	16-17 J. (n=278)	18-19 J. (n=287)	Hauptschule (n=113)	Realschule (n=343)	Gymnasium (n=555)
in einer Community chatten	73	71	75	70	78	74	69	79	76	70
Nachrichten an andere verschicken	71	68	74	56	71	75	78	74	71	71
bei anderen auf die Pinnwand schreiben	46	38	53	36	50	51	45	42	46	47
posten, was man gerade so macht	32	31	33	28	44	32	24	41	35	28

Quelle: Medienpädagogischer Forschungsverbund Südwest, JIM-Studie 2011.

Die Tabelle in ‚Bsp. 3.3' zeigt eine Zusammenfassung von Ergebnissen der JIM Studie 2011 (Feierabend und Rathgeb 2012, S. 350).

Dabei wurden die Daten zu den verschiedenen Onlineaktivitäten jeweils dichotomisiert: Es wird je Zeile der Anteil derjenigen dargestellt, die die im Zeilenkopf genannte Tätigkeit wenigstens mehrmals pro Woche nutzen. Das „Gegenereignis", also der Anteil derer, die die genannte Community-Aktivität nicht so häufig ausführen, wird nicht dargestellt, kann aber erschlossen werden, indem der gegebene Anteil von 100 % subtrahiert wird.

In den einzelnen Spalten werden nun die Anteile derjenigen, welche die einzelne genannte Aktivität wenigstens wöchentlich ausführen, in verschiedenen Subgruppen dargelegt, die entweder untereinander oder mit der Gesamthäufigkeit verglichen werden können. Auf diese Weise können eine Reihe von Zusammenhängen zwischen Geschlecht, Alter und Bildungsgrad und der Aktivität in Onlinecommunities abgeleitet werden, z. B.:

- Mädchen sind insgesamt aktiver in Communities als Jungen
- Je älter die Jugendlichen sind, desto mehr verschicken sie Nachrichten an andere.
- Je höher die Bildung, desto weniger wird gepostet, was man gerade so macht.
- Je höher die Bildung, desto mehr wird bei anderen auf die Pinnwand geschrieben.

Die Tabelle (Bsp. 3.3) liefert ein gutes Beispiel dafür, wie man eine Fülle von Informationen sehr aufschlussreich in einer Tabelle darstellen kann. Insgesamt wird die bedingte Häufigkeit von vier Onlineaktivitäten in den durch die Geschlechts-, Alters- und Bildungskategorien gebildeten Subgruppen dargestellt.

Will man das Prinzip der bedingten Häufigkeiten auf das Beispiel der Daten aus der Nachrichtenanalyse anwenden, dann ist es besonders interessant, das Merkmal Themenkategorie bzw. die relative Häufigkeitsverteilung des Merkmals Themenkategorie unter den beiden verschiedenen Bedingungen von Finanzierungsform darzustellen.

Dabei wird im Grunde genommen zunächst jede Gruppe für sich betrachtet. Indem man die absoluten Häufigkeiten der einzelnen Kategorien in den einzelnen Gruppen (z. B. sechs politische Themen in der Gruppe der von mischfanzierten Sendern ausgestrahlten Beiträge) durch die Gruppenstärke (13 von mischfinanzierten Sendern ausgestrahlte Beiträge) teilt, ermittelt man für jede durch das bedingende Merkmal gebildeten Gruppe die relative Häufigkeitsverteilung des interessierenden Merkmals.

In der Sprache der Statistik werden bedingte Häufigkeiten wie folgt dargestellt.

▶ **Bedingte Häufigkeitsverteilung** Y|X=a_i *sprich: „Häufigkeitsverteilung von Y unter Bedingung X=a_i" ist bestimmt durch*

$$f_Y(b_1 \mid a_i) = \frac{h_{i1}}{h_{i\cdot}}, \ldots, f_Y(b_m \mid a_i) = \frac{h_{im}}{h_{i\cdot}}, \tag{3.2}$$

X|Y=b_j *sprich: „Häufigkeitsverteilung von X unter Bedingung Y=b_j" ist bestimmt durch*

$$f_X(a_1 \mid b_j) = \frac{h_{1j}}{h_{\cdot j}}, \ldots, f_X(a_k \mid b_j) = \frac{h_{kj}}{h_{\cdot j}}, \tag{3.3}$$

Das heißt: Um beispielsweise die relative Häufigkeitsverteilung eines Merkmals Thema nur für eine bestimmte Gruppe von Objekte (z. B. nur für die mischfinanzierten Sender) zu ermitteln, teilt man durch die absolute Häufigkeit dieser Objekte, also z. B. durch die Häufigkeit der Ausprägung Mischfinanzierung. Die relative Häufigkeit der Themen bezieht sich jetzt nur auf die 13 Nachrichtenbeiträge, die von den mischfinanzierten Sendern vorliegen.

Beispiel 3.2: Zusammenhang zwischen Finanzierungsform und Nachrichtenthemen (Fortsetzung)

Für die Tabelle in Bsp. 3.1 Tab. 3.5 gilt die Gl. 3.3: X|Y=b_1 und X|Y=b_2, also Merkmalsverteilung Thema (=X) einmal unter der Bedingung Merkmal Y=1 (=Mischfinanzierung) und einmal unter der Bedingung Merkmal Y=2 (=Werbefinanzierung). Der Anteil von Wirtschaftsthemen an den Nachrichtenbeiträgen mischfinanzierter Sender ergibt sich wie folgt:

$f_x(a_2|b_1)=h_{21}/h_{.1}=1/13=0{,}077$; der Anteil von Politik an den Nachrichtenbeiträgen der werbefinanzierten Sender: $f_x(a_1|b_2)=h_{12}/h_{.2}=6/21=0{,}286$.

Der Vergleich mit der relativen Häufigkeitsverteilung der Themenkategorie insgesamt liefert Aufschlüsse über eventuelle Unterschiede zwischen den Finanzierungsformen.

Vorsichtig interpretiert (die Fallzahl ist definitiv sehr klein…!) zeigt sich bei den mischfinanzierten Sendern ein deutliches Übergewicht an politischen Themen, aber ein Untergewicht an wirtschaftlichen Themen. Im Gegensatz zu den Annahmen der Konvergenzthese ist der Anteil an bunten Themen bei den werbefinanzierten Sendern definitiv nicht höher, sondern sogar deutlich geringer ausgeprägt.

Der Vergleich mit dem kompletten Datensatz (wir erinnern uns, für die beispielhaften Berechnungen im Skript wurden nur 5 % aller Daten (n =34) zufällig aus-

Tab. 3.5 Themenverteilung in verschiedenen Finanzierungsformen

Themenkateogrie	Mischfinanzierung (%)	Werbefinanzierung (%)	GESAMT (%)
Politik (=1)	46	29	35
Wirtschaft (=2)	8	24	18
Gesellschaft (=3)	0	5	3
Kultur (=4)	0	5	3
Unfälle (=5)	0	14	9
Kriminalität (=6)	8	5	6
Buntes (=7)	23	10	15
Sport (=8)	8	5	6
Wetter (=9)	8	5	6
GESAMT	100	100	100

gewählt!) zeigt dann auch, dass das Ergebnis mit 625 verwertbaren Fällen deutlich anders aussieht (vgl. Abb. 3.10).

Die Daten der Programmanalyse anhand der 625 Nachrichtenbeiträge, denen ein Thema zugeordnet werden konnte, zeigen klare Unterschiede in den Themen zwischen den Sendern der beiden Finanzierungsformen. Während die Verhältnisse in den Bereichen Wirtschaft, Soziales, Kultur und Wetter relativ ausgeglichen sind, zeigt sich bei den mischfinanzierten Sendern ein deutliches Übergewicht in den Bereichen Politik sowie Sport. Die werbefinanzierten Sender weisen dagegen einen höheren Anteil von Themen aus den Bereichen Human Touch, Unfälle/Katastrophen und Kriminalität auf. Bei der Stichprobe vom Umfang $n = 625$ zeigt sich also, dass die Finanzierungsform (oder ein mit diesem Merkmal verbundenes anderes Merkmal) einen Einfluss auf die Themenauswahl in den Nachrichten hat.

Auch die gemeinsame Häufigkeitsverteilung von Satellitenempfang und Programmzufriedenheit (vgl. in Bsp. 3.1 Tab. 3.1) kann in bedingte Häufigkeiten umgerechnet werden.

Beispiel 3.1 Satellitenempfang und Programmzufriedenheit (Fortsetzung):

33 Personen haben Satellitenempfang, 88 haben keinen. Von den 88 Personen, die keinen Satellitenempfang haben, sind 9 nicht zufrieden, 51 weniger zufrieden und 28 sehr zufrieden. Von den 33 Personen, die Satellitenempfang haben, sind 3 nicht zufrieden, 11 weniger zufrieden und 19 sehr zufrieden.

Die relativen, durch den Satellitenempfang bedingten Häufigkeiten ergeben sich wie folgt (Gl. 3.2):

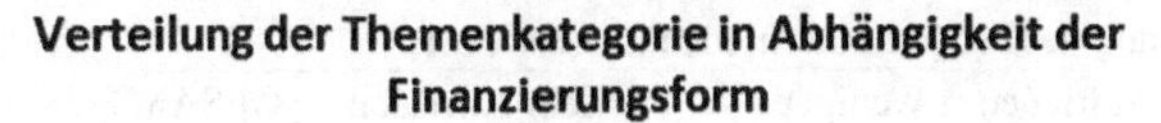

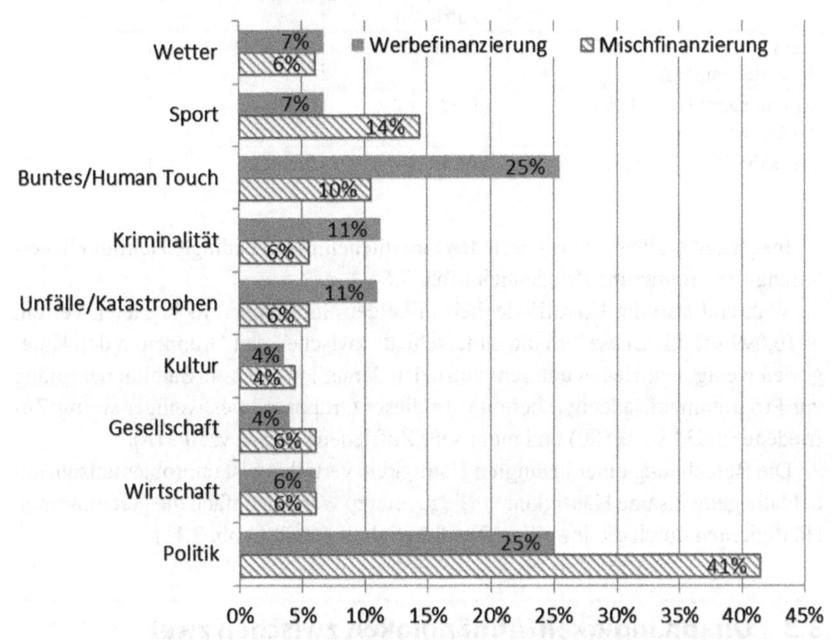

Abb. 3.10 Verteilung Thema unter den Bedingungen von Finanzierungsform ($n=625$)

$$Y|X(a_1)=f_Y(b_1|a_1)=h_{11}/h_{1\cdot}=9/88=0{,}102,$$
$$Y|X(a_1)=f_Y(b_2|a_1)=h_{12}/h_{1\cdot}=51/88=0{,}579,$$
$$Y|X(a_1)=f_Y(b_3|a_1)=h_{13}/h_{1\cdot}=28/88=0{,}318$$
$$Y|X(a_2)=f_Y(b_1|a_2)=h_{21}/h_{2\cdot}=3/33=0{,}091,$$
$$Y|X(a_2)=f_Y(b_2|a_2)=h_{22}/h_{2\cdot}=11/33=0{,}333,$$
$$Y|X(a_2)=f_Y(b_3|a_2)=h_{21}/h_{2\cdot}=19/33=0{,}577$$

Das heißt:

Nicht zufrieden bei *kein Satellitenempfang* sind 10,2 %, wenig zufrieden bei *kein Satellitenempfang* sind 57,9 % und sehr zufrieden bei *kein Satellitenempfang* sind 31,8 %.

Nicht zufrieden bei *Satellitenempfang* sind 9,1 %, wenig zufrieden bei *Satellitenempfang* sind 33,3 % und sehr zufrieden bei *Satellitenempfang* sind 57,7 %.

Tab. 3.6 Bedingte Verteilung der Programmzufriedenheit (Bsp. 3.1)

Satellitenempfang	Nicht zufrieden	Weniger zufrieden	Sehr zufrieden	GESAMT
Kein Satellitenempfang	0,102	0,580	0,318	1
Satellitenempfang vorhanden	0,091	0,333	0,576	1
GESAMT	0,099	0,512	0,388	1

Insgesamt ergibt sich die durch den Satellitenempfang bedingte Häufigkeitsverteilung der Programmzufriedenheit (Tab. 3.6).

Während also die Unzufriedenheit in beiden Subgruppen recht gleich verteilt ist (0,099 vs. 0,102), weisen die Unterschiede zwischen den Gruppen in den Kategorien weniger zufrieden und sehr zufrieden darauf hin, dass ein Satellitenempfang zur Programmzufriedenheit beiträgt: In dieser Gruppe gibt es weniger wenig Zufriedene (0,333 vs. 0,580) und mehr sehr Zufriedene (0,576 vs. 0,318).

Die Berechnung einer bedingten Häufigkeitsverteilung ist unproblematisch, sobald die gemeinsame Häufigkeit vorliegt. Hierzu werden einfach die gemeinsamen Häufigkeiten durch die jeweilige Randhäufigkeit geteilt (Abb. 3.11).

3.3 Unabhängigkeit/Abhängigkeit zwischen zwei qualitativen Merkmalen

Die verschiedenen Betrachtungen zu den Kreuztabellen und vor allem die Analyse der bedingten Häufigkeiten fragten sehr oft nach der Abhängigkeit der beiden analysierten qualitativen bzw. kategorialen Merkmale untereinander.

Sowohl beim Zusammenhang zwischen Satellitenempfang und Programmzufriedenheit (Beispiel 3.1) als auch bei der Nachrichtenanalyse (Beispiel 3.2) wurden Abhängigkeiten zwischen den Merkmalen festgestellt.

Damit ist das Repertoire der Statistik im Hinblick auf Zusammenhänge zwischen kategorialen Merkmalen nicht erschöpft. Neben dem Vergleich von bedingten Häufigkeiten, die nur Hinweise auf die Art bzw. die Richtung der Zusammenhänge geben, wurde auch *ein Maß für die Stärke des Zusammenhangs* zwischen den Merkmalen entwickelt. Dieser statistische Kennwert wird als χ^2 („chi²") bezeichnet. Auf der Basis dieses Werts kann ein weiterer Wert, der sogenannte *Kontingenzkoeffizient* berechnet werden, der maßstabsunabhängig ist und auch den Vergleich von verschieden dimensionierten Merkmalskombinationen ermöglicht.

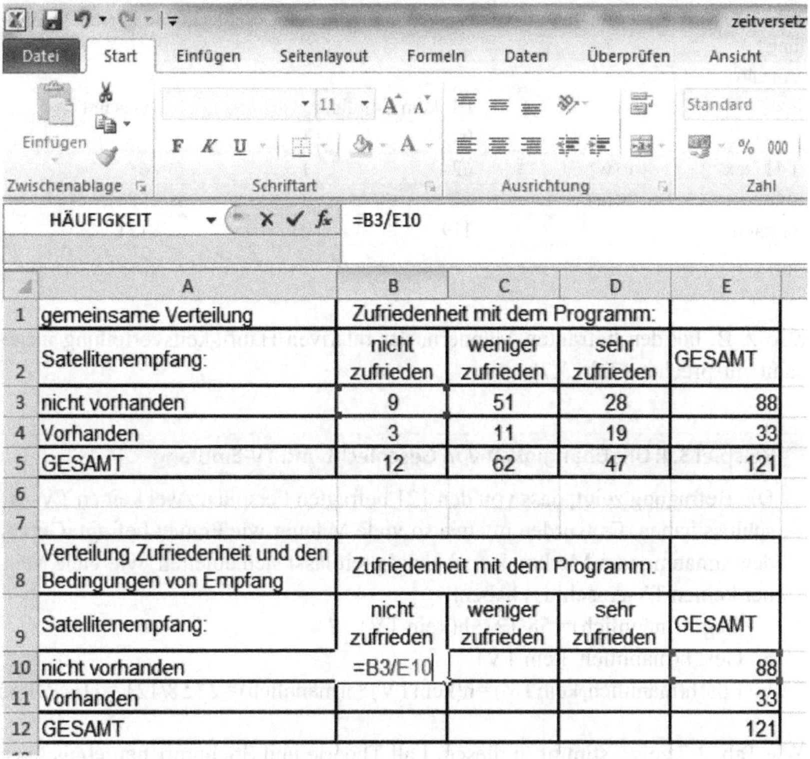

HÄUFIGKEIT =B3/E10

	A	B	C	D	E
1	gemeinsame Verteilung	Zufriedenheit mit dem Programm:			
2	Satellitenempfang:	nicht zufrieden	weniger zufrieden	sehr zufrieden	GESAMT
3	nicht vorhanden	9	51	28	88
4	Vorhanden	3	11	19	33
5	GESAMT	12	62	47	121
6					
7					
8	Verteilung Zufriedenheit und den Bedingungen von Empfang	Zufriedenheit mit dem Programm:			
9	Satellitenempfang:	nicht zufrieden	weniger zufrieden	sehr zufrieden	GESAMT
10	nicht vorhanden	=B3/E10			88
11	Vorhanden				33
12	GESAMT				121

Abb. 3.11 Berechnung einer bedingter Häufigkeitsverteilung bei gegebener Kreuztabelle

3.3.1 Berechnung von χ^2

Die Konstruktion eines Maßes für die Stärke des Zusammenhangs basiert auf folgender Überlegung:

Wenn zwischen zwei Merkmalen kein Zusammenhang besteht (z. B. wenn die Finanzierungsform eines Fernsehsenders keinen Einfluss auf die Nachrichtengestaltung hat), dann müssen die, durch ein Merkmal X bedingten, Häufigkeiten eines Merkmals Y den einfachen relativen Häufigkeiten des Merkmals Y entsprechen.

So kann beispielsweise theoretisch davon ausgegangen werden, dass die TV-Empfangsmöglichkeit, die eine befragte Person nennt (vgl. Beispiel 3.2), nichts mit ihrem Geschlecht zu tun hat. Trifft dies zu, dann müsste die relative Häufigkeitsverteilung einer TV-Empfangsmöglichkeit innerhalb einer Geschlechtergruppe,

Tab. 3.7 Nutzungsbefragung: Gemeinsame Verteilung von Geschlecht und „kein TV-Empfang"

Anzahl

		F1_kein Empfang		Gesamt
		0	1	
F41_sex	1 (w)	62	1	63
	2 (m)	57	1	58
Gesamt		119	2	121

also z. B. bei den befragten Männern, der relativen Häufigkeitsverteilung insgesamt entsprechen (Tab. 3.7).

Beispiel 3.4: Unabhängigkeit von Geschlecht und TV-Empfang

Die Befragung zeigt, dass von den 121 befragten Personen zwei keinen TV-Anschluss haben. Es wurden in etwa so viele Männer wie Frauen befragt. Gemäß der Annahme von Merkmalsunabhängigkeit lässt sich ableiten, wie viele Männer keinen TV-Anschluss haben:

Geg: f(männlich) = 58/121; h(kein TV) = 2

Ges: h(männlich, kein TV)

Lös: h(männlich, kein TV) = h(kein TV) * f(männlich) = 2 * 58/121 = 116/121 ≈ 1

Wie Tab. 3.7 zeigt, stimmt in diesem Fall Theorie und Stichprobenergebnis überein.

Beispiel 3.4 sollen dazu hinführen, dass es für den Tatbestand der Unabhängigkeit ein theoretisches Modell gibt: Geht man von der gegebenen Randverteilung einer Kreuztabelle aus, dann kann anhand dieses theoretischen Modells vorhergesagt werden, welche absoluten Häufigkeiten für die einzelnen Merkmalskombinationen bei Unabhängigkeit erwartet werden.

▶ **Unabhängigkeitspostulat** Dieser Annahme entspricht die Vorstellung, dass sich die durch Merkmal X = ai bedingten relativen Häufigkeitsverteilungen des Merkmals Y jeweils gleichen und der Randverteilung des Merkmals Y entsprechen:

$$f_Y(b_1 \mid a_i) = \frac{h_{i1}}{h_{i\cdot}} = \ldots = f_Y(b_m \mid a_i) = \frac{h_{im}}{h_{i\cdot}} = \frac{h_{\cdot j}}{n} \tag{3.4}$$

Anders formuliert:

Die Wahrscheinlichkeit dafür, dass eine Merkmalsausprägung $Y = b_j$ unter der Bedingung einer bestimmten Merkmalsausprägung eines anderen Merkmal $X = a_i$ vorkommt, ist gleich der Wahrscheinlichkeit, dass die bestimmte Merkmalsausprägung generell vorkommt.

Nach diesem Postulat können wir jetzt berechnen, wie die Verteilung der Zufriedenheit mit dem TV-Programm (vgl. Bsp. 3.2) aussehen müsste, wenn diese vom Satellitenempfang unabhängig ist, indem man z. B. die gemeinsamen relativen Häufigkeiten der Programmzufriedenheit mit den absoluten Werten der Empfangsgruppen verrechnet:

9,9 % aller Befragten sind nicht zufrieden – demnach müssten auch 9,9 % aller Befragten mit Satellitenempfang nicht zufrieden sein.

oder

38 % aller Befragten sind sehr zufrieden mit dem Programm – bei Unabhängigkeit müssten dann auch 38 % aller Befragten mit Satellitenempfang sehr zufrieden sein.

Basierend auf der Annahme der Unabhängigkeit kann man aus den Randhäufigkeiten die sogenannten *erwarteten absoluten Häufigkeiten*, d. h. die Zellenbesetzung bei optimaler Unabhängigkeit errechnen (Gl. 3.5):

▸ **Erwartete Häufigkeiten...** sind die Häufigkeiten $\tilde{h}_{ij}$, die bei zwei vollkommen unabhängigen Merkmalen gemäß der jeweiligen, als fest angenommenen Randhäufigkeiten $h_{i\cdot}$ bzw. $h_{j\cdot}$ (oder $f_{i\cdot}$ bzw. $f_{j\cdot}$ in den einzelnen Zellen erwartet werden. Da es sich nicht um „echte" Beobachtungen, sondern um theoretische Konstrukte handelt, wird das h mit der kleinen „Welle" ergänzt.

$$\begin{aligned} \tilde{h}ij &= \frac{h_i : h._j}{n} \\ &= f_i : h._j \\ &= h_i : f._j \end{aligned} \tag{3.5}$$

Führen wird dies anhand des Beispiels des Zusammenhangs zwischen Programmzufriedenheit und Satellitenempfang vor:

Beispiel 3.1: Satellitenempfang und Programmzufriedenheit (Fortsetzung)

Berechnung der bei Unabhängigkeit erwarteten gemeinsamen Häufigkeitsverteilung (*erwartete Häufigkeiten*)

Tab. 3.8 Unter Unabhängigkeit erwartete gemeinsame Häufigkeitsverteilung von Satellitenempfang und Programmzufriedenheit Nutzeranalyse $n = 121$, Bsp. 3.2

Erwartete Häufigkeiten	Zufriedenheit mit dem Programm			
Satellitenempfang	Nicht zufrieden	Weniger zufrieden	Sehr zufrieden	GESAMT
Kein Satellitenempfang	8,7	45,1	34,2	88
Sateilitenempfang vorhanden	3,3	16,9	12,8	33
GESAMT	12	62	47	121

Geg: Programmzufriedenheit = Y, $j = 1,\ldots,m$, $m = 3$, $f_1 = 0{,}099$, $f_2 = 0{,}512$, $f_3 = 0{,}388$

Satellitenempfang = X, $i = 1,\ldots,k$, $k = 2$; $h_1 = 88$; $h_2 = 33$

Ges: absolute gemeinsame Häufigkeiten bei Unabhängigkeit (erwartete Häufigkeiten)

Lös: $h_{11} = h_1. * f._1 = 88 * 0{,}099 = 8{,}7$

$h_{12} = h_1. * f._2 = 88 * 0{,}512 = 45{,}1$

$h_{13} = h_1. * f._3 = 88 * 0{,}388 = 34{,}2$

$h_{21} = h_2. * f._1 = 33 * 0{,}099 = 3{,}3$

$h_{22} = h_2. * f._2 = 33 * 0{,}512 = 16{,}9$

$h_{23} = h_2. * f._3 = 33 * 0{,}388 = 12{,}8$

Meist wird das Ergebnis auch in Form einer Kreuztabelle dargelegt (Tab. 3.8).

Für eine Berechnung von Hand ist es am einfachsten, wenn man zunächst die absolute Häufigkeitsverteilung der beiden Merkmale in den Rändern einträgt.

Aus Gl. 3.1 $f_{ij} = h_{ij}/n$ entsprechend gilt $f._j = h._j/n$ bzw. $f_i. = h_i./n$

Zur Berechnung der erwartete Häufigkeit (Gl. 3.5) $h_i. * f._j$ bzw. $h._j * f_i.$, kann man $f._j$ bzw. $f_i.$ ersetzten durch Gl. 3.1 und erhält folgende einfache Variante für Gl. 3.5:

$h_i. * h._j/n$ bzw. $h._j * h_i./n$.

Für jede Zelle einer Kreuztabelle ergibt sich damit die erwartete Häufigkeit ganz einfach, indem man die jeweiligen Randsummen multipliziert und durch die Anzahl aller Beobachtungen n dividiert.

Dies sei noch einmal am Beispiel der Nachrichtenanalyse mit $n = 34$ veranschaulicht. Um den Aufwand geringer zu halten, wird das Merkmal Themenkategorie wie folgt umgeformt:

1 = Politik; 0 = keine Politik

Beispiel 3.2:

Nachrichtenanalyse: Zusammenhang zwischen Finanzierungsform und Politikanteil in den Nachrichten (Tab. 3.9)

Bei Unabhängigkeit von zwei Merkmalen liefert die Kenntnis über eine bestimmte Merkmalsausprägung keinen Hinweis auf die Wahrscheinlichkeit, dass eine andere Merkmalsaupägung vorkommt. Im Beispiel 3.4 liefert mir das Geschlecht einer Person keinen Hinweis darauf, ob diese Person einen TV-Empfang hat oder nicht. Wenn ich z. B. auf der Suche nach einer Person ohne (oder mit) TV-Empfang bin, dann hilft das Wissen um das Geschlecht nicht dabei, eine solche Person zu finden.

Anders dagegen bei der Nachrichtenanalyse von Beispiel 3.2 – wenn ich z. B. für eine Lehrveranstaltung ein Beispiel für eine klassische politische Nachricht heraussuchen möchte, so lehrt mich das Ergebnis in der Tab. 3.9, dass ich bei den mischfinanzierten Sendern zuerst suchen sollte, weil ich dort eine höhere Trefferquote habe.

Diese Überlegung soll den nächsten Schritt zur Konstruktion des Abhängigkeitsmaßes verdeutlichen. Je mehr die in einer empirischen Untersuchung *vorgefundenen absoluten gemeinsamen Häufigkeiten* zweier Merkmale der bei Unabhängigkeit theoretisch erwarteten absoluten gemeinsamen Häufigkeiten (meist kurz gesagt *den erwarteten Häufigkeiten*) widersprechen, desto eher muss die Unabhängigkeit einer Merkmalskombination abgelehnt werden.

Je mehr sich diese *erwarteten Häufigkeiten* und die Realisation in der Stichprobe gleichen, desto weniger sind die beiden Merkmale voneinander abhängig – ändert sich eine Merkmalsausprägung (z. B. Einkommen), hat das keinen Einfluss auf den Wert einer anderen Variable.

Für einen Zusammenhang spricht damit folgende Argumentation: Je weniger die erwarteten und beobachteten Häufigkeiten übereinstimmen, desto weniger ähnelt das Stichprobenergebnis dem bei Unabhängigkeit erwarteten → je mehr bestimmt scheinbar ein Merkmal das andere.

Tab. 3.9 Berechnung der unter Unabhängigkeit erwarteten gemeinsamen Häufigkeitsverteilung von Finanzierungsform und Thema (Politik/keine Politik) Nachrichtenanalyse $n = 34$, Bsp. 3.1

Erwartete Häufigkeiten	Finanzierungsform		
Themenkategorie	Mischfinanzierung	Werbefinanzierung	GESAMT
Politik (=1)	=13 * 12/34 = 4,6	=21 * 12/34 = 7,4	12
Keine Politik (=0)	=13 * 22/34 = 8,4	=21 * 22/34 = 13,6	22
GESAMT	13	21	34

► Je weiter das Stichprobenergebnis von der bei Unabhängigkeit der Merkmale erwarteten Häufigkeitsverteilung abweicht, desto stärker ist die gegenseitige Abhängigkeit.

Zu diesem Zweck werden die beobachteten und die erwarteten Häufigkeiten einander gegenübergestellt. Zur Anshauung wird das Beispiel der Nachrichtenanalyse herangezogen:

Beispiel 3.1: Zusammenhang zwischen Finanzierungsform und Politikanteil

($n = 34$, vgl. Tab. 3.9):

Umso größer die Abweichungen der beobachteten Häufigkeiten von den erwarteten Häufigkeiten insgesamt ist, desto mehr wird die Unabhängigkeitsannahme verletzt bzw. das Gegenteil von Unabhängigkeit, also Abhängigkeit, gezeigt.

Die Gesamtmenge aller Unterschiede zwischen *beobachteten* und *erwarteten Häufigkeiten* in den Zellen eignet sich damit zur Quantifizierung des Zusammenhangs. Das lässt sich aber nicht ohne weiteres in eine Formel umsetzen, denn es ergibt sich das Problem, dass sich die Differenzen in der Summe ausgleichen. Das ist in der Berechnung der erwarteten Häufigkeiten begründet: Da diese auf die Randverteilung zurückgreifen, ist diese für erwartete und beobachtete Häufigkeiten gleich. Damit kann sich die Menge der Beobachtungen insgesamt nicht verändern und die Summe der Differenzen muss 0 ergeben.

Da es für die Berechnung aber nicht auf die Richtung der Abweichung, sondern nur auf ihre Stärke ankommt, werden diese zunächst quadriert. Das hat zwei Effekte: Zum einen wird das Problem der gegenläufigen Vorzeichen gelöst, weil durch das Quadrieren immer ein positives Vorzeichen entsteht. Zum anderen gehen die Abweichungen stärker in das Maß mit ein, je größer sie sind, was der Logik der Konstruktion des Maßes entspricht. Man erhält die Summe der quadrierten Differenzen zwischen erwarteten und beobachteten Häufigkeiten:

$$\sum_{i=1}^{k}\sum_{j=1}^{m}\left(h_{ij}-\frac{h_{i.}h_{.j}}{n}\right)^2 \tag{3.6}$$

Auf diese Weise erhält man einen Wert, der die Stärke der Abweichung von der Unabhängigkeit quantifiziert. Allerdings bleibt bei diesem Wert noch eine wichtige Sache unberücksichtigt: Der jeweilige relative Wert der absoluten Abweichung, dessen Bedeutung durch folgende Überlegung deutlich gemacht werden soll:

Wenn ich als berufstätige Erwachsene einen Euro verliere, dann ist das blöd, aber nicht so schmerzlich. Wenn ein Erstklässler mit geschätzten 80 Cent Taschengeld pro Woche einen Euro verliert, dann ist das mehr als seine Wocheneinnahmen.

Entsprechend ist eine Abweichung $(h_{ij} - \tilde{h}_{ij}) = 2$, also von zwei Objekten bei einer erwarteten Häufigkeit von 100 Objekten weniger aussagkräftig als eine Abweichung von $(h_{ij} - \tilde{h}_{ij}) = 2$ bei 10 erwarteten Objekten, denn 2 Personen Unterschied fallen bei einem unwahrscheinlichen Ereignis (entspricht einer geringen erwarteten Häufigkeit) mehr „ins Gewicht" als bei einem wahrscheinlichen Ereignis (entspricht einer hohen erwarteten Häufigkeit).

Deshalb wird die jeweilige Differenz mit der erwarteten Häufigkeit als der Wahrscheinlichkeit ihres Auftretens ins Verhältnis gesetzt und man erhält endlich den χ^2-Wert.

$$\chi^2\text{-}Wert: \qquad \chi^2 = \sum_{i=1}^{k}\sum_{j=1}^{m} \frac{\left(h_{ij} - \frac{h_i.h._j}{n}\right)^2}{\frac{h_i.h._j}{n}} \tag{3.7}$$

In Worten ausgedrückt: Bilde für jede Zelle die erwarteten Häufigkeiten, indem die Randhäufigkeiten multipliziert und durch n geteilt werden. Subtrahiere für jede Zelle die *erwarteten Häufigkeiten* von den in der Stichprobe *beobachteten Häufigkeiten.* Quadriere diese Differenz und teile den Wert je Zelle durch die erwartete Häufigkeit. Zähle die so für jede Zelle erhaltenen Werte zusammen.

Damit kann jetzt für das Beispiel der Nachrichtenanalyse mit $n = 24$ (zusammengefasste Werte, vgl. Tab. 3.10) der χ^2-Wert ermittelt werden (Tab. 3.11).

Tab. 3.10 Beobachtete und erwartete gemeinsame Häufigkeit von Finanzierungsform und Thema Politik Nachrichtenanalyse $n = 34$, Bsp. 3.1

	Erwartete Häufigkeiten		Beobachtete Häufigkeiten		
	Finanzierungsform		Finanzierungsform		
Themenkateogrie	Mischfinanzierung	Werbefinanzierung	Mischfinanzierung	Werbefinanzierung	GESAMT
Politik (=1)	4,6	7,4	6,0	6,0	12
Keine Politik (=0)	8,4	13,6	7,0	15,0	22
GESAMT	13	21	13	21	34

Tab. 3.11 Zusammenhang zwischen Finanzierungsform und Thema Nachrichtenanalyse $n=34$ (Bsp. 3.1, Fortsetzung von Tab. 3.10)

	Differenzen zwischen beobachteten und erwarteten Häufigkeiten		Quadrierte und mit den erwarteten Häufigkeiten gewichtet Werte je Zelle	
	Finanzierungsform		Finanzierungsform	
Themenkategorie	Mischfinanzierung	Werbefinanzierung	Mischfinanzierung	Werbefinanzierung
Politik (=1)	1,4	−1,4	1,99/4,6=0,433	1,99/7,4=0,267
Keine Politik (=0)	−1,4	1,4	1,99/8,4=0,237	1,99/13,6=0,146
Summe	0	0		

Beispiel 3.2:

Zusammenhang zwischen Finanzierungsform und Nachrichtenthemen (Fortsetzung) (Tab. 3.11)

0,433 + 0,237 + 0,267 + 0,146 = 1,083 → χ^2 ergibt sich als 1,083

Beispiel 3.1: Satellitenempfang und Programmzufriedenheit (Fortsetzung)

Wir berechnen χ^2: Die beobachteten und die erwarteten Häufigkeiten ebenso wie die quadrierten gewichteten Abweichungen zwischen diesen finden sich in der Tab. 3.12.

Tab. 3.12 Zusammenhang zwischen Programmzufriedenheit und Satellitenempfang Nutzeranalyse $n = 121$; Bsp. 3.1

Satellitenempfang	Zufriedenheit mit dem Programm			
Beobachtete gemeinsame Häufigkeiten	Nicht zufrieden	Weniger zufrieden	Sehr zufrieden	Randsumme
Kein Satellitenempfang	9	51	28	88
Satellitenempfang vorhanden	3	11	19	33
Erwartete Häufigkeiten				
Kein Satellitenempfang	8,7	45,1	34,2	88
Satellitenempfang vorhanden	3,3	16,9	12,8	33
Differenz beobachtete und erwartete Häufigkeiten				
Kein Satellitenempfang	0,3	5,9	−6,2	
Satellitenempfang vorhanden	−0,3	−5,9	6,2	
Quadrierte und mit erwarteten Häufgkeiten gewichtete Differenzen				
Kein Satellitenempfang	$0{,}3^2/8{,}7=0{,}01$	0,77	1,12	
Satellitenempfang vorhanden	0,02	2,07	2,98	
			Summe	*6,97*

Tab. 3.13 Zusammenhang zwischen Geschlecht und „kein Empfang“ Nutzeranalyse $n=121$

Anzahl				Erwartete Häufigkeit		
		F1_kein Empfang		F1_kein Empfang		Randsumme
		0	1	0	1	
F41_sex	1 (w)	62	1	61,96	1,04	63
	2 (m)	57	1	57,04	0,96	58
Gesamt		119	2	119	2	121
Differenzen zwischen beobachteten und erwarteten Häufigkeiten				Quadrierte und mit erwarteter Häufigkeit gewichtete Differenzen		
F41_sex	1 (w)	0,04	−0,04	0,000028	0,00171	0,00174
	2 (m)	−0,04	0,04	0,000030	0,00171	0,00174
					Summe	*0,00347*

χ^2 ergibt sich dann aus $0{,}01+0{,}02+0{,}77+0{,}207+1{,}12+2{,}98=6{,}97$

Dieser Wert ist also deutlich höher, was auf einen stärkeren Zusammenhang hinweist.

Beispiel 3.4: Zusammenhang zwischen Geschlecht und TV-Empfang (Fortsetzung) (vgl. Tab. 3.7)

Der Chi²-Wert (χ^2-Wert) ergibt sich hier (Tab. 3.13) mit 0,0035. Erwartungsgemäß ist der Wert hier sehr klein, annähernd 0. Der theoretische Nicht-Zusammenhang spiegelt sich hier in den empirischen Daten wieder.

3.3.2 Verwendung von χ^2 als Maßzahl für den Zusammenhang (Kontingenz) in der deskriptiven Statistik

χ^2 drückt also in gewisser Weise das Ausmaß des Zusammenhangs aus.

► Je größer der χ^2-Wert, desto stärker ist der Zusammenhang.

Wenn wir die drei im vorangegangenen Abschnitt berechneten χ^2-Werte noch einmal betrachten, dann ergeben sich folgende Werte für χ^2: 0,0034, 1,09 und 6,97.

Jetzt stellt sich die Frage, ob man einfach von den Größenverhältnissen der χ^2-Werte auf die Größenverhältnisse der Zusammenhangsstärke schließen kann. Um dies zu prüfen, wollen wir uns noch einmal die Formel von χ^2 (Gl. 3.8) anschauen:

$$\chi^2 = \sum_{i=1}^{k}\sum_{j=1}^{m} \frac{\left(h_{ij} - \frac{h_{i}.h._{j}}{n}\right)^2}{\frac{h_{i}.h._{j}}{n}} = \sum_{i=1}^{k}\sum_{j=1}^{m} \frac{(h_{beob} - h_{erw})^2}{h_{erw}} \quad (3.8)$$

Aus der Art und Weise wie die Formel berechnet wird, lässt sich ableiten: Je größer die erwarteten Häufigkeiten sind, umso stärker werden die festgestellten Abweichungen relativiert (siehe Gl. 3.8, h_{erw} steht im Nenner). Die Größenordnung der erwarteten Häufigkeiten ergibt sich aus den Randhäufigkeiten der Zeilen bzw. Spalten. Diese hängen wiederum vom Umfang der Stichprobe ab – je mehr Objekte untersucht werden, umso größer fallen die absolute Anzahl und damit die Relativierung der festgestellten Abweichungen $h_{beob} - h_{erw}$ aus.

► χ^2 wird umso kleiner, je größer die Stichprobe ist.

Es könnte also auch sein, dass der Wert 0,0034 deshalb so viel kleiner ist als der Wert 1,09, weil die Stichprobe deutlich größer ist. Andererseits spricht vieles dafür, dass der Zusammenhang zwischen Satellitenempfang und Programmzufriedenheit tatsächlich größer ist als der Zusammenhang zwischen Politikberichterstattung in den Nachrichten und Finanzierungsform eines Senders (6,97 < 1,09), denn der χ^2-Wert ist trotz der größeren Stichprobe höher ($n = 121$ vs. $n = 34$, vgl. Tab. 3.14)

Der Blick auf die Formel von χ^2 (Gl. 3.8) hat uns deutlich gemacht, dass bei einem großen Stichprobenumfang bei gleichgroßen Abweichungen ein geringerer χ^2-Wert zu erwarten ist.

Ein weiterer Blick auf Formel 3.8 zeigt aber noch einen weiteren Faktor: Der Wert ergibt sich aus den quadrierten und relativen Abweichungen je Zelle. Damit ist auch logisch, dass der Wert umso größer wird, je mehr Zellen die Kreuztabelle hat. Damit ergibt sich die Dimension der Kreuztabelle mit der Zeilenzahl k und der Spaltenzahl m als weiterer wichtiger Faktor für die Höhe des χ^2-Wertes.

Tab. 3.14 Zusammenstellung der Ergebnisse für χ^2 aus den Beispielen 3.1, 3.2 und 3.4

χ^2-Wert	0,0034	1,09	6,97
Merkmale	Geschlecht und TV-Empfang	Finanzierungsform und Politikberichterstattung	Satellitenempfang und Programmzufriedenheit
Stichprobengröße	$n = 121$	$n = 34$	$n = 121$
Dimension der Kreuztabelle	k = 2; m = 2	k = 2; m = 2	k = 2; m = 3

► χ^2 wird umso größer, je mehr Zellen die Kreuztabelle hat, also je größer k×m.

Der zunächst eindeutige Befund, dass $1{,}09 < 6{,}97$ ist, könnte also auch theoretisch dadurch zustande kommen, dass das Merkmal Programmzufriedenheit drei und nicht zwei Ausprägungen hat, so dass die Kreuztabelle sechs im Vergleich zu vier Zellen aufweist.

Die vorangegangenen Überlegungen zeigen also, dass sowohl eine Beurteilung der Zusammenhangsstärke überhaupt als auch ein Vergleich des Zusammenhangs zwischen verschieden dimensionierten Kreuztabellen anhand χ^2 nicht unproblematisch ist.

Ideal ist es ein Maß zu finden, das zwischen 0 und 1 *normiert* und vom Maßstab der Kontingenztabelle unabhängig ist.

► Der Kontingenzkoeffizient ist ein erster Schritt in Richtung der Normierung. Dieser Kennwert für den statistischen Zusammenhang kann Werte zwischen 0 und einem maximalen Wert K_{max} annehmen.

Der Kontingenzkoeffizienten bereinigt also χ^2 um den Einfluss der Stichprobengröße und führt durch Wurzelziehen den Einfluss des Quadrierens der Differenzen zurück.

► **Kontingenzkoeffizient K**

$$K = \sqrt{\frac{\chi^2}{n+\chi^2}} \tag{3.9}$$

Um ein Maß zu normieren, ist weiterhin die Überlegung hilfreich, welchen Wert ein Maß maximal annehmen kann.

Im Fall vollkommener Abhängigkeit ist bei einer Kreuztabelle bei den absoluten gemeinsamen Häufigkeiten in jeder Zeile bzw. Spalte nur ein Wert besetzt.

Bei dem Beispiel der Nachrichtenanalyse wäre das der Fall, wenn z. B. alle vorgefundenen politischen Nachrichten ausschließlich von den mischfinanzierten Sendern gesendet würden oder wenn alle nicht politischen Meldungen ausschließlichen von den werbefinanzierten Sendern ausgestrahlt würden:

Tab. 3.15 Absolute Abhängigkeit bei gegebener Randhäufigkeit am Beispiel der Daten von Tab. 3.11

Erwartet Häufigkeiten	Finanzierungsform		
Themenkategorie	Mischfinanzierung	Werbefinanzierung	GESAMT
Politik (=1)	12,0	0,0	12
Keine Politik (=0)	0,0	22,0	22
GESAMT	12	22	34

Berechnet man zu der gemeinsamen Häufigkeitsverteilung in dieser Tabelle χ^2, dann ergibt sich ein Wert von 34.

Formal kann die Größe von χ^2 bei maximaler Abhängigkeit wie folgt berechnet werden:

Da χ^2 abhängig ist vom Stichprobenumfang n und von der Zahl der Zeilen (k) bzw. Spalten (m) der Stichprobe, ergibt sich

$$\chi^2_{max} \text{ als } n(\min(k,m)) - 1 \quad (3.10)$$

Für die Tab. 3.15 ergibt sich χ^2 dann mit $\chi^2 = n(\min(k, m) - 1) = 34(2-1) = 34$.

Diese Überlegung kann zu einer Normierung herangezogen werden: Setzt man nun in Gl. 3.9 das maximale χ^2 ein (Gl. 3.10: (n(min(k, m) − 1))), so erhält man eine Formel für den Maximalwert K. Der Maximalwert K steht für den Wert, den K annimmt, wenn von absoluter Abhängigkeit ausgegangen wird.

$$K_{\max} = \sqrt{\frac{M-1}{M}} \quad \begin{matrix} M = \text{Anzahl Ausprägungen des Merkmals mit der} \\ \text{geringsten Anzahl Ausprägungen } M = \min\{k,m\} \end{matrix} \quad (3.11)$$

Bei absoluter Unabhängigkeit ergibt K bei einer 2 × 2-Tabelle den Wert von $\sqrt{1/2}$.

Bei einer 2 × 3-Tabelle ist der Maximalwert des Kontingenzkoeffizienten auch gegeben mit $\sqrt{1/2}$, bei einer 3 × 3 mit $\sqrt{2/3}$ und bei einer 4 × 4 mit $\sqrt{3/4}$.

Aus K und K_{max} ergibt sich dann der korrigierte Kontingenzkoeffizient, der Werte zwischen 0 und 1 annehmen kann:

► **Korrigierter Kontingenzkoeffizient**

$$K^* = K / K_{max} \quad ; K \in [0,1] \quad (3.12)$$

Als weiteres Maß ist auch noch *Cramers* V gebräuchlich:

$$Cramers\ V = \sqrt{\frac{\chi^2}{n(\min(k,m)-1}} \tag{3.13}$$

Hier geschieht die Bereinigung um die Stichprobengröße leicht anders, im Prinzip handelt es sich ebenfalls um ein normiertes Maß, das Werte zwischen 0 und 1 annehmen kann (Tab. 3.16).

Ein Vergleich von Stichproben mit stark unterschiedlichen Umfängen bleibt problematisch (Fahrmeier et al. 1999, S. 125)!

Beispiel 3.1, 3.2 und 3.4: Berechnung der korrigierten Kontingenzkoeffizienten (vgl. Tab. 3.14) (Fortsetzung):

Tab. 3.16 Korrigierte Kontingenzkoeffizienten der Beispiele 3.1, 3.2 und 3.4

χ^2-Wert	1,09	0,0034	6,97
Merkmale	Finanzierungsform und Politikberichterstattung	Geschlecht und TV-Empfang	Satellitenempfang und Programmzufriedenheit
Stichprobengröße	$n=34$	$n=121$	$n=121$
Dimension der Kreuztabelle	k=2; m=2	k=2; m=2	k=2; m=3
$K=\sqrt{\frac{\chi^2}{n+\chi^2}}$		$K=\sqrt{\frac{0{,}00034}{121{,}0034}}$ $=0{,}0023$	$K=\sqrt{\frac{6{,}97}{127{,}97}}$ $=0{,}233$
K_{max}		$\sqrt{1/2}=0{,}707$	$\sqrt{1/2}=0{,}707$
$K^*=K/K_{max}$		=0,0023/0,707= =0,0075	=0,233/0,707= =0,33

Übungsaufgaben Kapitel 3

Beispiel 3.2: Nachrichtenanalyse, $n = 34$

1. Erstellen Sie die absolute gemeinsame Häufigkeitsverteilung der Merkmale *Darstellungsform* und *kulturelle Nähe*. Stellen Sie die Verteilung auf geeignete Weise grafisch dar.
2. Ermitteln Sie die Verteilung von kultureller Nähe unter der Bedingung von Darstellungsform *Nachricht im Film* (Ausprägung 2). Lässt die Verteilung eher auf Unabhängigkeit oder auf einen systematischen Zusammenhang schließen?
3. Leiten Sie vier Aussagen über Zusammenhänge aus der Tabelle ‚Musikpräferenzen von Hörfunknutzern nach Alter' (Blödorn und Gerhards 2004, S. 169) ab.
4. Berechnen Sie den korrigierten Kontingenzkoeffizienten zwischen den Merkmalen *Personalisierung* und *Reichweite* Tab. 3.2.
5. Die Komplementaritätsthese von Galtung und Ruge (1970) besagt, dass Nachrichtenfaktoren sich gegenseitig kompensieren können. Nachrichten aus Ländern mit geringer kultureller Nähe müssen deshalb eine hohe Relevanz aufweisen, damit Sie übermittelt werden. Trifft dies für die Beziehung zwischen *Reichweite* und *kultureller Nähe* Tab. 3.2 ebenfalls zu? Ist der Zusammenhang zwischen diesen beiden Merkmalen höher als der Zusammenhang zwischen *Personalisierung* und *Reichweite*?

⑪ Musikpräferenzen von Hörfunknutzern nach Altersgruppen

sehr gut bzw. gut, in %

Musikstil	Personen Bewertung	ab 14 J.	40-49 J.	50-59 J.	60-69 J.	ab 70 J.	ab 50 J.
HipHop oder Techno	sehr gut	9	5	1	1	0	1
	gut	15	14	8	6	1	5
Schlager	sehr gut	13	10	21	23	25	23
	gut	29	31	37	40	45	40
Klassik	sehr gut	19	15	29	34	35	33
	gut	32	33	36	36	38	37
Volksmusik	sehr gut	13	5	13	24	43	27
	gut	17	15	26	26	31	28
Rock und Pop	sehr gut	28	38	17	13	1	11
	gut	35	43	39	24	9	24

Basis: Personen ab 14 Jahre in Baden-Württemberg/Rheinland-Pfalz.

Lernzielkontrolle Kapitel 3

- Was ist eine bivariate Darstellung?
- Bezeichnen Sie an einer Kreuztabelle: $h_{\cdot j}$, $h_{i\cdot}$, h_{13}, n,
- Was drücken die sogenannten „erwarteten Häufigkeiten“ aus?
- Was unterscheidet eine bedingte Häufigkeitsverteilung von einer absoluten gemeinsamen Häufigkeitsverteilung?
- Mit welcher Verteilung vergleicht man eine die Verteilung eines Merkmals X unter der Bedingung einer bestimmten Ausprägung j eines Merkmals Y, wenn man untersuchen möchte, ob zwischen zwei Merkmalen ein Zusammenhang besteht? Wie sieht das Ergebnis des Vergleichs bei Unabhängigkeit der beiden Merkmale aus?
- Welchen Wertebereich kann der korrigierte Kontingenzkoeffizient annehmen?

Literatur

Blödorn, Sascha, und Maria Gerhards. 2004. Mediennutzung der älteren Generation Daten zur Nutzung elektronischer Medien 2003. *Media Perspektiven* 4:163–175.

Fahrmeier, Ludwig, Rita Künstler, Iris Pigeot, und Gerhard Tutz. 1999. *Statistik. Der Weg zur Datenanalyse*. 2. verb. Aufl. Berlin: Springer.

Feierabend, Sabine, und Thomas Rathgeb. 2012. Medienumgang Jugendlicher in Deutschland. Ergebnisse der JIM-Studie 2011. *Media Perspektiven* 6:339–352.

Galtung, Johan, und Mari Holmboe Ruge. 1970. The structure of foreign news. The presentation of the Congo, Cuba and Cyprus crises in four Norwegian newspapers. In *Media sociology. A reader*, Hrsg. Jeremy Tunstall, 259–258. London: Constable.

4 Eindimensionale Darstellung quantitativer (metrischer) Merkmale

Zusammenfassung

Kapitel vier beschäftigt sich ausführlich mit der Beschreibung metrischer diskreter und stetiger Variablen. Zunächst werden verschiedene Möglichkeiten der Darstellung der Merkmalsverteilung erläutert: Häufigkeitsverteilung und empirische Verteilungsfunktion für diskrete Merkmale, Histogramm und empirische Verteilungsfunktion für stetige Merkmal. Im Anschluss wird das Prinzip und die Berechnung von Quantilen erklärt und Verteilungsdarstellungen anhand der Fünf-Punkte-Zusammenfassung. Vor dem Hintergrund des so entwickelten Verständnisses von Merkmalsverteilung werden im zweiten Teil des vierten Kapitels die klassischen Kennwerte metrischer Merkmale, Mittelwert, Varianz und Standardabweichung, eingeführt.

Im ersten Kapitel wurde der Unterschied zwischen qualitativen und quantitativen Merkmalen erläutert (vgl. 1.3.2). Nachdem wir uns nun in den letzten beiden Kapiteln der uni- bzw. bivariaten Beschreibung qualitativer Merkmale gewidmet haben, geht es in den folgenden Kapiteln mit der Verdichtung von als *quantitative Daten* vorliegenden Informationen weiter.

► Quantitative Merkmale sind intervall- oder verhältnisskalierte Merkmale. Ihre Ausprägungen spiegeln die Intensität eines Merkmals wieder.

Die Bezeichnungen metrisch und quantitativ werden in diesem Skript analog verwendet. Was man unter eindimensionaler Darstellung versteht, wurde bereits in Kapitel zwei (2.1) geklärt.

I. A. Uhlemann, *Einführung in die Statistik für Kommunikationswissenschaftler*,
DOI 10.1007/978-3-658-05769-5_4

Nach einigen Vorüberlegungen, in denen es um die verwendeten Beispiele sowie verschiedene Arten von quantitativen Daten geht, folgen wir analog zu den im zweiten Kapitel aufgeworfenen Fragen an die Daten (vgl. 2.1) auch der dort angewendeten Reihenfolge des Vorgehens – wir werden uns zunächst mit der *Darstellung der Verteilung* befassen und im zweiten Schritt verschiedene konkrete *Maßzahlen* kennenlernen, die eine komprimierte Aussage über Verteilungen bzw. verallgemeinerbare Tendenzen der Daten erlauben.

4.1 Vorüberlegungen

Bereits im ersten Kapitel wurden die quantitativen Daten nach der Art bzw. der Höhe des Skalenniveaus unterschieden und eine Unterteilung in *intervallskalierte*, *verhältnisskalierte* und *quasimetrische* Daten vorgenommen (vgl. 1.3.2.2).

Für die Wahl der richtigen Darstellungsform eines Merkmals ist aber noch eine weitere Unterscheidung hilfreich. Wenn wir nach der Verteilung eines Merkmals fragen, ist die Frage wichtig, in wie vielen verschiedenen Ausprägungen dieses Merkmal vorliegt (vgl. 2.1). *Merkmale bzw. Skalen* werden in der Statistik auch nach der Anzahl der möglichen Ergebnisse unterschieden. Die gemessenen Merkmale werden also dahingehend eingeteilt, wie viele mögliche Ausprägungen ein Merkmal annehmen kann und danach unterschieden, ob das *interessierende Merkmal* (nicht die Messung!) nur einige, ganz konkrete Ausprägungen annehmen kann (*diskret*), zwischen denen keine Abstufungen möglich sind, oder ob das gemessene Merkmal theoretisch in unendlich vielen verschiedenen Intensitäten vorliegen kann (*stetig*).

Bei den nominalen Merkmalen liegt die Menge an Ausprägungen meist vor der Untersuchung fest, aber auch wenn die Kategorien erst nachträglich gebildet werden, geht man davon aus, dass eine abzählbare Menge an möglichen Eigenschaften eines Merkmals vorliegt. Intensitäten werden von den nominalen Merkmalen nicht abgebildet. Nominale Merkmale sind deshalb immer Merkmale, die nur in einer überschaubaren Menge an möglichen Ausprägungen vorkommen können. Tatsächlich wird die im Folgenden vorgestellte Unterscheidung zwischen *stetig* und *diskret* erst bei quantitativen Daten bedeutsam.

4.1.1 Diskrete Daten

Bei diskreten Merkmalen liegt zwischen den einzelnen Ausprägungen eine klare Grenze – so kann eine Person ein Kind haben, oder zwei oder mehrere, aber dazwischen ist nichts möglich. Die Anzahl der möglichen Ausprägungen ist zählbar, die Messung ergibt immer eine ganze, positive Zahl.

▶ Ein Merkmal ist ***diskret***, wenn es endlich viele oder abzählbar unendlich viele Ausprägungen annehmen kann.

Eine etwas makabere, aber erhellende Bemerkung diesbezüglich findet sich auf einer Statistikseite von Psychologen[1] – wenn man 0,1 Geschwister hätte, sei das ein Fall für „Bones, die Knochenjägerin".

Die Anzahl von TV-Empfangsgeräten im Haushalt ist ebenfalls ein *diskretes quantitatives* Merkmal. Wenigstens in Privathaushalten ist davon auszugehen, dass sich die Menge in überschaubaren Grenzen bewegt.

Für *diskrete Merkmale mit wenigen Ausprägungen* bieten die statistischen Beschreibungsmöglichkeiten aus der „Werkzeugkiste" für kategoriale Merkmale eine Reihe von hilfreichen Darstellungsmöglichkeiten – absolute und relative ein- und zweidimensionale Häufigkeiten können für Merkmale mit wenigen, klar abgegrenzten Ausprägungen gut berechnet werden (vgl. Kap. 2 und 3).

Beispiel 4.1: Anzahl TV-Empfangsgeräte im Haushalt (HH)

Die Frage nach der Anzahl der TV-Empfangsgeräte im Haushalt in der Nutzerstudie, die im Rahmen einer Fragebogenübung durchgeführt wurde, (vgl. Beispiel 1.3, Frage 20) ist ein ***diskretes, quantitatives Merkmal***. Bei dieser Studie wurden im Rahmen der Übung 120 Personen nach einer quotierten Stichprobe befragt, wobei eine Gleichverteilung nach Alter und Geschlecht angestrebt wurde. Hintergrund des Fragebogens war die Forschungsfrage: Welche TV – Nutzer rezipieren welche TV – Sendungen aus welchen Gründen/Motiven wie „zeitsouverän"?

4.1.2 Stetige Merkmale

In der empirischen Forschung werden, z. B. bei einer Befragung oder bei einer Inhaltsanalyse, Merkmale gemessen, bei denen theoretisch unendlich viele verschiedene Antworten oder Messergebnisse insgesamt bzw. innerhalb des Ergebnisintervalls möglich sind. So wird z. B. bei der Fernsehnachrichtenanalyse die Dauer eines Beitrags in Sekunden gemessen oder bei der Nutzerbefragung nach der Fernsehnutzungsdauer in Minuten bzw. Stunden gefragt. Manchmal wird bei Inhaltsanalysen der Umfang eines Textes in cm oder die Anzahl von Wörtern oder Zeichen erfasst.

[1] http://paux.com/uri/topic/23491809/grafische-darstellung-diskrete-und-stetige-merkmale.

Bei solchen Merkmalen handelt es sich um *stetige Merkmale* – auch wenn sich das Merkmal bei einer konkreten Untersuchung in maximal *n* (= Stichprobenumfang) verschiedenen Ausprägungen realisieren kann. Damit ist gemeint, dass wenn in einer Stichprobe 200 Personen nach der Fernsehnutzungsdauer gefragt werden, maximal 200 verschiedene Zeitangaben vorliegen können.

► Ein Merkmal ist ***stetig***, wenn innerhalb eines Intervalls theoretisch unendlich viele Werte möglich sind.

Von unendlich kann also in der Stichprobe nicht die Rede sein. Man beachte nun die Formulierung „theoretisch unendlich viele verschiedene Ausprägungen". Stetigkeit ist also nicht ein Merkmal der Messung, sondern einen Eigenschaft des gemessenen Merkmals.

Beispiel 4.2: Nachrichtenanalyse – Beitragsdauer

Die Erfassung der Dauer der codierten Nachrichtenbeiträge in Sekunden in der Studie von Beispiel 2.1 ist eindeutig ein ***stetiges Merkmal***. Das Merkmal ist in dem bereits in den letzten Kapiteln verwendeten Datensatz (Tab. 2.1), der einen Auszug aus dem Gesamten Datensatz der Studie darstellt enthalten, (Bezeichnung im Spaltenkopf: Dauer_sec).

Diskrete Merkmal, die viele Ausprägungen annehmen können (z. B. die Anzahl verschiedener Webseiten, die eine Person innerhalb einer Woche kontaktiert, die Zahl der empfangbaren Sender, die Menge an Ausgaben von Zeitungen usw.) sowie die Ergebnisse verschiedener, in der Sozialforschung oft verwendeter Skalen oder Indexbildungen werden oft wie stetige Variablen behandelt.

► Man spricht dann von quasi-stetigen Merkmalen, wenn ein Merkmal abzählbar ist, aber sehr viele Ausprägungen annehmen kann.

Die quasimetrisch gemessenen Merkmale lassen sich nicht ohne weiteres einer der beiden Kategorien zuordnen. Von der Zahl der möglichen Ausprägungen her sind sie klar diskret – zumindest Likert-Skalen oder andere Zustimmungsfragen werden meist mit fünf bis sieben Abstufungsmöglichkeiten gestaltet.

Andererseits kann man bei manchen Fragen sehr wohl davon ausgehen, dass zumindest theoretisch die Zustimmung zu einer Aussage bei jedem Menschen verschieden stark ausgeprägt ist und die Reduktion auf die fünf, sechs oder sieben Ausprägungen erst bei der Messung geschieht.

Beispiel 4.3: Nutzungsmotive für zeitversetztes Fernsehen

Die Frageformulierung ist im Beispiel 1.7 im ersten Kapitel des Skripts abgebildet. Es geht dabei um die Nutzungsmotive für zeitversetztes Fernsehen. Es handelt sich um ein ***quasimetrisches Merkmal***. Die Daten stammen aus der in Beispiel 4.2 beschriebenen Studie. Diese Fragen wurden nur den 90 Personen gestellt, die auch angaben, dass sie zeitversetztes Fernsehen nutzen.

Beispiel 4.4: Nachrichtenanalyse – Nachrichtenwert:

In der Studie Beispiel 2.1 wurden auch Ausprägungen verschiedener Nachrichtenfaktoren codiert (Einfluss, Personalisierung, Reichweite, Aktualität und kulturelle Nähe). Auch wenn die Liste der Nachrichtenfaktoren nicht vollständig ist, kann angenommen werden, dass der Nachrichtenwert der dargestellten Ereignisse umso höher ist, je mehr dieser Nachrichtenfaktoren stark ausgeprägt in einem Beitrag festgestellt wurden. Dies entspricht der Additionshypothese von Galtung und Ruge (1970).

Aus den Daten wurde entsprechend für jeden Beitrag ein Index gebildet, der als ***quasistetiges Merkmal*** behandelt wird. Dazu wurde im ersten Schritt für jeden Nachrichtenfaktor festgestellt, ob er stark ausgeprägt vorliegt: Einfluss: $x_i > 2$, Personalisierung: $x_i > 1$, Reichweite $x_i > 2$, Aktualität $x_i > 2$ und kulturelle Nähe: $x_i > 2$. Für jeden Nachrichtenfaktor, für den dies zutraf, bekam der Beitrag einen Punkt zugewiesen. Die Summe der Punkte ergab dann den Nachrichtenwert. Tabelle 4.1 zeigt beispielhaft die Berechnung für Beitrag Nr. 1007405.

Im Hinblick auf die Frage, welche Möglichkeiten der Datendarstellung und Beschreibung sinnvoll sind, werden quasimetrische Daten aufgrund der geringen Ausprägungsanzahl als diskret angesehen. Zur Darstellung der Verteilung sind absolute und relative (kumulierte) Häufigkeiten und Balken- oder Säulendiagramme gut geeignet.

Tab. 4.1 Berechnung eines einfachen additiven Nachrichtenwertindex aus Nachrichtenfaktoren

Sender	Beitrag	Dauer_sek	Einfluss	Personalisierung	Reichweite	Aktualiät	Darstel.-form	Kult. Nähe	Themenkategorie	Nachrichtenwert
10	1007405	32	3	1	3	0	1	0	1	
			1		1					2

4.2 Verteilungsdarstellungen quantitativer Merkmale

4.2.1 Absolute und relative Häufigkeiten diskreter quantitativer Merkmale

In den Vorüberlegungen wurde schon darauf hingewiesen, dass für diskrete und quasimetrische Merkmale auf Darstellungsformen von Verteilungen zurückgegriffen werden kann, die bereits im Rahmen der Darstellung qualitativer Merkmale erarbeitet wurden. So stellen absolute und relative Häufigkeitsverteilungen ein sinnvolles Instrument dar, um ein Bild von der Verteilung eines diskreten quantitativen oder quasimetrischen Merkmals zu bekommen.

Da es sich bei quantitativen Daten immer um Daten handelt, bei denen die Zahlenwerte auch die Rangordnung der Merkmalsausprägungen abbilden, können natürlich auch die kumulierten Häufigkeiten entsprechend interpretiert werden.

Die Berechnung und Bezeichnung entspricht der in Kapitel zwei erläuterten Vorgehensweise. Auf eine ausführliche Darstellung wird deshalb an dieser Stelle verzichtet. Zur Veranschaulichung werden im Folgenden die absolute und die relative Häufigkeit der beiden in den Vorüberlegungen eingeführten entsprechenden Merkmale dargestellt.

Beispiel 4.1: TV-Geräte im HH

(Tab. 4.2) Am häufigsten ist bei den befragten Personen nur ein TV-Gerät im Haushalt vorhanden ($x_{mod}=1$), am zweithäufigsten finden sich in den Haushalten zwei Geräte. Der Fall, dass es kein Gerät gibt, findet sich nur einmal. In 87,7 % der Haushalte gibt es nicht mehr als maximal zwei Fernsehgeräte, aber über die Hälfte der Befragten gab an, dass es im Haushalt mehr als ein Gerät gibt. Die Häufigkeitsverteilung zeigt also einen klaren Schwerpunkt im Bereich [1, 2].

Tab. 4.2 Absolute und prozentuale Häufigkeitsverteilung der TV-Geräte im Haushalt, Bsp. 4.1

		Häufigkeit	Prozent	Gültige Prozente	Kumulierte Prozente
Gültig	0	1	,8	,8	,8
	1	58	47,2	47,5	48,4
	2	48	39,0	39,3	87,7
	3	8	6,5	6,6	94,3
	4	7	5,7	5,7	100,0
	Gesamt	122	99,2	100,0	
Fehlend	System	1	,8		
Gesamt		123	100,0		

Tab. 4.3 Absolute und prozentuale Häufigkeitsverteilung der Zustimmung zum Item: „Ich sehe zeitversetzt fern um mich zu informieren.", Bsp. 4.3

Ich sehe zeitversetzt fern, um mich zu informieren		Häufigkeit	Prozent	Gültige Prozente	Kumulierte Prozente
Gültig	0 (Trifft nicht zu)	16	13,0	18,0	18,0
	1	20	16,3	22,5	40,4
	2	14	11,4	15,7	56,2
	3	23	18,7	25,8	82,0
	4 (trifft zu)	16	13,0	18,0	100,0
	Gesamt	89	72,4	100,0	
Fehlend	System	34	27,6		
Gesamt		123	100,0		

Beispiel 4.3: Nutzungsmotive für zeitversetztes Fernsehen – Information

Etwas anders zeigt sich die Häufigkeitsverteilung der Zustimmung zu dem Item „Ich sehe zeitversetzt fern um mich zu informieren", Tab. 4.3 sie stellt sich als relativ gleich verteilt dar. Betrachtet man die gültigen Prozente, also die in Prozent ausgedrückten relativen Häufigkeiten f_i, dann ist keine Ausprägung geringer als mit einem Anteil von 15 % und keine höher als mit einem Anteil von 26 % vertreten. Eine Tendenz zur Mitte lässt sich aus den Daten ebenfalls nicht ablesen, im Gegenteil, die Mittelkategorie 2 kommt mit 15 % am seltensten vor. Ca. 40 % der Befragten, also immerhin zwei Fünftel, sehen zeitversetztes Fernsehen tendenziell nicht zu Informationszwecken: $F_{2\text{ (also die zweite Ausprägung von unten, } j=2)}$ in Prozent liegt bei 40,4 %.

4.2.2 Verteilungen stetiger quantitativer Merkmale

Bei diskreten Merkmalen sind die absolute und die relative (kumulierte) Häufigkeitsverteilung gute Werkzeuge, um die Verteilung des Merkmals abzubilden. Anders sieht es dagegen bei stetigen Variablen aus. Dies wird deutlich, wenn man sich den reduzierten Datensatz zur Nachrichtenanalyse (Tab. 4.4) im Hinblick auf die Beitragsdauer anschaut.

Beispiel 4.2: Nachrichtenanalyse – Beitragsdauer

Insgesamt kommt das Merkmal bei n = 34 in 27 verschiedenen Ausprägungen vor. Häufigste Ausprägung ist 26 Sekunden, sie kommt immerhin dreimal vor. Eine Häufigkeitsverteilung ist zwar aufgrund des geringen Stichprobenumfangs noch möglich, liefert aber insgesamt eine eher unbefriedigende Darstellung (Tab. 4.5).

Tab. 4.4 Daten der Nachrichtenanalyse (n=34) mit umcodierten Nachrichtenfaktoren (vgl. Bsp. 4.4)

Sender	Beitrag	Dauer_sek	Einfluss	Personalisierung	Reichweite	Aktualität	Darstel.-form	kult. Nähe	Themenkategorie	Nachrichtenwert
10	1007413	15	0	0	1	1	2	1	7	3
50	5028303	21	1	0	1	1	2	0	2	3
80	8009304	21	1	0	1	1	1	0	1	3
80	8009315	22	0	0	0	0	3	0	7	0
10	1026208	23	0	0	0	1	1	0	1	1
50	50070405	24	0	0	0	1	2	0	5	1
70	7007210	25	0	0	0	0	2	0	7	0
50	5007209	26	0	0	0	0	2	0	2	0
10	1007406	26	1	0	1	1	1	0	1	3
50	5001304	26	1	0	1	1	3	1	1	4
40	4026307	27	0	0	1	1	2	0	2	2
80	8007405	27	1	0	1	1	1	0	1	3
70	70010306	30	1	0	1	1	2	1	1	4
40	4007402	30	1	0	1	1	3	1	4	4
10	1007405	32	1	0	1	0	1	0	1	2
80	80260212	32	1	0	0	1	1	0	8	2
10	1028306	42	1	0	1	0	1	0	1	2
10	10010314	67	0	0	0	1	2	0	9	1
40	4009319	91	0	0	1	1	1	0	9	2
60	6026204	91	1	0	1	1	3	0	2	3
60	6009305	93	0	0	0	1	3	0	6	1
60	6026301	103	1	0	1	1	3	0	1	3
20	2001302	106	1	0	1	0	2	0	1	2
80	8007411	107	0	0	1	0	3	0	7	1
30	30260208	111	0	1	0	1	3	0	7	2
60	6007204	113	1	0	0	1	3	0	1	2
20	2007406	114	0	0	1	0	3	0	3	1
80	8026308	118	0	1	0	1	3	0	6	2
80	8001308	121	1	0	1	1	3	0	2	3
80	8028302	126	1	0	1	1	3	0	1	3
40	4026316	129	1	0	1	1	3	0	8	3
70	70010302	133	1	0	0	1	3	0	5	2
40	4001304	136	1	1	1	1	3	0	2	4
60	6007206	177	0	0	1	1	3	0	5	2

Tab. 4.5 *Beitragsdauer in Sekunden:* Absolute und prozentuale Häufigkeitsverteilung; Bsp. 4.2

		Häufigkeit	Prozent	Gültige Prozente	Kumulierte Prozente
Gültig	15	1	2,9	2,9	2,9
	21	1	2,9	2,9	5,9
	21	1	2,9	2,9	8,8
	22	1	2,9	2,9	11,8
	23	1	2,9	2,9	14,7
	24	1	2,9	2,9	17,6
	25	1	2,9	2,9	20,6
	26	3	8,8	8,8	29,4
	27	2	5,9	5,9	35,3
	30	1	2,9	2,9	38,2
	30	1	2,9	2,9	41,2
	32	1	2,9	2,9	44,1
	32	1	2,9	2,9	47,1
	42	1	2,9	2,9	50,0
	67	1	2,9	2,9	52,9
	91	1	2,9	2,9	55,9
	91	1	2,9	2,9	58,8
	93	1	2,9	2,9	61,8
	103	1	2,9	2,9	64,7
	106	1	2,9	2,9	67,6
	107	1	2,9	2,9	70,6
	111	1	2,9	2,9	73,5
	113	1	2,9	2,9	76,5
	114	1	2,9	2,9	79,4
	118	1	2,9	2,9	82,4
	121	1	2,9	2,9	85,3
	126	1	2,9	2,9	88,2
	129	1	2,9	2,9	91,2
	133	1	2,9	2,9	94,1
	136	1	2,9	2,9	97,1
	177	1	2,9	2,9	100,0
	Gesamt	34	100,0	100,0	

Am aufschlussreichsten zu interpretieren sind in so einem Fall die kumulierten Häufigkeiten, dazu weiter unten noch mehr. Ansonsten ist man nach dieser Darstellung nur wenig schlauer als nach Betrachtung des gesamten Datensatzes (Tab. 4.4).

Tab. 4.6 Absolute und relative Häufigkeiten der verschiedenen Nachrichtenlängenklassen

Klasse	Abs. Hfkt.	Rel. Hfkt.
1 [0;20)	1	0,029
2 [20;40)	15	0,441
3 [40;60)	1	0,029
4 [60;90)	1	0,029
5 [90;150)	15	0,441
6 [150;180)	1	0,029

Will man trotzdem auf eine Häufigkeitstabelle nicht verzichten, bietet es sich an, das Merkmal sinnvoll zu einzelnen Gruppen von Ausprägungen, sog. *Klassen* zusammenzufassen und festzustellen, wie oft die zu einer Klasse gehörende Ausprägung im Datensatz enthalten ist. Es wird also die Häufigkeit von Wertebereichen gezählt. Die absoluten, relativen einfachen und kumulierten Häufigkeiten eines Wertebereichs ergeben sich dann wie in Kapitel zwei für kategoriale Merkmale beschrieben.

▶ Die *absolute Häufigkeit einer Klasse* $[c_j, c_{j-1})$ ergibt sich aus der *Anzahl* der Objekte, die gemäß der Ausprägung des Merkmals den jeweiligen Klassen zugehören.

▶ Die *relative Häufigkeit einer Klasse* $[c_j, c_{j-1})$ ergibt sich als

$$f([c_j, c_{j-1})) = h([c_j, c_{j-1})) / n \tag{4.1}$$

Beispiel 4.2: Nachrichtenanalyse – Beitragsdauer

Geleitet von theoretischen Überlegungen werden folgende Klassen gebildet:
1 = Sehr kurze Beiträge [0;20]
2 = Kurze Beiträge [20;40)
3 = Mittlere Beiträge [40;60);
4 = Längere Beiträge [60;90);
5 = Lange Beiträge [90;150);
6 = Sehr lange Beiträge [150;180)
Die Häufigkeitsverteilung der Klassen zeigt Tab. 4.6.

Es zeigt sich ein erstaunliches Bild: Nach der theoretischen Einteilung fanden sich, von wenigen Ausnahmen abgesehen, nur zwei Typen von Nachrichtenbeiträgen in den 34 Fällen: Kurze und lange Beiträge (Tab. 4.6).

4.2.3 Grafische Verteilungsdarstellungen quantitativer Merkmale

In vielen Fällen ist eine grafische Abbildung der Verteilung besonders hilfreich. Sie ist buchstäblich ein Bild für die Verteilung. Entsprechend kann man natürlich mit der falschen Art der Abbildung ein verzerrtes Bild erzeugen. Gerade bei Grafiken sollte der Blick kritisch geschärft sein. Im Folgenden werden für verschiedene metrische Merkmale geeignete grafische Abbildungen vorgeschlagen und erläutert.

4.2.3.1 Grafische Darstellung diskreter quantitativer Merkmale

Für diskrete quantitative Merkmale werden in der Regel Säulendiagramme erstellt. Das Vorgehen ist das gleiche wie bei den kategorialen Merkmalen bereits beschrieben, so dass an dieser Stelle wieder nur ein Beispiel zur Veranschaulichung dargestellt wird (Abb. 4.1).

Als Beispiel für ein quasimetrisches Merkmal wird diesmal zur Abwechslung die Zustimmung zum Item zur Messung der Nutzungsmotivation „Mitreden können" dargestellt (Abb. 4.2).

Da es sich bei der Zustimmung zu einem Item um ein Merkmal handelt, das, könnte man es nur genau genug messen, vermutlich bei jedem Menschen unterschiedlich stark ausgeprägt ist, ist die durch die Darstellung implizierte Stetigkeit des Merkmals angemessen.

Auch beim *Merkmal Beitragslänge* (Abb. 4.3, vgl. Tab. 4.5) handelt es sich um ein stetiges Merkmal und auch durch die Klassenbildung wird dies nicht geändert. Dennoch sollte bei diesem Merkmal davon abgesehen werden, die Abstände zwischen den Säulen wegzulassen. Der Grund dafür liegt in der unterschiedlichen Breite der Intervalle, die der Klassenbildung zu Grunde gelegt wurden: Die ersten drei Klassen umfassen 20 s, die letzten drei Klassen zweimal 30 s und einmal 60 s.

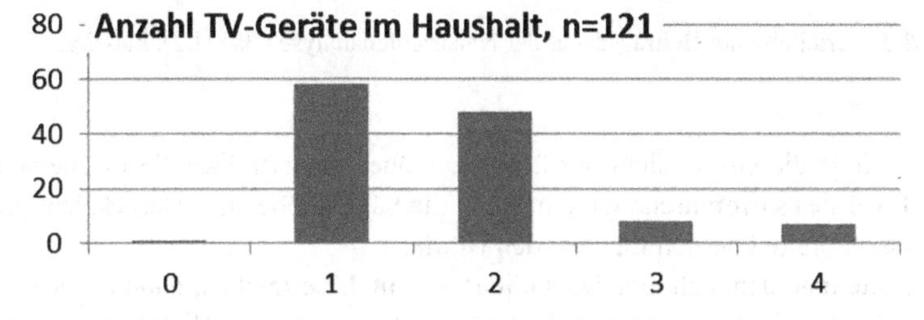

Abb. 4.1 Häufigkeitsverteilung TV-Geräte in Haushalten, Bsp. 4.1

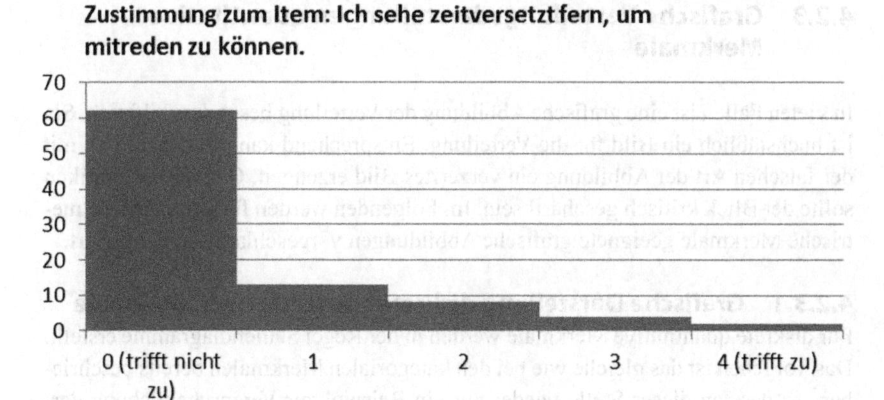

Abb. 4.2 Verteilung der Zustimmung zum Item „Ich sehe zeitversetzt fern, um mitreden zu können.“, Bsp. 4.3

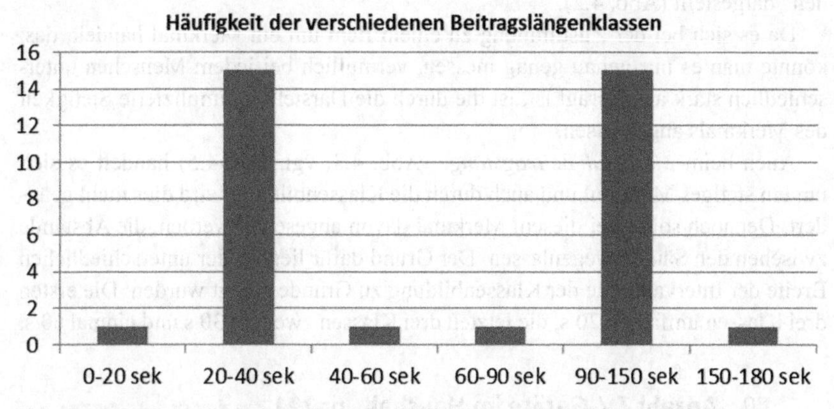

Abb. 4.3 Verteilung der Beitragsdauer der Nachrichtenanalyse (Bsp. 4.2), klassiert

Da das Auge die Größe nicht nur über die Höhe, sondern über die Fläche wahrnimmt, würde es irreführend wirken, wenn die Säulenhöhe ohne Berücksichtigung der Klassenbreite übernommen werden würde.

Möchte man dennoch eine Darstellung wie in 4.2 erreichen, dann müssen entweder gleichbreite Klassen gewählt werden, oder es muss ein Histogramm erstellt werden.

4.2.3.2 Histogramme als grafische Darstellung der Verteilung stetiger Merkmale

Ein Histogramm als Darstellungsform wird verwendet, wenn das Merkmal zumindest quasistetig ist. Quasistetig bedeutet: Wenn Stückzahlen oder dergleichen erhoben werden, dann sollten viele verschiedene Ausprägungen möglich sein (z. B. Anzahl gerauchter Zigaretten).

Ein Histogramm der Anzahl von Radiogeräten im Haushalt macht wenig Sinn, eines der Zahl der Fachsemester in einer Evaluation schon eher. Oftmals ist bei derartigen Merkmalen i. d. R. ein klassisches Häufigkeitsdiagramm am aussagekräftigsten.

Das Problem unterschiedlich breiter Klassen stellt sich meist erst dann, wenn so viele verschiedene Ausprägungen vorliegen, dass eine Klassenbildung notwendig ist, um die Verteilung anschaulich zu machen.

► **Ein Histogramm stellt die Häufigkeiten in einzelnen Klassen flächengetreu dar.**

Die wesentlichen Unterschiede zum „normalen" Säulendiagramm bestehen darin, dass

1. zwischen den Säulen keine Abstände liegen und
2. die Breite der Merkmalsbereiche, deren Häufigkeiten bzw. Dichten dargestellt werden sollen, nicht unbedingt gleich breit sein müssen.

► **Histogramm** Über den Intervallen der Klassen $[c_0,c_1),[c_1,c_2),\dots,[c_{k-1},c_k)$ zeichne Rechtecke mit

Breite: $d_j = c_j - c_{j-1}$
Höhe: gleich (oder proportional z. B. immer 1/10) zu h_j/d_j bzw. f_j/d_j
Fläche: gleich (oder proportional z. B. immer 1/10) zu h_j bzw. f_j (4.2)

Bedingung für ein Histogramm ist also, dass die k Klassen aus nebeneinander liegenden bzw. aneinander anschließenden Intervallen bestehen: $[c_0,c_1),[c_1,c_2),\dots,[c_{k-1},c_k)$

Das Histogramm wird so konstruiert, dass die Fläche über den Intervallen gleich oder proportional zu den absoluten bzw. relativen Häufigkeiten liegt. Es folgt damit dem Prinzip der Flächentreue.

Die Höhe über dem jeweiligen Intervall ergibt sich aus der Beziehung: Fläche = Höhe × Breite, die Klassenbreite ergibt sich aus der Breite des Intervalls $d_j = c_j - c_{j-1}$.

Ganz praktisch stellt man zunächst fest, *welche Klasse die größte Häufigkeit bei schmalstem Intervall* hat, denn über diesem Intervall wird am meisten Platz für die Höhe benötigt. Dann wird ein geeigneter Maßstab bestimmt, der angibt wie viel Häufigkeit durch welche Fläche (z. B. 1 cm^2) ausgedrückt werden soll. Aus der Breite des häufigsten Intervalls wird jetzt klar, wie viel Platz nach oben freigelassen werden muss bzw. welche Höhe ein bestimmtes Intervall einnehmen kann und ob der gewählte Maßstab so überhaupt sinnvoll ist. Diesem Maßstab folgend wird gemäß der Häufigkeit für jedes Intervall die Fläche bestimmt. Aus der Breite des Intervalls ergibt sich durch Division Fläche/Breite die Höhe des Intervalls.

Dieses Vorgehen zum Zeichnen eines Histogramms soll noch einmal am Beispiel verdeutlicht werden.

Beispiel 4.2: Nachrichtenanalyse – Beitragslänge Histogramm

Die Ausgangsdaten finden sich in der Tab. 4.5. Der Wertebereich des Merkmals Beitragslänge ist 180. Bei einem Blatt DinA4 im Hochformat kann dann maximal pro 1 Sekunde eine Breite von 1 mm veranschlagt werden. Aus Platzgründen lege ich als nächstes fest, dass die Höhe über dem größten Intervall nicht höher als 8 cm sein soll. Das Intervall 2 geht 20–40 sek, hat also eine Breite von 20 mm bzw. von 4 Kästchen. Als Maßstab kann festgelegt werden, dass eine Fläche von vier Kästchen eine Häufigkeit von 1 repräsentieren soll. Aus der Häufigkeit 15 ergibt sich eine Fläche von 60 Kästchen. Aus einer Breite von 4 Kästchen folgt damit nach Gl. 4.2 eine Höhe von 15 Kästchen (bzw. 7,5 cm). Damit ist der Maßstab festgelegt und die anderen Höhen werden wie folgt ermittelt:

1) Umrechnung der absoluten Häufigkeiten in die einzelnen Flächen (15=60; 1=4;)
2) Ermittlung der Höhe über der jeweiligen Breite durch Fläche/Breite (Tab. 4.7).

Tab. 4.7 Konstruktion der Höhen im Histogramm, Beispiel Nachrichtenanalyse

Klasse	Abs. Hfkt.	Klassen-breite	Fläche in Kästchen	Breite in Kästchen	Höhe=Fläche/Breite
1 [0;20)	1	20	1*4=4	4	=4/4=1
2 [20;40)	15	20	15*4=60	4	=60/4=15
3 [40;60)	1	20	1*4=4	4	=4/4=1
4 [60;90)	1	30	1*4=4	6	=4/6=0,66
5 [90;150)	15	30	15*4=60	12	=60/12=5
6 [150;180)	1	30	1*4=4	6	=4/6=0,66

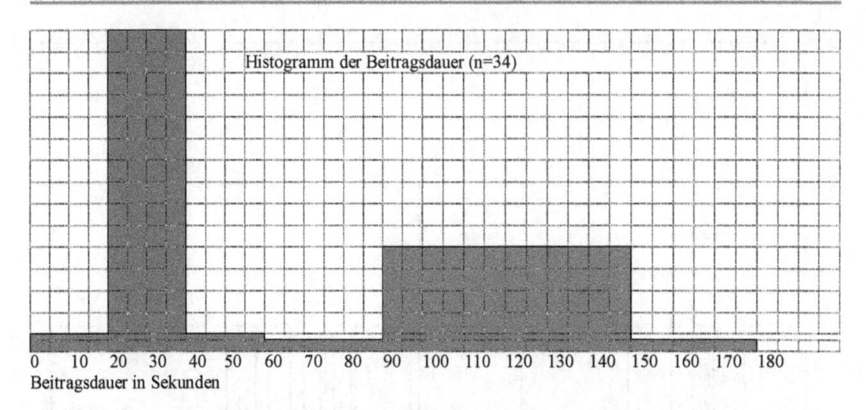

Abb. 4.4 Histogramm Beitragsdauer in Sekunden; Beispiel Nachrichtenanalyse (n = 34), Bsp. 4.2

Vergleicht man nun diese Abbildungen, dann wird deutlich, welch unterschiedlichen Eindruck von der Verteilung des Merkmals diese jeweils vermitteln. Bei Häufigkeitsdarstellungen von gruppierten Merkmalen sollte man also unbedingt einen Blick auf die Klassenbreiten werfen. Nur wenn diese immer gleich sind ist ein Säulendiagramm eine getreue Abbildung (Abb. 4.4).

Zum Vergleich noch eine etwas andere Darstellung (Abb. 4.5). Hierbei handelt es sich um ein Häufigkeitsdiagramm, bei dem die Häufigkeit jeder Sekunde von 1 bis 180 dargestellt wird.

Jeder Strich bis 1 zeigt damit das einmalige Vorkommen einer Ausprägung an, Striche bis 2 das zweimalige usw. Aussagekräftig ist dieses Diagramm weniger im Hinblick auf die Höhen der Stäbe (wenngleich es tatsächlich auch Werte gibt, die zweimal oder sogar dreimal vorkommen), sondern vielmehr als Bild dafür, wie *dicht* die Stäbe und damit die einzelnen Fälle in den Wertebereichen liegen.

Tatsächlich ist eine solche *Dichte eines Merkmals* eine statistisch relevante Größe. Man spricht deshalb auch davon, dass ein Histogramm *die Dichteverteilung eines stetigen Merkmals* darstellt.

4.2.3.3 Empirische Verteilungsfunktion quantitativer Merkmale

Bei quantitativen Merkmalen ist auch die kumulierte Häufigkeitsverteilung eines Merkmals aussagekräftig. Während bei kategorialen ordinalen Merkmalen eine grafische Darstellung der kumulierten Häufigkeitsverteilung wenig sinnvoll ist, da die Abstände zwischen den einzelnen Merkmalen nicht feststellbar sind, liegt bei quantitativen Merkmalen dieses Problem nicht vor.

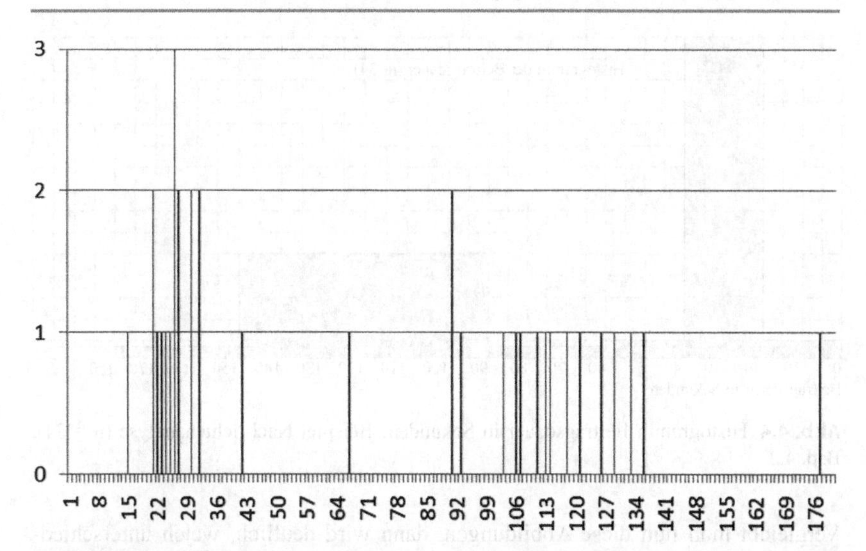

Abb. 4.5 Häufigkeit des Vorkommens einzelner Beitragslängen im gesamten Wertebereich von 0–180 Sekunden

Die absolute kumulierte Häufigkeitsfunktion oder die empirische Verteilungsfunktion wird für diskrete Merkmale ebenso wie für gruppierte (quasi-)stetige Merkmale entsprechend dem Vorgehen für kategoriale Merkmale erstellt (vgl. 2.2.4).

► **Absolute kumulierte Häufigkeitsverteilung eines Merkmals X**

$$H(x) = \text{Anzahl der Werte } x_i \text{ mit } x_i \leq x \tag{4.3}$$

Sinnvoller ist es im Allgemeinen jedoch, die relativen Häufigkeiten zu verwenden, man erhält dann die sogenannte

► **Empirische Verteilungsfunktion**

$$F(x) = H(x) / n \tag{4.4}$$

Diese beschreibt den **Anteil** der Beobachtungswerte, die kleiner oder gleich einem bestimmten Wert x sind.

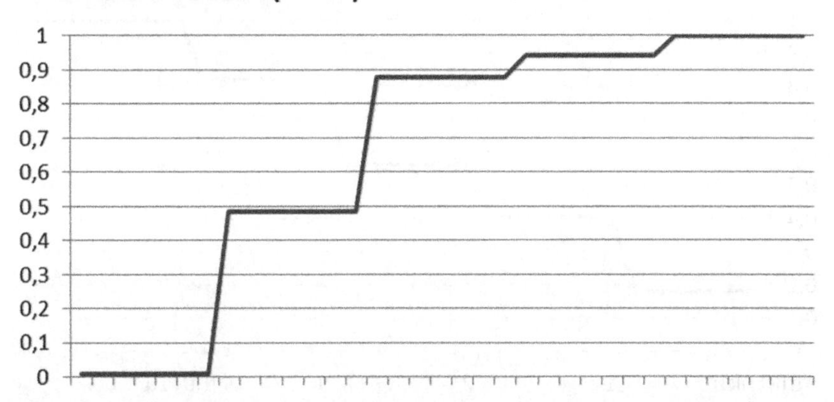

Abb. 4.6 Empirische Verteilungsfunktion des Merkmals „Anzahl TV-Geräte im Haushalt", Bsp. 4.1

Eine grafische Darstellung der absoluten bzw. der kumulierten Häufigkeitsverteilung ist möglich. Beide Funktionen sind monoton wachsende Treppenfunktionen, die an den Stellen $a_1,\ldots,a_k$ um die entsprechenden absoluten bzw. relativen Häufigkeiten nach oben springen, wobei der obere Wert der dazugehörige Funktionswert ist.

Betrachtet man Abb. 4.6 und ruft sich dazu das Säulendiagramm (Abb. 4.1) ins Gedächtnis, dann entsprechen die großen Sprünge von 0 zu 1 und von 1 zu 2 den beiden hohen Säulen bzw. der relativ großen Häufigkeit von einem oder zwei TV-Geräten. Danach ist der Zuwachs relativ gering, die Funktion steigt nur noch langsam bis 1 an.

Der Verlauf der Funktion in Abb. 4.7 spiegelt die bereits festgestellte relative Gleichverteilung (vgl. Tab. 4.3, 4.2.1) dieses Merkmals wieder. Die Treppenstufen sind entsprechend ziemlich gleichmäßig, mit etwas Phantasie (versuchen Sie, im Geist oder mit Bleistift eine Linie immer durch die Mitte der Stufe zu zeichnen) kann man eine leichte S-Kurve erkennen.

Mit ein wenig Übung kann man aus der empirischen Verteilungsfunktion den Verlauf der Dichtekurve ablesen: Steigt die Kurve stark an, entsprich dies einer hohen Dichte im darunterliegenden Wertebereich, steigt die Kurve langsam an, entspricht dies einer geringen Dichte.

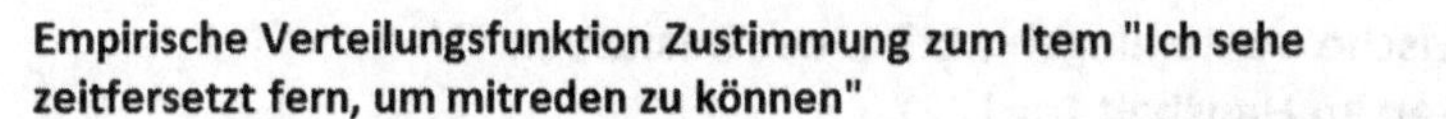

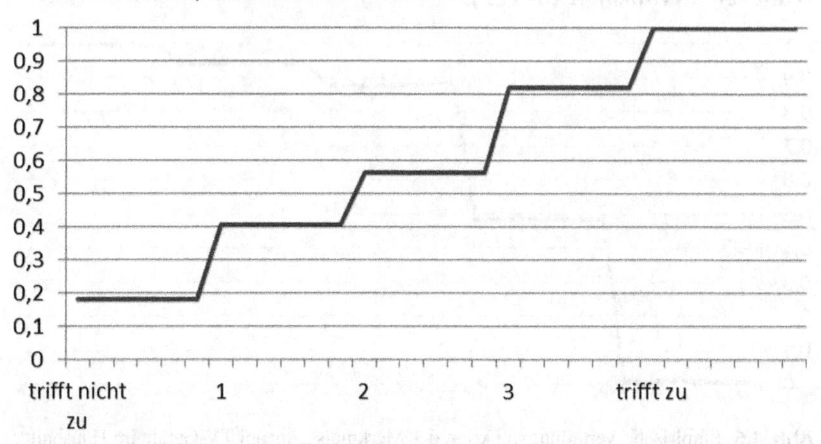

Abb. 4.7 Empirische Verteilungsfunktion der Zustimmung zum Item: „Ich sehe zeitversetzt fern, um mich zu informieren."

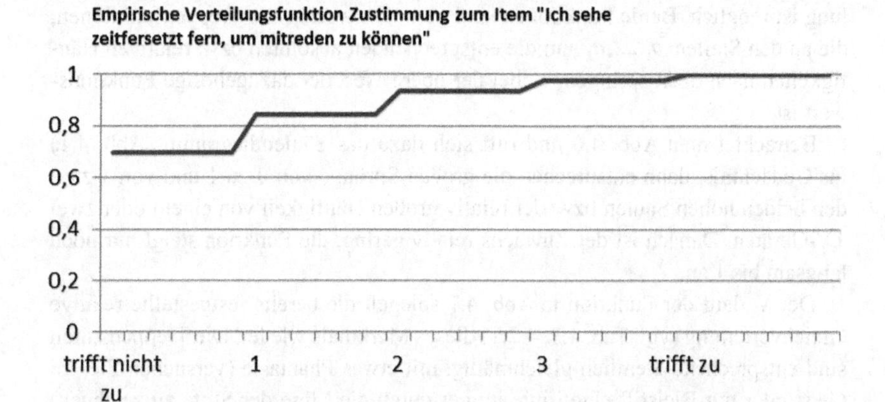

Abb. 4.8 Empirische Verteilungsfunktion der Zustimmung zum Item: „Ich sehe zeitversetzt fern, um mitreden zu können."

Dies kann man an der Verteilungsfunktion der sozialen Funktion von zeitversetztem Fernsehen (Abb. 4.8) sehen. Die Mehrzahl der Fälle findet sich in der Kategorie 1 (trifft nicht zu), danach findet nur noch ein leichter Zuwachs statt. Beim Säulendiagramm der Häufigkeit (Abb. 4.2) zeigt sich eine hohe Säule bei trifft zu, die dann hin zum Wert 5 von immer kleineren Säulen flankiert wird.

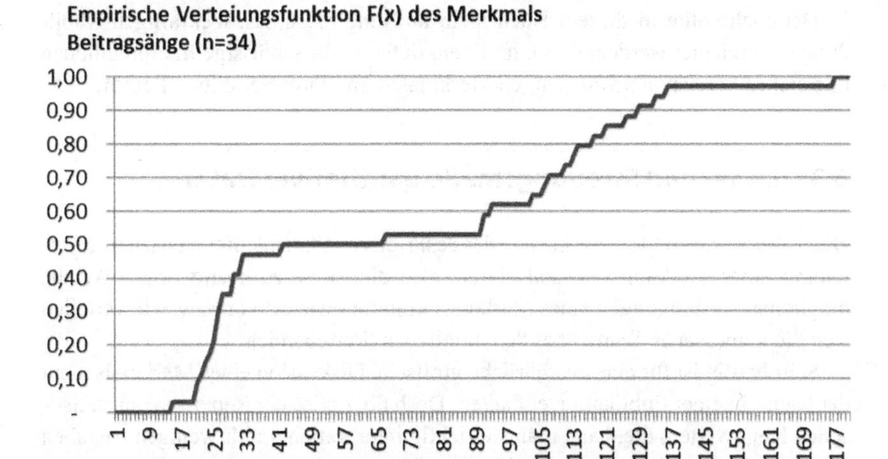

Abb. 4.9 Empirische Verteilungsfunktion der Länge von Nachrichtenbeiträgen

Den Eindruck einer tatsächlichen Funktion hat man bei der empirischen Verteilungsfunktion der Beitragslänge der Nachrichtenbeiträge der Inhaltsanalyse. Die beiden Spitzen der Dichtefunktion (vgl. Abb. 4.5) zeigen sich bei Abb. 4.9 in den Bereichen des Anstiegs (20–40 s) und (105–137 s), in die flachen Bereiche fallen wenige Ausprägungen. Es ist zu sehen, dass die Werte im Bereich 20–40 s sehr viel konzentrierter liegen als im Bereich des zweiten Anstiegs, hier erfolgt der Zuwachs weniger steil.

Tatsächlich entspricht das Verhältnis zwischen empirischer Verteilungsfunktion und Dichte- bzw. Häufigkeitsfunktion dem zwischen einer Funktion (Dichte- bzw. Häufigkeitsfunktion) und der dazugehörigen Integralfunktion.

▶ Die empirische Verteilungsfunktion gibt die Fläche der Dichtekurve von 0 bis zum jeweiligen x-Wert an.

Aus der empirischen Verteilungsfunktion F(x) kann man den Anteil der Objekte ablesen, die einen Wert kleiner oder gleich einem bestimmten Wert x haben.

Grafische Darstellungen der empirischen Verteilungsfunktion sind in kommunikationswissenschaftlichen Publikationen nicht üblich. Tatsächlich sind mir persönlich bislang noch keine begegnet. Es könnte auch daran liegen, dass die gebräuchlichen Tabellenkalkulationsprogramme keine einfachen Tools für die Erstellung einer solchen Grafik bei diskreten Merkmalen haben.

Dennoch sollte in diesem Buch nicht auf eine diese aussagekräftigen Abbildungen verzichtet werden, da sie m. E. ein tieferes, für schlüssige Interpretationen hilfreiches Verständnis von stetigen Merkmalen und ihrer Verteilung liefern.

4.3 Lage- und Streuungsmaße qantitativer Daten

Die bisher vorgestellten Werkzeuge der deskriptiven Statistik dienen dazu, die Verteilung eines Merkmals zu analysieren, also die Frage zu beantworten: Welche möglichen Ausprägungen eines Merkmals kommen wie oft vor bzw. wie verteilen sich die gemessenen Werte über den möglichen Wertebereich?

Sehr häufig ist für eine ausführliche grafische Diskussion eines Merkmals nicht der Raum in einer Publikation enthalten. Deshalb gibt es ein Repertoire an statistischen Kennwerten, die, kann man sie richtig interpretieren, mit wenigen Angaben eine vergleichbar gute Auskunft über den Schwerpunkt von Merkmalswerten und ihre Verteilung über den Merkmalsbereich erlauben.

4.3.1 Modus, Median und arithmetisches Mittel

Einige der gängigen statistischen Kennwerte haben wir bereits im zweiten Kap. im Rahmen der Analysemöglichkeiten kategorialer Daten kennengelernt: Den *Modus* und den *Median*. Liegt eine absolute oder relative Häufigkeitsverteilung vor, so kann der Modus direkt aus dieser abgelesen werden. Bei diskreten Merkmalen ist der Modus durchaus ein aussagkräftiger Wert.

Liegt eine *empirische Verteilungsfunktion* (=kumulierte relative Häufigkeitsverteilung) vor, dann kann auch der Median, der ja für quantitative Daten ebenfalls aussagekräftig ist, direkt abgelesen werden.

► Der Median ist der Wert, für den die empirische Verteilungsfunktion/ die kumulierte relative Häufigkeitsverteilung das erste Mal den Wert 0,5 erreicht.

Beispiel 4.3: Nutzungsmotive für zeitversetztes Fernsehen – Nutzung um Mitreden zu können

Die Verteilung zeigt Abb. 4.2, aus ihr lässt sich der Modus ablesen. Mit der Aussage: „Für die meisten Personen – ($x_{mod} = 1$) – trifft dieses Item nicht zu." ist bei diesem Merkmal das Wesentliche ausgedrückt.

Ergänzt man nun die oben getroffene Aussage noch um diese Information: „Mehr als die Hälfte der Personen ($x_{med}=1$); $f(1)=69{,}7\,\%$ geben an, dass dies nicht auf sie zutrifft.“, dann ist letztendlich alles wichtige über die Ausprägungen dieses Merkmals in der Stichprobe gesagt.

Modus und Median wurden im Rahmen von Kap. 2 ausführlich behandelt (vgl. 2.3.1 und 2.3.2)

Bei quantitativen bzw. metrischen Daten, die quasimetrisch bzw. intervall- oder verhältnisskaliert sind, bietet sich noch eine weitere gebräuchliche Maßzahl an: Der Durchschnitt, in der statistischen Sprache das ***arithmetische Mittel*** genannt.

Im Alltag ermittelt man den Durchschnitt meist, wenn man recht vergleichbare Objekte vorliegen hat, oder wenn man sich über die Genauigkeit einer Messung nicht ganz sicher ist. Dann „mittelt“ man das Ergebnis. Fragt Sie z. B. der Arzt bei einer Anamnese, wie viele Zigaretten Sie am Tag rauchen, dann werden Sie, sofern Sie Raucher sind und eine ehrliche Antwort geben wollen, versuchen eine Zahl zu nennen, die die täglichen Schwankungen einigermaßen einfängt.

Will man für eine Finanzplanung den Wert angeben, den man pro Woche für Lebensmittel und andere Waren des täglichen Bedarfs braucht, dann kann man mit ein wenig Erfahrung sagen, dass so eine Planung schief gehen kann, nimmt man nur den Wert z. B. der letzten Woche. Es ist deutlich sinnvoller, die Einkaufszettel von ein-zwei Monaten aufzuheben und am Ende mit dem Durchschnittswert zu kalkulieren. Umso länger der Zeitraum ist, desto treffender ist das Ergebnis, da z. B. solche Ausgaben wie Reinigungsmittel eher selten notwendig sind.

Das arithmetische Mittel ist wohl das bekannteste Lagemaß. Man errechnet es, indem man alle Werte zusammenzählt und diese Summe durch die Anzahl der Ausprägungen teilt. Für die Berechnung einer solchen gewichteten Summe sind sinnvoll interpretierbare Abstände eine zwingende Voraussetzung, die Daten müssen also mindestens quasimetrisch skaliert sein.

▶ **Arithmetische Mittel/Mittelwert** Der Mittelwert wird aus der Urliste $(x_1,\dots,x_n)$ durch

$$\bar{x}=\frac{1}{n}(x_1+\ldots+x_n)=\frac{1}{n}\sum_{i=1}^{n}x_i \quad \text{berechnet.} \tag{4.5}$$

Die Verwendung dieses Maßes ist in der Statistik ähnlich wie im Alltag – es wird dazu eingesetzt, einen Wert zu benennen, der typisch ist für alle Objekte, der für die Gesamtheit aller Objekte steht, der eine verallgemeinerbare Tendenz anzeigt.

▶ Die Aussagekraft des Mittelwertes sinkt, umso weniger eine zentrale Tendenz vorliegt und umso verschiedener die Objekte bzw. die Einzelwerte sind.

Die Berechnung eines arithmetischen Mittels für metrische Daten erfolgt am Beispiel des aus den Daten der Nachrichtenanalyse neu berechneten Index *Nachrichtenwert*.

Beispiel 4.4: Nachrichtenanalyse – Nachrichtenwert

Um aus den einzelnen Nachrichtenfaktorausprägungen Einfluss, Personalisierung, Reichweite, Aktualität und kulturelle Nähe einen Gesamtnachrichtenwert zu ermitteln, wurden die einzelnen Merkmale dichotomisiert und addiert (vgl. Tab. 4.1).

Der durchschnittliche Nachrichtenwert ergibt sich aus Gl. 4.5 wie folgt:

$$\begin{aligned}\bar{x} &= \frac{1}{n}\sum_{i=1}^{n} x_i \\ &= 1/34(3+3+3+0+1+1+0+0+3+4+2+3+4+4+2+2+2+1+2 \\ &\quad +3+1+3+2+1+2+2+1+2+3+3+3+2+4+2) \\ &= 74/34 \\ &= \underline{2{,}18}\end{aligned}$$

Liegen die Daten als diskrete oder quasimetrische Merkmale vor, so ist die Berechnung des Mittelwerts auch über die absolute bzw. die relative Häufigkeitsverteilung möglich.

▶ **Arithmetisches Mittel bei vorliegender Häufigkeitsverteilung** Für Häufigkeitsdaten mit den Ausprägungen $(a_1,...,a_k)$ und relativen Häufigkeiten[2] $(f_1,...,f_k)$ gilt

$$\bar{x} = a_1 f_1 + ... + a_k f_k = \sum_{j=1}^{k} a_j f_j \tag{4.6}$$

Gleichung (4.6) wird verwendet um die Anzahl der TV-Geräte im Haushalt aus den Daten der Tab.4.2 zu ermitteln (Tab. 4.8).

[2] (Es gilt: $(1+1+2+1+2+3+1+1+3+3)=(1+1+1+1+1+2+2+3+3+3)=5*1+2*2+3*3$).

Tab. 4.8 Berechnung der mittleren Anzahl von TV-Geräten im Haushalt

a_j	$h(a_j)$	$a_j \times h(a_j)$	$a_j \times (h(a_j)/n)$
0	1	1	0
1	58	58	0,47540984
2	48	96	0,78688525
3	8	24	0,19672131
4	7	28	0,2295082
Gesamt	122	206	*Summe = 1,68*

Beispiel 4.1:

Anzahl TV-Geräte im HH – Mittlere Anzahl (Tab. 4.8)

Dasselbe Ergebnis erzielt man auch, wenn man in die Gl. 4.6, G1. 2.2 $f(a_j) = h(a_j)/n$ einsetzt und rechnet $\bar{x} = \frac{1}{n}\sum_{j=1}^{n} a_j h_j = 206/122 = \mathbf{1{,}68}$.

Als Ergebnis der Mittelwertberechnung für Beispiel 2.1 bekommen wir nun einen Wert, der nicht durch den Wertebereich abgedeckt ist, welcher nur ganze natürliche Zahlen umfasst. Streng genommen muss der Wert entsprechend aufgerundet werden: „Im Durchschnitt verfügen die meisten Haushalte über zwei TV-Geräte." Tatsächlich wird aber häufig in solchen Fällen auch ein Dezimalwert ausgegeben, man denke nur an Statistiken wie die Geburtenraten europäischer Länder im Vergleich.

Auf dieselbe Weise können nun auch die Mittelwerte der weiteren Merkmale der Beispiele dieses Kapitels berechnet werden. Sie ergeben sich wie folgt:

Beispiel 4.3: Nutzungmotive für zeitversetztes Fernsehen

Mittlere Zustimmung (0 = trifft nicht zu; 4 = trifft zu) zum Item:
„Ich sehe zeitversetzt fern, um mich zu informieren." = 2,033
„Ich sehe zeitversetzt fern, um mitreden zu können." = 0,55

Beispiel 4.2: Nachrichtenanalyse – Beitragsdauer

Die durchschnittliche Dauer von Nachrichtenbeiträgen ergibt sich als Mittelwert wie folgt:

$$\bar{x} = \frac{1}{n}\sum_{i=1}^{n} x_i$$

$$= 1/34(15+21+21+22+23+24+25+26+26+26+27+27+30+30+32$$
$$+32+42+67+91+91+93+103+106+107+111+113+114+118$$
$$+121+126+129+133+136+177)$$
$$= 2385/34$$
$$\underline{\mathbf{= 70{,}15}}$$

Als typischer Wert (=Mittelwert) ergibt sich für die Beitragslänge (Bsp. 4.2) damit ein Wert, der in einem Intervall liegt, in dem recht wenige Ausprägungen vorkommen. Hier offenbart sich (weil die Verteilung schon so ausführlich betrachtet wurde, vgl. Tab. 4.5'; Abb. 4.4 und 4.9) eine Schwäche des Mittelwerts – bei bestimmten Verteilungsformen, z. B. bei Daten mit zweigipfligen Verteilungen ist der Mittelwert nicht besonders aussagekräftig.

(Da das Problem aufgrund der Kenntnis über die Verteilung offenliegt, würde ich an dieser Stelle die Ermittlung von zwei Mittelwerten vorschlagen – für längere und für kürzere Beiträge bzw. für Beiträge über und unter 60 s: $\bar{x}_{kurze\ Beiträge} = 26s$, $\bar{x}_{längereBeitgräge} = 114s$).

Auch bei den Zustimmungsitems kann der Mittelwert 0,6 bei der Zustimmung zur Nutzungsmotivation „mitreden können" die Daten etwas besser repräsentieren als bei der Zustimmung der Nutzungsmotivation „Informieren" mit einem Wert von 2. Dies liegt daran, dass die Verteilung von „Mitreden können" einen zentralen Wertebereich aufweist, in dem sich eine Vielzahl der Daten finden, während „Informieren" relativ gleich verteilt ist. (vgl. Tab. 4.3 bzw. Abb. 4.2)

Deshalb sollte der Mittelwert als Maß nicht allein verwendet werden, sondern immer im Zusammenhang mit anderen Lagemaßen, z. B. gemeinsam mit dem Modus oder dem Median (Tab. 4.9).

Betrachtet man sich diese Zusammenstellung, dann wird deutlich, dass nicht alle Merkmale gleich gut durch den Mittelwert repräsentiert werden: Am besten geschieht dies für *Mitreden können* und *Nachrichtenwert* und auch *Gerätebesitz* wird recht gut durch den Mittelwert abgebildet.

Weniger gut gelingt dies für *Informieren*. Über das Merkmal Beitragslänge wurde weiter oben schon referiert.

Tab. 4.9 Die Lagemaße verschiedener Merkmale im Vergleich, Bsp. 1–Bsp. 4

Merkmal	Mittelwert	Modus	Median
TV-Gerätebesitz	1,7	1	2
Um mitreden zu können	0,6	0	0
Um mich zu informieren	2	3	2
Nachrichtenwert	2,2	2	2
Länge von Beiträgen	70 sek	(26 sek), da stetiges Merkmal	42 sek

4.3.2 Streuungsmaße quantitativer Daten

Die Lagemaße $x_{\text{mod}}, x_{med}, \bar{x}$ werden vor allem dazu verwendet, das Zentrum (die zentrale Tendenz/den Schwerpunkt der Daten/das zentrale Ergebnis einer Anzahl von Messungen) zu charakterisieren.

Wie sich die Daten aber um diesen Schwerpunkt (sofern die Daten überhaupt eine solchen aufweisen) herum verteilen – ob symmetrisch oder schief – und wie zentral dieser Schwerpunkt liegt, darüber geben diese Kennwerte keine Auskunft (Abb. 4.10).

▶ **Ob die Verteilung breit oder eng, spitz oder flach, symmetrisch oder schief ist, kann man anhand der Lagemaße allein nicht feststellen.**

Deshalb ist, neben dem Vergleich von Median, Modus und Mittelwert untereinander, vor allem der Vergleich des Mittelwerts und anderer Lagemaße mit eigens dafür konzipierten Kennwerten für die Merkmalsstreuung üblich.

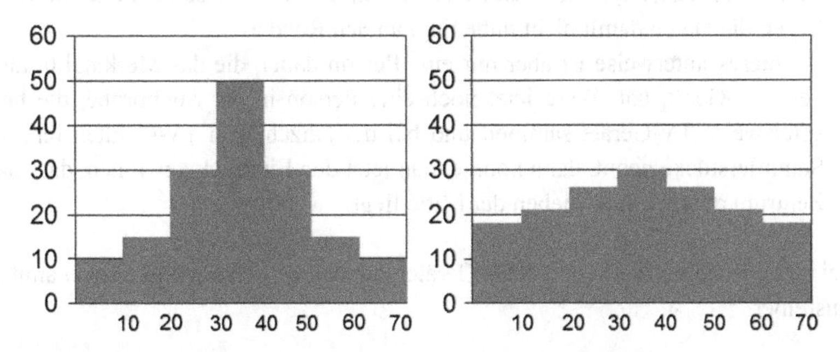

Abb. 4.10 Spitze und flache symmetrische Verteilung eines Merkmals

Diese Maße sollen über die Verteilung der Daten Auskunft geben. Gemeinsam mit den Lagemaßen vermitteln sie demjenigen, der ihre Bedeutung kennt und sie richtig interpretieren kann, ein gutes Bild von den Daten, auch ohne eine grafische Verteilungsdarstellung. Gerade für stetige Merkmale finden Sie deshalb häufig Verwendung.

4.3.2.1 Spannweite

Will ich z. B. die Lage des Modus beurteilen und feststellen, wo innerhalb des Wertebereichs eines Merkmals dieser liegt, so muss dieser bekannt sein. Eine grundlegende Information über die Verteilung eines Merkmals liefert deshalb die sogenannte Spannweite. In Verbindung mit der kleinsten und der größten vorkommenden Merkmalsausprägung können anhand dieses Merkmals Aussagen über die Symmetrie einer Verteilung gemacht werden.

▶ **Spannweite (Range)** Der einfachste Kennwert zur Beschreibung der Streuung von Daten ist die sich aus dem größten und dem kleinsten gemessenen Wert ergebende Spannweite.

$$\textbf{Range R} = x_{max} - x_{min} \tag{4.7}$$

Liegt der Schwerpunkt der Daten in der Mitte dieses Wertebereichs, dann spricht das für eine symmetrische Verteilung, liegt er nahe bei einem der Enden des Wertebereichs, dann deutet dies auf eine Schiefe Verteilung hin.

Bsp. 4.1: TV-Geräte im Haushalt (vgl. Tab. 4.1): Spannweite

Der kleinste Wert ist 0 (kein Gerät), der höchste Wert ist 4 Geräte. Die Range ergibt sich dann als $R = x_{max} - x_{min} = 4 - 0 = \underline{\mathbf{4}}$.

Verglichen mit den Lagemaßen (Tab. 4.9) könnte man jetzt sage, dass die Verteilung relativ symmetrisch ist – mit Mittelwert 1,7, Median 2 und Modus 1 liegen die Daten damit nicht unbedingt an den Rändern.

Interessanterweise ist aber nur eine Person dabei, die das Merkmal 0, also kein TV-Gerät, hat. Wäre jetzt noch eine Person in der Stichprobe, die beispielsweise TV-Geräte sammelt und bei der Anzahl von TV-Geräten ihre 18 Sammlerstücke nennt, dann könnte man jetzt den Eindruck gewinnen, dass das Zentrum deutlich links neben der Mitte liegt.

Bei einem solchen Wert von 18 TV-Geräten handelt es sich um einen sogenannten Ausreißer.

▶ **Ausreißer** Mit diesem Begriff werden einzelne ungewöhnlich große bzw. kleine Messergebnisse in einem Datensatz bezeichnet. Sie können u. U. auf Messfehler,

Eingabefehler oder auch Antworten von „Spaßvögeln" bei Befragung zurückzuführen sein und sollten auf alle Fälle genauer inspiziert und evtl. eliminiert d. h. aus Analysen wie z. B. Mittelwertsberechnungen ausgeschlossen werden.

Die Spannweite allein ist besonders anfällig für sog. „Ausreißer". Deshalb hat die Statistik noch weitere Streuungsmaße entwickelt, die gegenüber Ausreißern robust sind und auf diese Weise auch ein Kriterium zur Beurteilung und Identifikation von Ausreißern bilden können.

4.3.2.2 Quantile/Interquantilsabstand/Interquartilsabstand

Sehr hilfreich dafür ist ein sogenannter Interquantilsabstand. Quantile sind x-Werte für die gilt, dass ein bestimmtes Quantum (also ein bestimmter Anteil) kleiner gleich dieses Wertes ist. Damit sind Quantile die zu bestimmten Werten der empirischen Verteilungsfunktion F_i gehörenden x-Werte. Aus den Werten der empirischen Verteilungsfunktion kann also auf Quantile geschlossen werden.

Quantile greifen die bereits beim Median verwendet Idee auf, einen bestimmten Wert der empirischen Verteilungsfunktion als Kennwert zu verwenden. Analog zur Spannweite kann man z. B. die x-Werte angeben zwischen denen 90 % der Werte liegen.

Beispiel 4.2 Nachrichtenanalyse – Beitragslänge: Wie lange dauern ca. 90 % der untersuchten Nachrichten?

Wenn ich den Wertebereich (vgl. Tab. 4.5) ermitteln will, in dem 90 % der Objekte im Hinblick auf die Beitragslänge liegen, dann heißt das, dass ich die 5 % kleinsten Werte und die 5 % größten Werte links und rechts quasi „abschneiden" möchte. In der Tabelle ist der nächste Anteil nach 0,03 der Wert 0,09 beim x-Wert 21. Am oberen Ende wird der Anteil durch $1 - F_{(x)}$ ermittelt. Hier ergeben sich mindestens 5 % Abstand vom größten Wert das erste Mal beim x-Wert 133. Man kann also sagen: 90 % der ermittelten Beitragslängen liegen zwischen 21 und 133 Sekunden.

Beispiel 4.1: Anzahl Empfangsgeräte im HH – Wie viele Geräte besitzen 90 % der Befragten?

Ges: Mittlerer Wertebereich, in dem 90 % der Objekte liegen. Gemäß Tab. 4.2 besitzen 90 % der befragten Haushalte zwischen einem und drei TV-Geräten.

► Ein p-Quantil teilt die Anzahl der Objekte so in zwei Teile auf, dass p*100% der an den diesen Objekten gemessenen Werte bzw. Daten unter diesem Wert und (1−p)*100% der Daten über diesem Wert liegen.

Der Median ist also das 0,5-Quantil und teilt den Datensatz so auf, dass 0,5*100% der beobachteten Objekte eine Ausprägung kleiner gleich diesem Wert haben.

Liegt die empirische Verteilungsfunktion vor, dann wird das Quantil ermittelt, indem die Merkmalsausprägung gewählt wird, bei der das erste Mal der entsprechende Anteil erreicht wird.

► **Quantil (Perzentil)** Ein Wert x_p mit $0<p<1$, für den mindestens ein Anteil p der Daten kleiner/gleich x_p und mindestens ein Anteil $1-p$ größer/gleich x_p ist, heißt p-Quantil. Es muß also gelten

$$\frac{Anzahl(x-Werte \leq x_p)}{n} \geq p \text{ und } \frac{Anzahl(x-Werte \geq x_p)}{n} \leq 1-p$$

Damit gilt für das p-Quantil:

wenn np nicht ganzzahlig $$x_p = x_{([np]+1)}, \quad (4.8)$$

wenn np ganzzahlig $$x_p \in [x_{(np)}, x_{(np+1)}], \quad (4.9)$$

[np] bezeichnet die zu np nächste kleinere ganze Zahl.

Perzentil wird der Wert genannt, wenn der Anteil in Prozent angegeben wird.

Liegt die empirische Verteilungsfunktion nicht vor, berechnet man ein Quantil also wie folgt: Zunächst, bildet man die Ordnungsstatistik aus der Urliste. Dann rechnet man die Anzahl aller beobachteten Werte *n* mal dem gesuchten Quantil *p* und geht von diesem Wert zur nächst größeren ganzen Zahl. Der Beobachtungswert an dieser Stelle der Ordnungsstatistik ist dann das entsprechende p-Quantil.

Beispiel 4.2: Nachrichtenanalyse – Beitragslänge (n = 34)
Berechnung von Quantilen

Geg: Geordnete Urliste der Beitragslänge: $x_{(1)}, \ldots, x_{(n)}$ = 15 21 21 22 23 24 25 26 **26** 26 27 27 30 30 32 32 42 67 91 91 93 103 106 107 111 **113** 114 118 121 126 129 133 136 177

Ges: $x_{0,25}$; $x_{0,75}$

Lös: np=0,25 * 34=34/4=8,5 → [np]=8 (Gl. 4.8)

$x_p = x_{([np]+1)}$, wenn np nicht ganzzahlig → $x_{0,25}=x_{(8+1)}=x_{(9)}$ → Wert an 9. Stelle der geordneten Urliste: $\underline{x_{0,25}=26}$

np=0,75 * 34=34 * 3/4=25,5 → [np]=25 (Gl. 4.9)

$x_p = x_{([np]+1)}$, wenn np nicht ganzzahlig → $x_{0,75}=x_{(25+1)}=x_{(26)}$ → Wert an 26. Stelle der geordneten Urliste: $\underline{x_{0,75}=113}$

Dieselben Werte erhält man, wenn man die Daten aus der empirischen Verteilungsfunktion abliest (vgl. Tab. 4.5): Der Wert der kumulierten Prozente von 25 % wird bei 26 das erste Mal erreicht ($F_{(26)}$=0,294 bzw. 29,4 %, der Wert 0,75 bei X = 113 ($F_{(26)}$=0,765 bwz. 76,5 %).

▶ **Übliche Quantile sind:**
25%, 75 % auch **Quartile** genannt sowie 5% und 95 %

Mit Hilfe der drei Quartile $x_{0,25}$, $x_{0,5}$, $x_{0,75}$ kann die Verteilung eines Merkmals bzw. die Merkmalsstreuung um den Datenschwerpunkt auch recht gut beschrieben werden.

▶ Die sog. *Fünf-Punkte-Zusammenfassung* eines Merkmals beschreibt dieses mit x_{min} $x_{0,25}$, $x_{0,5}$, $x_{0,75}$ und x_{max}:

Betrachten wir dazu noch einmal das Beispiel der Nachrichtenbeitragslänge. Das 25 %-Quantil $x_{0,25}$ ergab sich mit 26; das 75 %-Quantil $x_{0,75}$=113. Die Hälfte aller Beiträge hat damit eine Beitragsdauer zwischen 26 und 113 Sekunden. Dieser Bereich ist relativ breit, was auf ein starke Merkmalsstreuung hinweist.

▶ **Interquartilsabstand** Die Distanz

$$d_Q = x_{0,75} - x_{0,25} \quad (4.10)$$

heißt Interquartilsabstand (IQR) und ist relativ resistent gegenüber Ausreißern.

In 4.3.2.1 wurde bereits das Problem von Ausreißern in Daten angesprochen. Mitunter ist es schwierig zu entscheiden, ob es sich bei einem Wert um einen Ausreißer handelt oder nicht. Um eine solche Entscheidung zu treffen, bietet der Interquartilsabstand ein hilfreiches Werkzeug.

Aus dem Interquartilsabstand lässt sich auch eine **Faustregel zur Identifikation von Ausreißern** ableiten.

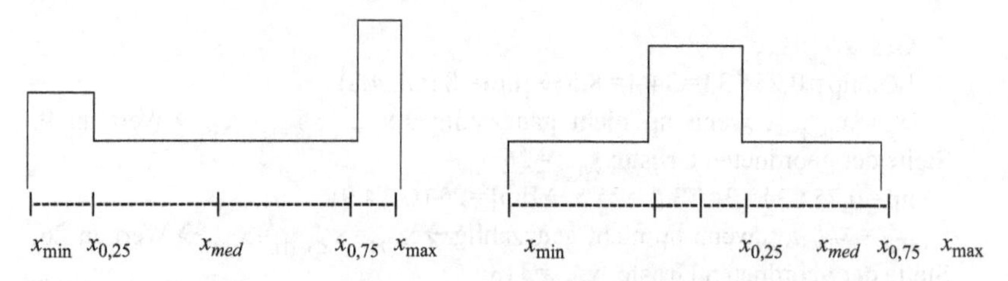

Abb. 4.11 Skizze einer Verteilung anhand von Minimum, Maximum und Quartilen

► **Als Ausreißer gelten alle Werte, die links und rechts von**

$$[x_{0,25} - 1{,}5 \cdot d_Q; \quad x_{0,75} + 1{,}5 \cdot d_Q] \tag{4.11}$$

liegen. Sie müssen genauer überprüft werden.

Beispiel 4.1: Anzahl Empfangsgeräte im HH – Ermittlung von Ausreißern

Kann ein Wert von 18 als Ausreißer gelten? In 4.3.2.1 wurde angenommen, dass zusätzlich noch ein Sammler von TV-Geräten in die Stichprobe geraten ist und als Anzahl von TV-Geräten 18 Stück genannt hat. Dazu werden zunächst die Quartile berechnet. Die Stichprobengröße n = 123 (denn es ist ja noch ein Wert mit 18 hinzugekommen)

Lös: np = 0,25 * 123 = 123/4 = 30,75 → [np] = 30 (Gl. 4.8)

$x_p = x_{([np+1])}$, wenn np nicht ganzzahlig → $x_{0,25} = x_{(30+1)} = x_{(31)}$ → Wert an 31. Stelle der geordneten Urliste: $\underline{x_{0,25} = 1}$

np = 0,75 * 123 = 123 * 3/4 = 92,25 → [np] = 92 (Gl. 4.8)

$x_p = x_{([np+1])}$, wenn np nicht ganzzahlig → $x_{0,75} = x_{(92+1)} = x_{(93)}$ → Wert an 93. Stelle der geordneten Urliste: $\underline{x_{0,75} = 2}$

Damit ergibt sich $d_Q = x_{0,75} - x_{0,25}$ (GL. 4.10)

$= x_{0,75} - x_{0,25} = 2 - 1 = 1$

Und $[x_{0,25} - 1{,}5 \cdot d_Q; \quad x_{0,75} + 1{,}5 \cdot d_Q]$ (GL. 4.11)

→ [1−1,5 * 1; 2+1,5*1] = [1 − 1,5; 2 + 1,5] = [0; 3,5]. Da die Anzahl der TV-Geräte diskret ist, wird entsprechend aufgerundet und es werden als äußere Grenzen 0 und 4 ermittelt.

Damit liegt 18 außerhalb dieses Wertebereichs und kann guten Gewissens als Ausreißer entfernt werden.

Anhand des Interquartilsabstands der Daten soll jetzt beurteilt werden, ob so ein Wert als Ausreißer eliminiert werden darf. Anhand der Kennwerte: 0,25-Quantil, Median, 0,75-Quantil, Minimum und Maximum kann eine Verteilung relativ gut eingeschätzt werden. Analog zum Prinzip bei Histogrammen kann durch eine Betrachtung der Abstände zwischen diesen Werten auf die Höhe der Verteilung an der entsprechenden Stelle geschlossen werden (Abb. 4.11).

Zwischen Minimum und $x_{0,25}$ liegen 25 % der Fälle. Die gleiche Menge liegt zwischen $x_{0,25}$ und dem Median $x_{0,5}$, zwischen dem Median und $x_{0,75}$ und zwischen $x_{0,75}$ und dem Maximum.

Man kann sich das so vorstellen, dass jedes dieser Viertel der Daten von einem gleich großen Stück Knetmasse repräsentiert wird, das entsprechend der Entfernung zwischen den beiden Werten ausgerollt wird. Eine große Entfernung bedeutet eine geringe Höhe, bei einer geringen Entfernung türmt sich die Maße zwischen den beiden Werte hoch auf.

Je näher Median und 25 %-Quantil beeinander liegen, desto höher ist die Häufigkeitsverteilung an dieser Stelle.

So kann ich feststellen, ob eine Verteilung symmetrisch oder assymetrisch ist, ob sie nach links oder nach rechts steil abfällt oder ob sie flach oder spitz ist. Anhand der (Abb. 4.11) Darstellungen soll dies verdeutlicht werden.

Ebenfalls eine gebräuchliche Darstellung ist ein sogenannter Boxplot (vgl. Abb 4.12, Bsp. 4.3). Hier wird der Interquartilsabstand durch eine Box repräsentiert. In dieser Box wird der Median als Querstrich eingetragen. Die äußeren Zäune bilden Minimum und Maximum.

Der Boxplot eignet sich auch sehr gut, um mehrere Verteilungen miteinander zu vergleichen.

Beispiel 4.3: Nutzungsmotive für zeitversetztes Fernsehen – Boxplot für verschiedene Gründe für zeitversetztes Fernsehen

Abb. 4.12 Boxplot für verschiedene Gründe des zeitversetzten Fernsehen, Bsp. 4.3

Manchmal wird ein Boxplot auch so gezeichnet, dass die äußeren Zäune nicht Minimum oder Maximum, sondern die Grenzbereiche zur Identifikation von Ausreißern abbilden.

Eine andere, ebenfalls verbreitete, Variation ist es, auch den Mittelwert einzutragen. Meist wird dieser als dicker Punkt dargestellt.

Obwohl der Interquartilsabstand bzw. die 5-Punkte-Zusammenfassung (x_{min}, $x_{0,25}$, $x_{0,5}$, $x_{0,75}$, x_{max}) ein gutes Werkzeug sind, um die Verteilung eines Merkmals unbeeinflusst von Ausreißern zu charakterisieren, hat sie auch Schwächen. So ist die Abbildung bei diskreten Daten mit nur wenigen Ausprägungen manchmal recht unscharf – denken wir an Beispiel 4.3: Auf dem Wert 0, der mit $h_{(1)}=40$ den Modus darstellt, liegt sowohl das Minimum als auch das erste Quartil.

Ein weiteres Streuungsmaß, das in der Statistik weiterhin sehr verbreitet ist, ist die Varianz. Sie wird normalerweise angegeben, wenn nach der Merkmalsstreuung metrischer Daten gefragt wird.

4.3.2.3 Standardabweichung und Varianz

Die Varianz bzw. die Standardabweichung ist das wohl bekannteste und verbreitetste Maß für die Streuung einer Merkmalsverteilung.

► Die Standardabweichung beschreibt die durchschnittliche Streuung der gemessenen Ausprägungen eines Merkmals um den Mittelwert als das Zentrum bzw. den Schwerpunkt einer Verteilung.

Um dies zu veranschaulichen wird noch einmal auf die Abb. 4.5 zurückgegriffen:

In Abb. 4.13 ist der errechnete Mittelwert von 70 sek (gerundet) integriert. Im Hinblick auf die Frage, wie aussagekräftig der Mittelwert für die Daten einer Messung ist, kann der Abstand der anderen Merkmalsausprägungen zum Mittelwert aufschlussreich sein. Grundsätzlich kann man sagen:

► Je geringer der Abstand der einzelnen gemessenen Werte zum Mittelwert dieser Werte ist, desto besser ist der Mittelwert geeignet, die Objekte insgesamt zu repräsentieren bzw. desto besser kann der Wert verallgemeinert werden.

Es soll also ein Maß gefunden werden, welches das Ausmaß der Abweichung der einzelnen Werte vom Mittelwert ausdrückt. Die Statistik hat dafür die sogenannte Varianz bzw. die Standardabweichung entwickelt. Dieses Maß wird im Folgenden an Beispiel 4.2: Nachrichtenanalyse – Beitragslänge von Nachrichten entwickelt. Ausgangspunkt für das Maß ist für jedes Objekt die Differenz zum Mittelwert, d. h. für jedes Objekt i muss die Differenz $x_i - \overline{x}$ gebildet werden. Bei einem stetigen

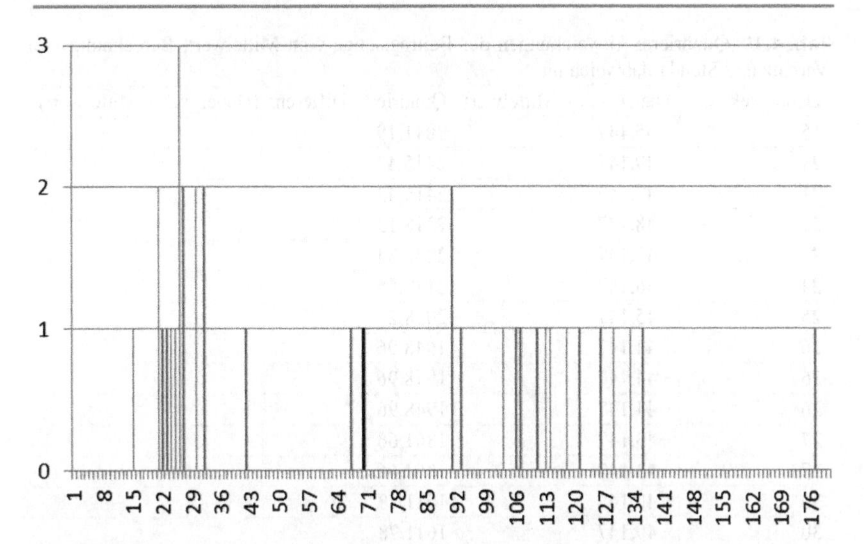

Abb. 4.13 Verteilung der Längen von Nachrichtenbeiträgen mit Mittelwert, Bsp. 4.2 mit Mittelwert

Merkmal sind also eine Reihe von *n* Berechnungen auszuführen. Der Einfachheit halber wird dies mit Hilfe eines Tabellenkalkulationsprogramms gemacht, in das die Tab. 4.1 eingegeben wurde. Der Mittelwert der Beitragslänge wird zunächst auf 70 sek. Abgerundet (Abb. 4.14). Betrachte man nun die (der Größe nach sortierten) Daten von Beispiel 4.2 (Beitragslänge, Tab. 4.10), dann ist deutlich zu erkennen,

Einfügen
Zwischenablage
11
F K U
Schriftart
MITTELWERT
=A2-70

	A	B	C	D
1	Dauer_sek	Dauer_sek - Mittelwert		
2	22	=A2-70		
3	25			
4	26			

Abb. 4.14 Differenz Werte – Mittelwert; Bsp. 4.2

Tab. 4.10 Quadrierte Abweichungen der Beitragslänge vom Mittelwert; Berechnung von Varianz und Standardabweichung

Dauer_sek	Dauer_sek – Mittelwert	Quadrierte Differenz (Dauer_sek – Mittelwert)
15	−55,147	3041,19
21	−49,147	2415,43
21	−49,147	2415,43
22	−48,147	2318,13
23	−47,147	2222,84
24	−46,147	2129,55
25	−45,147	2038,25
26	−44,147	1948,96
26	−44,147	1948,96
26	−44,147	1948,96
27	−43,147	1861,66
27	−43,147	1861,66
30	−40,147	1611,78
30	−40,147	1611,78
32	−38,147	1455,19
32	−38,147	1455,19
42	−28,147	792,25
67	−3,147	9,90
91	20,853	434,85
91	20,853	434,85
93	22,853	522,26
103	32,853	1079,32
106	35,853	1285,44
107	36,853	1358,14
111	40,853	1668,97
113	42,853	1836,38
114	43,853	1923,09
118	47,853	2289,91
121	50,853	2586,03
126	55,853	3119,56
129	58,853	3463,68
133	62,853	3950,50
136	65,853	4336,62
177	106,853	11417,56
	0,002	74794,26
=74794,26/34=		2199,83

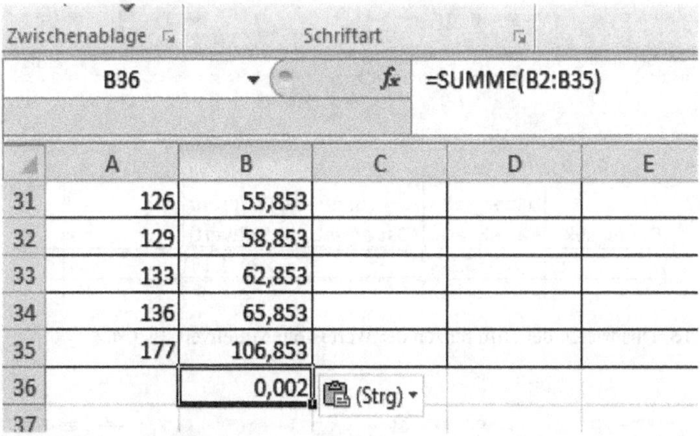

Zwischenablage Schriftart

B36 f_x =SUMME(B2:B35)

	A	B	C	D	E
31	126	55,853			
32	129	58,853			
33	133	62,853			
34	136	65,853			
35	177	106,853			
36		0,002	(Strg)		
37					

Abb. 4.15 Summe der Abweichungen vom Mittelwert

dass bis zu einem gewissen Punkt, solange die Werte kleiner als der Mittelpunkt sind, negative Werte entstehen. Später werden die Differenzen positiv.

Die Summe dieser Differenzen ergibt insgesamt 0. Dies ist bereits durch die Art, wie der Mittelwert berechnet wird, bestimmt. Zur Erinnerung (Gl. 4.4):

$$\overline{x} = \frac{1}{n}(x_1 + ... + x_n) = \frac{1}{n}\sum_{i=1}^{n} x_i$$

Wer Lust hat, kann diese Formel in folgende Formel:

$\sum_{i=1}^{n}(x_i - \overline{x})$ einsetzen. Es ergibt sich $\sum_{i=1}^{n}(x_i - \overline{x}) = 0$

Bei einer auf drei Stellen hinter dem Komma genauen Eingabe des Mittelwerts zeigt sich dieses auch „empirisch“ (Abb. 4.15)

Als Lösung für dieses Problem behilft man sich, indem die einzelnen $(x_i - \overline{x})$ quadriert werden. Durch das Quadrieren können nur positive Vorzeichen entstehen. Nun könnte man einwenden: Warum definiert man nicht einfach die Differenz als immer positiven Abstand?

Auch dies wird manchmal gemacht. Allerdings ergibt sich durch das Quadrieren noch eine gewünschte Gewichtung – große Abweichungen gehen besonders stark ein, sehr kleine Abweichungen gehen besonders schwach in die Berechnung des Maßes ein (Abb. 4.16).

Einfügen | F K U | Zwischenablage | Schriftart | Ausri

C2 | f_x =B2*B2

	A	B	C	D
1	Dauer_sek	Dauer_sek - Mittelwert	quadrierte Differenz (Dauer_sek - Mittelwert)	
2	15	-55,147	3041,19	
3	21	-49,147	2415,43	

Abb. 4.16 Quadrieren der Differenzen der Werte vom Mittelwert, Bsp. 4.2

Einfügen | Zwischenablage | Schriftart

C36 | f_x =SUMME(C2:C35)

	A	B	C	D
32	129	58,853	3463,68	
33	133	62,853	3950,50	
34	136	65,853	4336,62	
35	177	106,853	11417,56	
36		0,002	74794,26	

Abb. 4.17 Summe der quadrierten Differenzen der Werte vom Mittelwert, Bsp. 4.2

Dies zeigt sich auch an den Ergebnissen in Tab. 4.10: Ganz oben und ganz unten sind die höchsten quadrierten Abweichungen, je näher man in die Mitte geht, desto kleiner werden die Abweichungen. Summiert man die quadrierten Varianzen, so erhält man nun einen positiven Wert (Abb. 4.17)

Dieser Wert ist wenig aussagekräftig, da er stark von der Größe der Stichprobe bestimmt ist. Es bietet sich an, den Wert durch die Stichprobengröße zu teilen. So erhält man die durchschnittlichen quadrierten Abweichungen (Abb. 4.18)

Teilt man die Summe der quadrierten Abweichungen also durch die Anzahl n Beobachtungen, ergibt sich die sog. *Varianz*, die umso größer wird, je stärker/weiter die beobachteten Werte um die beobachtete Mitte streuen. Jetzt hat man

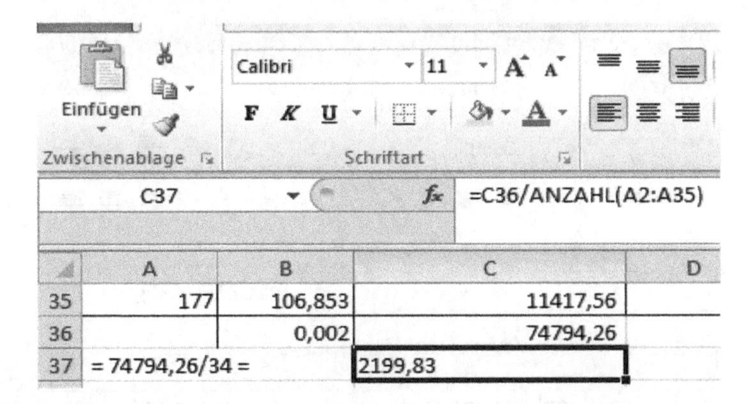

Abb. 4.18 Dividieren der summierten quadrierten Differenzen der Werte vom Mittelwert durch *n*, Bsp. 4.2

nur noch das Problem, dass dieser Wert nicht denselben Maßstab wie die Daten hat. Beim Beispiel der Beitragslänge wird die Varianz als sek² errechnet. Dies erschwert einen direkten Vergleich der Daten bzw. des Mittelwerts mit der Varianz. Deshalb wird die Wurzel aus der Varianz genommen. Man erhält die sogenannte *Standardabweichung* (Abb. 4.19).

▶ **Standardabweichung und Varianz** Varianz $\tilde{s}^2$ als Streuung der tatsächlich beobachteten Werte $x_1,\ldots,x_n$ ergibt sich als

$$\tilde{s}^2 = \frac{1}{n}[(x_1-\overline{x})^2 + \ldots + (x_n-\overline{x})^2] = \frac{1}{n}\sum_{i=1}^{n}(x_i-\overline{x})^2 \tag{4.12}$$

Die Standardabweichung $\tilde{s}$ ergibt sich als die Wurzel aus der Varianz:

$$\tilde{s} = +\sqrt{\tilde{s}^2} \tag{4.13}$$

Für Häufigkeitsdaten gruppierter metrischer Merkmale gilt:

$$\tilde{s}^2 = (a_1-\overline{x})^2 f_1 + \ldots + (a_k-\overline{x})^2 f_k = \sum_{j=1}^{k}(a_j-\overline{x})^2 f_j \tag{4.14}$$

Warum $\tilde{s}^2$ und nicht einfach nur s^2? Diese Frage stellt man sich zwangsläufig. Der Grund dafür ist, dass, vor allem später bei der induktiven Statistik, mehrere verschiedene Varianzen im Gebrauch sind: In Büchern wird mit s^2 häufig die sog. Stichprobenvarianz bezeichnet, welche geringfügig anders berechnet wird. Diese

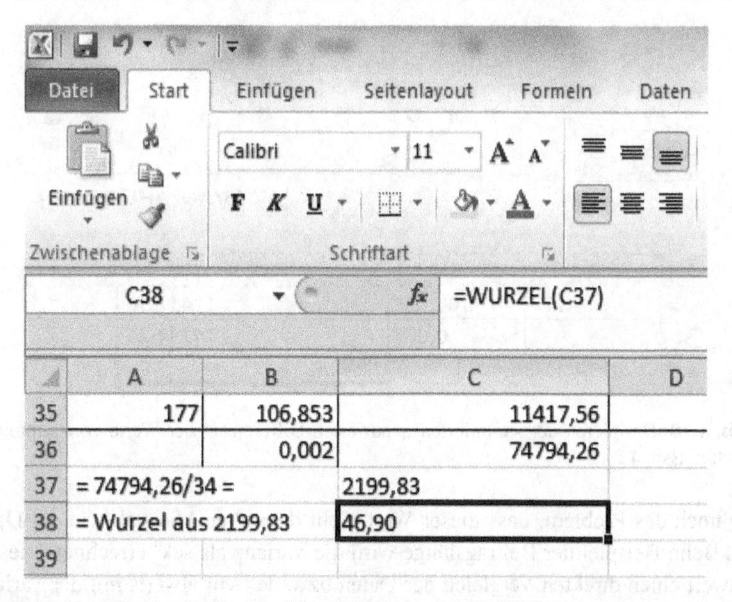

Abb. 4.19 Berechnung der Standardabweichung aus der Varianz, Bsp. 4.2

Berechnung der Streuung wird auch standardmäßig von SPSS benutzt, d. h.: Wenn die Varianz bzw. die Standardabweichung von SPSS ausgegeben wird, dann liegt Gl. 4.15 zugrunde: Die sogenannte *Stichprobenvarianz* kann dafür benutzt werden, um die Streuung eines Merkmals in der Grundgesamtheit zu schätzen. Dazu werden wir in späteren Sitzungen noch kommen. Die griechische Entsprechung σ^2 wird für die Varianz von Zufallsverteilungen verwendet. Letztlich ist es am besten, sich die Bezeichnung einfach einzuprägen bzw. sich den Unterschied zwischen $\tilde{s}^2$ und s^2 zu merken.

▶ **Stichprobenvarianz/Stichprobenstreuung** Varianz S^2 als Streuung der beobachteten Werte $x_1, \ldots, x_n$ ergibt sich als

$$s^2 = \frac{1}{(n-1)}[(x_1 - \bar{x})^2 + \ldots + (x_n - \bar{x})^2] = \frac{1}{(n-1)} \sum_{i=1}^{n} (x_i - \bar{x})^2 \qquad (4.15)$$

Die Standardabweichung S ergibt sich als die Wurzel aus der Varianz:

$$s = +\sqrt{s^2} \qquad (4.16)$$

Für Häufigkeitsdaten gruppierter metrischer Merkmale gilt:

$$s^2 = \frac{1}{n-1}((a_1 - \overline{x})^2 h_1 + ... + (a_k - \overline{x})^2 h_k) = \frac{1}{n-1} \sum_{j=1}^{k} (a_j - \overline{x})^2 h_j \qquad (4.17)$$

Die Umrechnung von Varianz zur Stichrpobenvarianz erfolgt entsrpechend:

$$s^2 = \frac{n}{(n-1)} \tilde{s}^2 \quad \text{bzw.} \quad \tilde{s}^2 = S^2 \frac{(n-1)}{n} \qquad (4.18)$$

Bsp. 4.4: Nutzungsmotive für zeitversetztes Fernsehen: Varianz der Zustimmung zum Item:

„Ich nutze zeitversetztes Fernsehen um mich zu informieren". Die Daten liegen bereits in Form einer Häufigkeitsverteilung (vgl. Tab. 4.3 in Bsp. 4.3) vor. Der Mittelwert wird berechnet gemäß Gl. 4.6: $\sum_{j=1}^{k} a_j \cdot f_j = 2{,}034$ (s. Tab. 4.11)

Für die Berechnung von Varianz und Standardabweichung wird Gl. 4.14 verwendet:

$$\tilde{s}^2 = (a_1 - \overline{x})^2 f_1 + ... + (a_k - \overline{x})^2 f_k = \sum_{j=1}^{k} (a_j - \overline{x})^2 f_j$$

Nachdem die einzelnen Abweichungen zwischen jeder der metrisch skalierten Ausprägungen und dem Mittelwert $(a_j - \overline{x})$ quadriert sind, werden sie mit der relativen Häufigkeit gewichtet. Da für $f_j = h_j/n$ (Gl. 2.1) bereits durch n geteilt wurde, kann dieser Schritt hier entfallen und die Werte $(a_j - \overline{x})^2$ werden aufsummiert (Tab. 4.11):

Tab. 4.11 Berechnung der Standardabweichung bei diskreten steigenden Daten

Ich sehe zeitversetzt fern, um mich zu informieren		Häufigkeit	Relative Häufigkeit	Mittelwert $\sum_{j=1}^{k} a_j f_j$	Varianz $\sum_{j=1}^{k} (a_j - \overline{x})^2 f_j$
Gültig	0	16	0,17977528	0	0,743544752
	1	20	0,2247191	0,2247191	0,240124034
	2	14	0,15730337	0,31460674	0,000178731
	3	23	0,25842697	0,7752809	0,241298554
	4	16	0,17977528	0,71910112	0,695066024
	Gesamt	89	*Summe:*	*2,03370787*	*1,920212094*

Die Standardabweichung ergibt sich als die Wurzel aus 1,920…:

$$\tilde{s} = \sqrt{1{,}920\ldots} = 1{,}385\ldots = 1{,}4$$

Der Mittelwert der Zustimmung zum Item „Ich sehe fern um mich zu informieren" liegt also bei 2 (mittlere Zustimmung), die Standardabweichung um diesen Mittelwert ist 1,4.

Als Interpretationshilfe der Standardabweichung bietet sich folgende Regel an:

► Im Bereich Mittelwert $\bar{x} \pm \tilde{s}$ Standardabweichung liegen ca. 68 % der Daten. Auch ein Vergleich mit anderen, gleich skalierten Variablen hilft, die Stärke der Streuung zu relativieren.

Allgemein gilt für Standardabweichung und Varianz:

1. Sie können nur für (quasi-)metrische Merkmale berechnet werden.
2. Da durch das Quadrieren große Unterschiede verschärft werden, reagieren sie sehr anfällig für Ausreißer.
3. Transformiert man die Daten linear (zählt man z. B. einen konstanten Wert c zu jedem einzelnen Beobachtungswert dazu oder multipliziert jeden Wert mit einer bestimmten Zahl), dann gelten die Transformationsregeln.

► **Transformationsregel** transformiert man die Werte $y_i = bx_i + c$ linear, so gilt für das arithm. Mittel

$$\bar{y} = b\bar{x} + c \tag{4.19}$$

und für die Varianz

$$\tilde{s}_y^2 = a^2\tilde{s}_x^2 \quad \text{bzw.} \quad \tilde{s}_y = |a|\,\tilde{s}_x \tag{4.20}$$

Mit SPSS ist der einfachste Weg eine Übersicht über verschiedenen Lage- und Streuungsmaße zu bekommen, der Menüpunkt DESKRIPTIVE STATISTIKEN→HÄUFIGKEITEN. Für diskrete Merkmale kann man sich hier einfach die Häufigkeitsverteilung ausgeben lassen, (Bei stetigen Merkmalen besteht die Möglichkeit der Anzeige der Häufigkeitsverteilung nicht zuzustimmen). Darüber hinaus können über die Option STATISTIKEN noch eine Reihe anderer Kennwerte ermittelt werden: Verschiedene Streuungsmaße (Varianz, Range, Standardabweichung, Percentile) und Lagemaße (Modus, Median, Mittelwert,…).

Bsp. 4.1 Anzahl Empfangsgeräte im HH und 4.3 Nutzungsmotive für zeitversetztes Fernsehen

Für beide Merkmale wurden folgende Werte mit SPSS berechnet.

- Die Daten der Fünf-Punkte-Zusammenfassung,
- der Modus und der Mittelwert,
- das 16 %- und das 84 %-Quantil.

Das Ergebnis sehen Sie in Tab. 4.12.

Insgesamt lässt sich sagen, dass die Zustimmung zum Item der Unterhaltungsfunktion im Durchschnitt mit 2,8 die höchste Zustimmung erhielt, die Funktion „Mitreden können" mit 0,55 Mittelwert am wenigsten.

Für die Stichprobe kann das Ergebnis des Items „Mitreden können" am besten verallgemeinert werden – es weist sowohl die geringste Streuung (Standardabweichung = 1) als auch den geringsten Interquartilsabstand (ebenfalls 1) auf.

Am uneinheitlichsten antworteten die Befragten auf die Frage nach der Zustimmung zum Item: Ich sehe zeitversetzt fern, weil meine Lieblingssendung nicht im TV ausgestrahlt wird. Der Interquartilsabstand liegt hier bei 63, die Streuung bei 2,7. Die Angabe des Median mit dem Wert 1,5, der eigentlich nicht vorliegen kann, kommt durch die Berechnung des Medians für geradzahlige Stichproben zustande. Hier wird gerechnet $1/2\,(x_{(45)} + x_{(46)}) = 1/2\,(1+2) = 1{,}5$. Die meisten Personen geben bei dieser Frage den Wert 0 an. Andererseits gibt ca. ein Viertel der Befragten auch eine hohe Zustimmung an. Dies mag daran liegen, dass die Itemformulierung eher eine Ja/Nein-Antwort nahelegt („Ich sehe zeitversetzt fern, da meine Lieblingssendung nicht im Fernsehen ausgestrahlt wird„). Da nur von einer Lieblingssendung die Rede ist, ist eine Abstufung dazwischen eigentlich unlogisch – entweder ist es so, oder eben nicht. Besser wäre: „Ich sehe zeitversetzt fern, weil ich viele Sendungen, die ich gerne sehe, nicht empfangen kann."

An dieser Stelle muss noch einmal daran erinnert werden, dass SPSS die Stichprobenvarianz ausgibt: Die quadrierten Abweichungen werden nicht durch n, sondern durch (n–1) geteilt. Dadurch ergibt sich eine, i. d. R. vernachlässigbar, größere Varianz bzw. Standardabweichung. Die Interpretation erfolgt dadurch immer etwas „konservativer". Dies stellt einen Vorteil dar.

Die beiden zusätzlichen Quantile (Tab. 4.12) können dazu genutzt werden, zu prüfen, ob die Faustregel zutrifft, dass im Intervall Mittelwert $\overline{x} \pm \tilde{s}$ 68 % der Daten liegen. Die Differenz zwischen 84% und 16 % macht genau 68 % um die Mitte aus (Abb. 4.20).

Tab. 4.12 SPSS-Ausgabe: Kennwerte verschiedener Variablen der Nutzungsstudie

Statistiken

		Zeitversetzt TV-Sehen, um sich zu informieren	Zeitversetzt TV-Sehen, um sich zu entspannen	Zeitversetzt TV-Sehen, um mitzureden	Zeitversetzt TV Sehen bei Langeweile	Zeitversetzt TV-Sehen, um sich zu unterhalten	Lieblings-sendung kann nur zeitversetzt gesehen werden.	Anzahl TV-Geräte im HH
N	Gültig	89	90	89	90	90	90	122
	Fehlend	34	33	34	33	33	33	1
Mittelwert		2,03	2,56	,55	1,90	2,82	1,59	1,69
Modalwert		3	3	0	0	4	0	1
Standardabweichung		1,394	1,358	,989	1,454	1,268	1,614	,844
Varianz		1,942	1,845	,978	2,113	1,608	2,604	,712
Minimum		0	0	0	0	0	0	0
Maximum		4	4	4	4	4	4	4
Perzentile	16	0,00	1,00	0,00	0,00	1,00	0,00	1,00
	25	1,00	2,00	0,00	0,00	2,00	0,00	1,00
	50	2,00	3,00	0,00	2,00	3,00	1,50	2,00
	75	3,00	4,00	1,00	3,00	4,00	3,00	2,00
	84	4,00	4,00	1,60	4,00	4,00	4,00	2,00

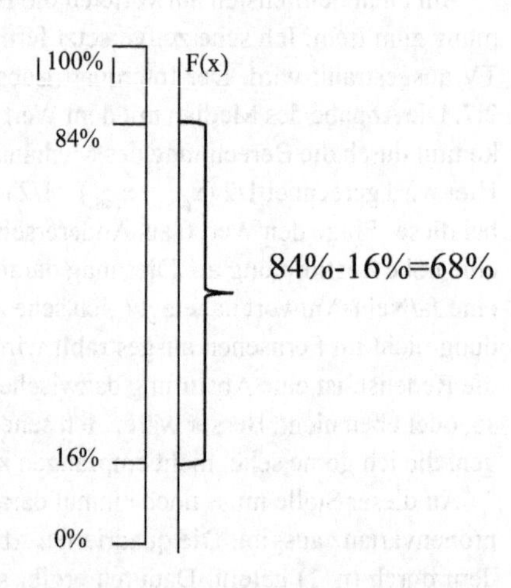

Abb. 4.20 Darstellung des Bereichs zwischen dem 84 % und dem 16 % Quantil

Dies ist aber nur eine Näherung, da man nichts über die Verteilung der Daten zwischen den beiden Quantilen weiß. Man geht bei dieser Rechnung implizit davon aus, dass Median und Mittelwert identisch sind.

Die Regel kann direkt geprüft werden, indem man die Intervallgrenzen von $\bar{x} \pm \tilde{s}$ errechnet, die dazu gehörenden Werte der empirischen Verteilungsfunktion F(x) ermittelt und aus diesen die Differenz bildet. Dies wird für das Nutzungsmotiv Entspannung durchgeführt.

Beispiel 4.3 Nutzungsmotive für zeitversetztes Fernsehen: Verteilung des Merkmals „Nutzung zur Entspannung"

Geg: $\overline{x} = 2{,}56; \quad \tilde{s} = 1{,}36; \quad x_{med} = x_{mod} = 3; \quad [X_{0,16}; X_{0,84}] = 1;4$

Ges: $\overline{x} \pm \tilde{s} \ = [1;4]?$

Lös :$\overline{x} \pm \tilde{s} = [2{,}56 - 1{,}36; 2{,}56 + 1{,}56] = [1{,}2; 4{,}12] = [1;4]$; $\rightarrow \overline{x} \pm \tilde{s} = [1;4]\,(w)$

Bei diesem Merkmal trifft die Faustregel also zu.

4.3.2.4 Exkurs: Modus, Median und arithmetisches Mittel bei gruppierten Daten

Es kann vorkommen, dass ein Merkmal nur gruppiert vorliegt, weil es z. B. nicht anders erhoben wurde. Bei einem metrischen Merkmal lassen sich Modus, Median und arithmetisches Mittel relativ gut näherungsweise bestimmen.

Dabei wird die Annahme zugrunde gelegt, dass sich die Werte gleichmäßig innerhalb der Gruppen/Intervalle $[c_{i-1}, c_i)$ verteilen:

Den Modus schätzt man einfach als Klassenmitte der häufigsten Gruppe.

Etwas schwieriger ist der Median zu ermitteln. Dazu sucht man zuerst die Intervallgrenze c_i, für die der Wert der Verteilungsfunktion $F(c_i)$ erstmals größer oder gleich 0,5 ist. Das ist die Intervallgrenze, links von der mindestens die Hälfte der Beobachtungswerte liegen. Diese erhält man, indem man die relativen Häufigkeiten der Intervalle, vom kleinsten beginnend, solange addiert, bis der Wert 0,5 überschritten ist.

Der Median muss dann irgendwo in diesem Intervall $[c_{i-1}, c_i)$ liegen. Aus der Intervallbreite $d_i = c_i - c_{i-1}$ und der „Sprunghöhe" der empirischen Verteilungsfunktion, die sich als relative Häufigkeit *f(i)* des Intervalls $[c_{i-1}, c_i)$ ergibt und der angenommenen gleichmäßig linearen Verteilung der Werte lassen sich drei rechtwinklige Dreiecke konstruieren.

Aus Überlegungen zu den Winkeln (Strahlensatz (F bzw. Z-Winkel)) bzw. den Verhältnissen der Katheten lässt sich ableiten, dass das Verhältnis d_i/f_i gleich dem Verhältnis von $0{,}5 - F(c_{i-1})/y$, ist, wenn y für den Abstand des unbekannten Wertes von $c_{(i-1)}$ steht. Den auf diese Weise errechneten Abstand addiert man zur unteren Intervallgrenze $c_{(i-1)}$ und erhält die Merkmalsausprägung, die den Median schätzt. Das arithmetische Mittel erhält man, indem man die Intervallmitten mit den relativen Häufigkeiten gewichtet und aufaddiert. (vgl. dazu auch Gl. 4.6).

Lagemaße gruppierter, metrischer Merkmale

Modus: Verwende die Klassenmitte der Modalklasse (= Klasse mit der größten Anzahl von Beobachtungen.)

$$m_i = \frac{c_{i-1} + c_i}{2} \qquad (4.21)$$

Tab. 4.13 Schätzung von Modus, Median und Mittelwert klassierter stetiger Daten

Intervalle	h_i	f_i	F_i	m_i	$m_i f_i$
[0;60) **(Modus)**	13	0,26	0,26	*30*	7,8
[60;120)	7	0,14	0,40	90	12,6
[120;180)	9	0,18	0,58	150	27
[180;240)	8	0,16	0,74	210	33,6
[240;300)	8	0,16	0,90	270	43,2
[300;360)	2	0,04	0,94	330	13,2
[360;420)	2	0,04	0,98	390	15,6
[420;500)	1	0,02	1,0	450	9
	n=50				$\overline{x}_{grupp} = 162$

Median: Bestimme Einfallsklasse $[c_{i-1}, c_i)$ des Median und daraus

$$x_{med,grupp} = c_{i-1} + \frac{d_i \cdot (0{,}5 - F(c_{i-1}))}{f_i} \tag{4.22}$$

Arithmetisches Mittel:

$$\overline{x}_{grupp} = \sum_{i=1}^{k} f_i m_i \tag{4.23}$$

Beispiel 4.5: Erfassung von Fernsehnutzung in Zeitintervallen (s. Tab. 4.13) – Schätzen von Modus, Median und Mittelwert

Der Modus ergibt sich gemäß Gl. 4.21 als $m_i = \frac{c_{i-1} + c_i}{2} = \frac{1}{2}(0 + 60) = 30.$

Der Median wird berechnet mit Gl. 4.22 als:

$$x_{med,grupp} = c_{i-1} + \frac{d_i \cdot (0{,}5 - F(c_{i-1}))}{f_i} = 120 + \frac{60 \cdot (0{,}50 - 0{,}40)}{0{,}18} = 153{,}33$$

Die Berechnung des Mittelwerts erfolgt über Gl. 4.23: $\sum_{i=1}^{k} f_i m_i = 7{,}8 + 12{,}6 + 27 + 33{,}6 + 43{,}2 + 13{,}2 + 15{,}6 + 9 = 162\,\text{min}$. Die Daten für $m_i f_i$ sind in der Tab. 4.13 berechnet.

Tab. 4.14 Daten Übungsaufgabe 3, Kap. 4

x_i	4	3	3	4	6	5	4	2	2	3	1	1	3	4	6	3	2	5	4	1	3	6	1

Tab. 4.15 Ich sehe zeitversetzt fern, da meine Lieblingssendung nicht im Fernsehen ausgestrahlt wird

		Häufigkeit	Prozent	Gültige Prozente	Kumulierte Prozente
Gültig	Trifft nicht zu	40	32,5	44,4	44,4
	1	5	4,1	5,6	50,0
	2	14	11,4	15,6	65,6
	3	14	11,4	15,6	81,1
	trifft zu	17	13,8	18,9	100,0
	Gesamt	90	73,2	100,0	
Fehlend	System	33	26,8		
Gesamt		123	100,0		

Übungsaufgaben Kap. 4

Beispiel Nachrichtenanalyse, n = 34

1. Zeichnen Sie die relative Häufigkeitsverteilung und die kumulierte Verteilungsfunktion des Merkmals Nachrichtenwert (Bsp. 4.4). Interpretieren Sie das Ergebnis.
2. Erstellen Sie ein Histogramm des Merkmals Beitragslänge Tab. 4.5 mit folgenden Gruppen: 1 Kurze Beiträge [0;30]; 2 mittlere Beiträge (30;60]; 3 lange Beiträge (60;180] (Bsp. 4.2).
3. Gegeben sind die Bewertungen in einem Einstellungstest (vergleichbar mit Schulnoten):
   Berechnen Sie den Mittelwert Tab. 4.14 (auf eine Kommastelle) und beurteilen Sie die Aussagekraft dieses Wertes für dieses Beispiel. Berechnen Sie den Median und vergleichen Sie ihn mit dem Mittelwert.
4. Berechnen Sie den Mittelwert zur Zustimmung zum Item: Ich sehe zeitversetzt fern, da meine Lieblingssendung nicht im Fernsehen ausgestrahlt wird (vgl. Tab. 4.15). Stellen Sie die relative Häufigkeitsverteilung in Form eines Säulendiagramms dar. Benennen Sie Median und Modus. Inwieweit kann die Verteilung durch die Itemformulierung erklärt werden?

Tab. 4.16 Übungsaufgabe 5, Kap. 4: Kennwerte verschiedener Nutzungsmotive für zeitversetztes Fernsehen

Statistiken			
		Wenn ich Langeweile habe, sehe ich zeitversetzt	Das zeitversetzte Fernsehen hat für mich eine Unterhaltungsfunktion
N	Gültig	90	90
	Fehlend	33	33
Mittelwert		1,90	2,82
Median		2,00	3,00
Modus		0	4

5. Tab. 4.16 zeigt das Ergebnis einer SPSS-Auswertung der Zustimmung zu zwei Nutzungsmotivationen (Beispiel Nutzungsstudie). Interpretieren Sie das Ergebnis. Wie könnte die Verteilung ungefähr aussehen (0 = trifft nicht zu; 4 = trifft zu)? Welchen Zusammenhang sehen Sie zwischen den Ergebnissen und den Formulierungen der Items?

Lernzielkontrolle Kap. 4:

- Nennen Sie je ein Beispiel für stetige und für diskrete quantitative Merkmale.
- Warum ist die Unterscheidung in stetig und diskret bei quantitativen Merkmalen wichtig?
- Warum spricht man bei stetigen Merkmalen nicht von der Häufigkeitsverteilung, sondern von der *Dichte* in Wertebereichen?
- In welchem Verhältnis stehen die empirische Verteilungsfunktion eines Merkmals und seine relative Häufigkeitsverteilung bzw. seine relative Dichte?
- Warum ist die empirische Verteilungsfunktion monoton steigend?
- Warum sollte der Mittelwert immer im Zusammenhang mit anderen Kennwerten betrachtet werden?

Literatur

Galtung, Johan, und Mari Holmboe Ruge. 1970. The structure of foreign news. The presentation of the Congo, Cuba and Cyprus crises in four Norwegian newspapers. In *Media sociology. A reader*, Hrsg. Jeremy Tunstall, 259–258. London: Constable.

5 Zweidimensionale Analysen mit quantitativen Merkmalen

Zusammenfassung

Das umfangreiche fünfte Kapitel widmet sich der bivariaten Analyse metrischer Merkmale. Zunächst werden mit dem Mittelwertvergleich, dem Variationskoeffizienten und der Streuungszerlegung Verfahren vorgestellt, die bei Zusammenhängen zwischen einem metrischen und einem kategorialen Merkmal zum Einsatz kommen können. Dann werden der Pearson'sche Korrelationskoeffizient zur Analyse von Zusammenhängen zwischen zwei metrischen Merkmalen sowie der Spearmansche Korrelationskoeffizient erläutert. Das Kapitel schließt mit der Darstellung einer einfachen, linearen Regressionsanalyse ab. Die Darstellung der verschiedenen Verfahren und Berechnungen erfolgt anhand verschiedener Beispiele und es werden Hinweise zum Lesen von SPSS-Ausgaben und zur computergestützten Berechnung der Kennwerte gegeben.

In diesem Kapitel wenden wir uns wieder der bivariaten Beschreibung von Merkmalen zu. Allerding stehen diesmal metrische Merkmale im Zentrum des Interesses.

Wie bereits zu Beginn des Kapitels drei thematisiert (vgl. 3.1), ist eine univariate Analyse in der Kommunikationswissenschaft selten. In der Regel zielt die Analyse und Interpretation auf Erkenntnisse im Hinblick auf Zusammenhänge zwischen Merkmalen ab. Grundlage dafür ist immer eine gemeinsame Verteilung.

Dabei geht es im ersten Abschnitt um die Frage nach Zusammenhängen bzw. gemeinsamen Verteilungsdarstellungen zwischen qualitativen und quantitativen Merkmalen. Im zweiten Abschnitt befassen wir uns dann mit Darstellungsformen, Verteilungen und Kennwerten zu Zusammenhängen zwischen zwei metrischen bzw. einem metrischen und einem ordinalskaliertem Merkmal mit relativ vielen Ausprägungen.

I. A. Uhlemann, *Einführung in die Statistik für Kommunikationswissenschaftler*,
DOI 10.1007/978-3-658-05769-5_5

5.1 Vergleiche metrischer Daten in verschiedenen Gruppe

Bei einer Zusammenhangsanalyse qualitativer bzw. kategorialer Daten ist die Grundlage für die Analyse eine Kreuztabelle bzw. eine bedingte Häufigkeitsverteilung (vgl. Kap. 3). Diese untersucht die Verteilung eines Merkmals unter der Bedingung der verschiedenen Ausprägungen des anderen Merkmals. Wenn ein kategoriales Merkmal und ein metrisches Merkmal auf einen Zusammenhang hin analysiert werden sollen, wird dasselbe Prinzip angewendet: Es wird die Verteilung des einen Merkmals unter verschiedenen Bedingungen des anderen Merkmals betrachtet, und zwar die Verteilung des metrischen Merkmals unter den verschiedenen Bedingungen des kategorialen Merkmals. Wie auch bei den qualitativen Daten deuten dabei Unterschiede in den Verteilungen auf Zusammenhänge zwischen den Merkmalen hin.

Handelt es sich bei dem metrischen Merkmal um ein diskretes Merkmal, das nur in wenigen Ausprägungen vorliegt, so kann eine Zusammenhangsanalyse auch direkt mit Hilfe einer Kreuztabelle bzw. des korrigierten Kontingenzkoeffizienten vorgenommen werden. Das Vorgehen und die Interpretation erfolgt dabei analog zu dem im Kapitel drei vorgeschlagenen Verfahren.

5.1.1 Vergleich von Lagemaßen in verschiedenen Ausprägungsgruppen eines kategorialen Merkmals

Handelt es sich bei dem quantitativen Merkmal um ein stetiges Merkmal oder um ein diskretes Merkmal, das relativ viele Ausprägungen annimmt, dann wird das Prinzip der Analyse der bedingten Verteilung mit den in Kap. 4 erarbeiteten Kennwerten für die Verteilung und den Schwerpunkt stetiger Daten zusammengebracht.

Man geht dabei so vor, dass das kategoriale Merkmal die Bedingungen liefert, unter denen die Verteilung des quantitativen Merkmals betrachtet wird. Die Maße zur Beschreibung der Verteilung von metrischen Merkmalen wurden in Kapitel vier ausführlich erläutert. Deshalb wird das Prinzip im Folgenden anhand einer Reihe von Beispielen gezeigt.

Beispiel 5.1 Haushaltstätigkeit und Geschlecht

Im Rahmen der bereits mehrfach verwendeten Befragung zur Nutzung von zeitversetztem Fernsehen wurde neben der Frage nach dem Geschlecht auch abgefragt, wie viel Zeit pro Woche für Haushaltstätigkeiten aufgewendet wird.

Frage 41: Welches Geschlecht haben Sie?

1 2

○ männlich ○ weiblich

Frage 36: Wie viele Stunden sind Sie durchschnittlich in der Woche mit Arbeiten im Haushalt beschäftigt? (z.B. Putzen, Einkaufen, Wäsche waschen etc.)

Für Eltern: Zählen Sie bitte die Stunden, in denen Sie sich mit Ihren Kindern beschäftigen, dazu. wie Frage 35 b

Tragen Sie bitte ein: ca. _______ Stunden

Ein Vergleich der Verteilung des Merkmals „Beschäftigung im Haushalt" in den beiden durch die Geschlechterausprägungen weiblich bzw. männlich gebildeten Gruppen Tab. 5.1 lässt interessante Rückschlüsse darauf zu, inwieweit diesbezüglich eine Gleichstellung der Geschlechter erreicht ist.

Tatsächlich zeigt sich in der Stichprobe ein Mittelwertunterschied von drei Stunden zwischen den beiden Teilstichproben, wobei die Streuung in den Gruppen relativ gleich ist (überall ca. 10 h). Das Merkmal schwankt also beträchtlich, aber auch ein Vergleich der Mediane zeigt, dass das Merkmal bei den Frauen um einen anderen Schwerpunkt streut als bei den Männern – auch die Mediandifferenz liegt bei drei Stunden. In der Stichprobe arbeiten die Frauen also im Durchschnitt 3 h mehr pro Woche im Haushalt als die Männer.

Beispiel 5.1 zeigt, dass allein der Verteilungsvergleich schon aufschlussreiche Hinweise auf einen Zusammenhang zwischen zwei Merkmalen erbringen kann. Dabei sollte neben dem Mittelwert, welcher in der Regel als aussagekräftiger Kennwert für die zentrale Tendenz verwendet wird, immer auch die Varianz des Merkmals berücksichtigt werden. Dabei gilt die Regel:

► Je geringer die Varianz eines Merkmals, d. h. je weniger stark die Daten um die Mittelwerte in den Gruppen schwanken, umso aussagekräftiger sind Mittelwertunterschiede zwischen den Gruppen.

Das Vorgehen soll noch einmal anhand des Merkmals Beitragslänge der Nachrichtenanalyse dargestellt werden. Es sollen Zusammenhang zwischen der Finanzierungsform eines Senders und der Dauer der von solchen Sendern ausgestrahlten Nachrichten analysiert werden.

Tab. 5.1 SPSS-Ausgabe Mittelwertvergleich Beschäftigung im Haushalt und Geschlecht

F41_sex	Mittelwert	N	Standardabweichung	Median	Minimum	Maximum
1	7,905	63	9,6260	5,000	0,5	60,0
2	10,879	58	9,9032	8,000	2,0	50,0
Insgesamt	9,331	121	9,8329	6,000	0,5	60,0

Beispiel 5.2 Nachrichtenanalyse – Beitragslänge und Finanzierungsform:

Zunächst werden die Daten nach der Finanzierungsform sortiert (Tab. 5.2)

Tab. 5.2 Beitragslänge nach Finanzierungsform

Finanz.-form	Dauer_Sek	$(x_{ij} - \bar{x}_j)$	$(x_{ij} - \bar{x}_j)^2$		
1	23	−32,64	1065,56		
1	15	−40,64	1651,84		
1	67	11,36	128,98		
1	32	−23,64	558,98		
1	26	−29,64	878,70		
1	42	−13,64	186,13		
1	22	−33,64	1131,84		
1	107	51,36	2637,56		
1	118	62,36	3888,41		
1	126	70,36	4950,13		
1	32	−23,64	558,98		
1	27	−28,64	820,41		
1	21	−34,64	1200,13		
1	121	65,36	4271,56	Std. abw. 1	
Mittelwert 1:	*55,64*	Varianz 1:	*1709,23*		*41,34*
2	114	33,7	1135,69		
2	106	25,7	660,49		
2	111	30,7	942,49		
2	91	10,7	114,49		
2	27	−53,3	2840,89		
2	129	48,7	2371,69		
2	136	55,7	3102,49		
2	30	−50,3	2530,09		
2	26	−54,3	2948,49		
2	24	−56,3	3169,69		
2	21	−59,3	3516,49		
2	26	−54,3	2948,49		
2	177	96,7	9350,89		
2	93	12,7	161,29		
2	113	32,7	1069,29		
2	103	22,7	515,29		
2	91	10,7	114,49		
2	25	−55,3	3058,09		
2	133	52,7	2777,29		
2	30	−50,3	2530,09	Std. abw. 2	
Mittelwert 2:	*80,3*	Varianz 2:	*2292,91*		*47,88*

Das erleichtert das Berechnen der Kennwerte Mittelwert Gl. 4.5 und Varianz Gl. 4.12 in den beiden Gruppen der Finanzierungsform (Mischfinanzierung=1 Werbefinanzierung=2). In der Zwischenzeile wird die Summe der quadrierten Differenzen gebildet. Diese werden durch das jeweilige n geteilt, man erhält die Varianz. Durch Wurzelziehen wird aus der Varianz die Standardabweichung.[1] Es zeigt sich, dass die rein werbefinanzierten Sender in der Stichprobe vom Umfang $n=34$ im Durchschnitt längere Nachrichtenbeiträge (80 s) bringen als die mischfinanzierten Sender, deren Beiträge im Durchschnitt knapp unter einer Minute liegen (55 s).

Zum Vergleich soll nun die große Stichprobe vom Umfang $n=744$ herangezogen werden. Hier können die Sender im Einzelnen unterschieden werden, weil die Stichprobe größer ist. Liegt das kategoriale Merkmal in mehr als zwei Gruppen vor, so sollte bei der Interpretation auch der allgemeine Mittelwert über alle Gruppen betrachtet werden. Dann erfolgt die Analyse bzw. Interpretation im Hinblick auf die Distanz der Gruppenmittelwerte zum allgemeinen Mittelwert („grand mean").

Beispiel: 5.3 Nachrichtenanalyse – Beitragslänge und Sender (Gesamtdatensatz n=744)

Aufgrund des Umfangs der Daten wurde die Analyse mit Hilfe von SPSS durchgeführt. Den entsprechenden Menübefehl findet man dort unter der Rubrik MITTELWERTE VERGLEICHEN: Nachdem in das Feld ABHÄNGIGE VARIABLEN das *metrische Merkmal* und im Feld UNABHÄNGIGE VARIABLEN das *Gruppierungsmerkmal* (=*das kategoriale Merkmal*) eingefügt ist, kann bei OPTIONEN angegeben werden, welche Kennwerte der Merkmalsverteilung in den durch das kategoriale Merkmal gebildeten *Gruppen* bzw. *Schichten* angegeben werden sollen. Führt man den Befehl aus, erhält man folgende Tabelle.

Die berechnete Standardabweichung entspricht der Wurzel der Stichprobenvarianz, die berechnet wird, indem die Summe der quadrierten Abweichungen durch n-1 geteilt wird. (vgl. 4.3, Gl. 4.15). Der globale Mittelwert der Beitragsdauer liegt ähnlich dem Ergebnis in der Teilstichprobe (vgl. 4.2.1, Mittelwert: 70 s) bei 66 s. Nahe bei diesem Wert liegen die Sender ARD, Kabel1, ProSieben, RTL und Sat1, eher darüber liegen die Werte von Vox und ZDF, eher darunter liegt der Wert von

[1] Eine Genauigkeit von zwei Millisekunden, wie sie durch die Dezimalstellen in der Tabelle nahegelegt wird, ist im Grunde vollkommen übertrieben. Falls aber jemand die Daten nachrechnen möchte, dann würde es doch durch die Rundungsfehler zu Abweichungen kommen. Auch die Darstellung auf zwei Nachkommastellen ist noch das Ergebnis von Rundung.

Tab. 5.3 SPSS-Ergebnis: Beitragslängen Sekunden nach Sender, Beispiel Nachrichtenanalyse, ($n = 744$)

Sender	Mittelwert	N	Standardabweichung	Median
ARD	64,63	100	47,798	44,50
Kabel1	70,08	64	42,519	97,00
ProSieben	67,63	63	41,559	97,00
RTL	68,92	134	48,995	48,50
RTL2	47,02	106	37,238	26,00
Sat1	68,06	83	43,686	82,00
Vox	75,51	78	60,372	36,00
ZDF	72,15	116	50,462	56,00
Insgesamt	66,31	744	47,755	39,00

RTL2. Ein Vergleich der Gesamtstreuung mit den Streuungen in den Gruppen zeigt, dass Vox mit 60 s mittlerer Abweichung am meisten streut und dass bei RTL2 mit 37 s die Werte am wenigsten um den Mittelwert schwanken. Die Schwankung ist insgesamt relativ groß. Zusammenfassend lässt sich interpretieren, dass sich die Nachrichtenbeitragslängen zwischen den meisten Sendern kaum voneinander unterscheiden. Lediglich Vox mit einem Plus von 10 s über dem Gesamtmittelwert und RTL2 mit einem Minus von 20 s gegenüber dem Gesamtmittelwert weisen einen nennenswerten Unterschied auf.

5.1.2 Vergleich von Verteilung bzw. Varianz

Bislang wurde, wie meistens üblich, das metrische Merkmal vor allem im Hinblick auf Mittelwertunterschiede zwischen den Gruppen untersucht. Es ist aber auch möglich, dass sich die Mittelwerte zwar gleichen, aber in der Verteilung um die Mittelwerte nennenswerte Unterschiede bestehen. Dieser Frage kann man sich nähern, indem man weitere Lage- bzw. Streuungsmaße heranzieht.

Beispiel: 5.3 Nachrichtenanalyse – Beitragslänge und Sender (Gesamtdatensatz $n = 744$)

Der Vergleich von Median und Mittelwert in Tab. 5.3 offenbart zunächst erhebliche Unterschiede in den Verteilungen: Bei keinem Sender liegen Median und Mittelwert dicht beieinander, was insgesamt nicht auf symmetrische Verteilungen schließen lässt. Am ähnlichsten sind die Werte bei Sat1 (−14 s Abstand) und beim ZDF (16 s Abstand). Bei Kabel1, Pro7 und Sat1 liegt der Median über dem Mittelwert. Dies deutet darauf hin, dass es relativ viele sehr kurze Nachrichten auf der einen Seite und eine Menge an relativ langen Nachrichten auf der anderen Seite gibt. Bei ARD, RTL, RTL2 und Vox ist das Verhältnis anders herum, hier überwiegen die kurzen Nachrichten, denen einige sehr lange gegenüberstehen. Besonders bei Vox ist der Abstand mit 40 s besonders groß.

Es wäre also interessant, danach zu fragen, ob die Streuungen unterschiedlich sind. Da die Größe der Standardabweichung von der Größe der Stichprobe abhängt und die Stichprobengrößen unterschiedlich sind, sollte man ein maßstabsunabhängiges Maß für die Streuung finden.

▶ Will man die Streuung mehrerer (**nicht negativer!!**) Merkmale vergleichen, so ist das Verhältnis zwischen Streuung und Mittelwert eine maßstabsunabhängige Kenngröße.

$$\textbf{Variationskoeffizient:}\ v = \frac{\tilde{s}}{\bar{x}}, \bar{x} > 0 \tag{5.1}$$

Beispiel: 5.3 Nachrichtenanalyse – Variation der Beitragslänge je Sender (Gesamtdatensatz $n = 744$)

Die Variationskoeffizienten dieses Beispiels ergeben sich nach Gl. 5.1 z. B. für die ARD als $v = \frac{\tilde{s}}{\bar{x}} = \frac{\sqrt{\tilde{s}^2}}{\bar{x}} = \frac{1}{\bar{x}}\left(\sqrt{s^2(n-1)/n}\right) = \sqrt{47{,}798^2\left(\frac{99}{100}\right)} / 64{,}63 = 0{,}74.$

Der Bruch ergibt sich, damit die Formel korrekt ist, da von SPSS nur s entsprechend Gl. 4.15. ausgegeben wird. Die Umrechnung zu $\tilde{s}$ (Gl. 4.12) erfolgt gemäß Gl. 4.18.

Neben dem Vergleich von Mittelwerten und Variationskoeffizienten bietet eine sogenannte *Streuungszerlegung* ein weiteres Werkzeug der bivariaten Datenanalyse an.

5.1.3 Analysen der Varianz des Merkmals

Mit der Formel zur *Streuungszerlegung* kann die *Gesamtstreuung* (*z. B.* ca. 48s aller Beitragslängen, Tab. 5.4) aufgeteilt werden in den Teil, der durch die Unterschiedlichkeit der Merkmale innerhalb der Gruppen hervorgerufen wird (*Streuung des Merkmals in den Gruppen*, z. B. die Standardabweichung der Beitragslängen bei RTL mit ca. 49s), und den Teil, der durch die *Unterschiede der Mittelwerte vom Gesamtmittelwert* zustande kommt (z. B. die Abweichung des Mittelwerts der Beitragslängen bei RTL vom Gesamtmittelwert von ca. 2,5 s). Es gilt:

▶ Mit der Streuungszerlegung kann analysiert werden, in welchem Verhältnis die gesamte Streuung eines Merkmals zu der Streuung in den durch das kategoriale Merkmal gebildeten Gruppen steht.

Tab. 5.4 Streuungsvergleich anhand der Variationskoeffizienten, Beitragslängen einzelner Sender in Sekunden, Nachrichtenanalyse ($n = 34$)

Sender	Mittelwert	N	Standardabweichung	Variations koeffizient
ARD	64,63	100	47,798	0,74
Kabel1	70,08	64	42,519	0,60
ProSieben	67,63	63	41,559	0,61
RTL	68,92	134	48,995	0,71
RTL2	47,02	106	37,238	0,79
Sat1	68,06	83	43,686	0,64
Vox	75,51	78	60,372	0,79
ZDF	72,15	116	50,462	0,70
Insgesamt	66,31	744	47,755	0,72

Ganz praktisch heißt das: Wird der Großteil der Streuung eines Merkmals (z. B. Beitragslänge, Anzahl Zähne mit Karies, gespendeter Betrag) davon hervorgerufen, dass die untersuchten Objekte unterschiedlichen Gruppen angehören (z. B. von verschiedenen Sendern ausgestrahlt werden, verschiedene Verhaltensweisen an den Tag legen, verschiedene Meinungen haben etc.), dann spricht das dafür, dass dieses Gruppierungsmerkmal einen Einfluss auf das dargestellte metrische Merkmal hat.

▶ **Streuungszerlegung** Wird die erhobene Menge an Daten vom Umfang n in k Teilstichproben mit den Umfängen $n_1,\ldots,n_k$, den Mittelwerten $\bar{x}_1,\ldots,\bar{x}_k$ und den Varianzen $\tilde{s}_1^2,\ldots,\tilde{s}_k^2$ aufgeteilt, so gilt:

$$\tilde{s}^2 = \frac{1}{n}\sum_{j=1}^{k} n_j\tilde{s}_j^2 + \frac{1}{n}\sum_{j=1}^{k} n_j(\bar{x}_j - \bar{x})^2 \qquad (5.2)$$

$\tilde{s}^2$ *und* $\bar{x}$ sind die Gesamtstreuung bzw. der Gesamtmittelwert.

Andersherum: Ist die durch Mittelwertunterschiede erklärte Streuung gering (weil alle Gruppenmittelwerte dem Gesamtmittelwert nahe sind), dann spricht das dafür, dass das Gruppierungsmerkmal keinen Einfluss auf das metrische Merkmal hat bzw. nicht mit diesem zusammenhängt (also z. B. die Beitragsdauer einer Nachricht nicht davon abhängt, bei welchem Sender sie ausgestrahlt wird, die verschiedenen Verhaltensweisen der Mundhygiene keinen Einfluss auf das Auftreten von Karies haben oder dem Tierschutz gespendete Beträge nichts mit den Meinungen der Spender zu tun haben).

- Ist die Streuung in den Gruppen klein, der Abstand zwischen den Gruppen aber groß ist, dann spricht das für einen hohen Einfluss des Gruppierungsmerkmals auf die Gesamtstreuung.

Beispiel 5.4: Nachrichtenanalyse – Erklärung der Beitragslänge durch verschiedene Nachrichtentypen (Streuungszerlegung)

Bekannt ist die Gesamtstreuung, Varianz der Beiträge $\tilde{s}^2 = 2199{,}83$ (vgl. 4.3.2, Tab. 4.10) und der Gesamtmittelwert $\overline{x} = 70{,}15$ (vgl. 4.3.1, Tab. 4.9) und $n=34$. Insgesamt wurden bei der Inhaltsanalyse drei Typen von Nachrichten klassifiziert: kurze Wortmeldungen, Wortmeldungen mit Film und lange Nachrichtenbeiträge, bestehend aus Anmoderation und Film. Wie stark kann die starke Streuung der Nachrichtenbeitragsdauer durch diese drei Typen von Nachrichten erklärt werden?

Ges: Anteil der Streuung, der durch die Gruppenzugehörigkeit erklärt wird.

Lös: Gl. 5.2 $\tilde{s}^2 = \frac{1}{n}\sum_{j=1}^{k} n_j \tilde{s}_j^2 + \frac{1}{n}\sum_{j=1}^{k} n_j(\overline{x}_j - \overline{x})^2$ wird zunächst umgestellt nach der Streuung innerhalb der Gruppen $\frac{1}{n}\sum_{j=1}^{k} n_j \tilde{s}_j^2 = \tilde{s} - \frac{1}{n}\sum_{j=1}^{k} n_j(\overline{x}_j - \overline{x})^2$ und dann nach der durch die Mittelwertunterschiede hervorgerufenen Streuung: $\frac{1}{n}\sum_{j=1}^{k} n_j(\overline{x}_j - \overline{x})^2 / \tilde{s}^2$. Wir berechnen also nur einen Teil der Formel, nämlich den zweiten, der die durch die Mittelwertunterschiede entstehende Streuung ausdrückt.

Dazu werden zunächst die Gruppenmittelwerte berechnet. Hierfür werden die Nachrichtenbeiträge der Ausgangsdaten Tab. 4.1 drei journalistischen Darstellungsformen zugeordnet, nach diesen sortiert und analog zum Vorgehen bei Beispiel 5.2 werden in den Zwischenzeilen die Gruppenmittelwerte berechnet (Tab. 5.5).

Für diese Mittelwerte $\overline{x}_j$ wird nun jeweils die Differenz zum Gesamtmittelwert ermittelt. Diese wird gemäß Gl. 5.2 quadriert und mit der jeweiligen Gruppengröße n_j multipliziert. Dieser Wert wird für alle Gruppen zusammengerechnet. Durch dividieren durch n wird daraus die durchschnittliche Varianz der einzelnen Mittelwerte um den Gesamtmittelwert. Damit wurde die zweite Hälfte von Gl. 5.2 berechnet (Tab. 5.6).

Mit 2199,83 s^2 Gesamtvarianz (vgl. Tab. 5.4: $(47.8)^2$) ins Verhältnis gesetzt kommt man zu dem Befund, dass fast die Hälfte (0,488) der Streuung der Beitragslängen dadurch zustande kommt, dass die Beiträge entweder kurze Wortmeldungen bzw. Wortmeldungen mit Film oder lange Nachrichtenbeiträge bestehend aus

Tab. 5.5 Berechnung der Gruppenmittelwerte der Beitragslängen in den verschiedenen journalistischen Darstellungsformen

Dauer_sek	Darstel.-form	Dauer_sek	Darstel.-form
23	1	22	3
91	1	177	3
32	1	107	3
32	1	111	3
26	1	114	3
42	1	93	3
27	1	118	3
21	1	126	3
36,75	**n1=8**	133	3
26	2	129	3
15	2	26	3
25	2	113	3
67	2	103	3
24	2	136	3
27	2	91	3
106	2	121	3
21	2	30	3
30	2	**102,94**	**n3=17**
37,89	**n2=9**		

Anmoderation und Film sind. Dies bestätigt das bimodale Muster der Verteilung, welches in Kap. 3 bereits mehrmals thematisiert wurde.

Wenn in einer Stichprobe alle Streuung zwischen den Merkmalen nur von den Mittelwertunterschieden erklärt werden würde, dann heißt das, dass innerhalb der Gruppen keinerlei Merkmalsstreuung vorliegt – z. B. das Kindergeld, das bei einem Kind bei allen gleich groß ist, ebenso bei zwei Kindern usw. Hier besteht dann ein Abhängigkeitsverhältnis.

Zusammenfassend kann man sagen, dass die deskriptive Statistik mit den Verteilungskennzahlen Mittelwert, 5-Punkte-Zusammenfassung und Varianz bzw. Standardabweichung eine Reihe von Werkzeugen bereitstellt, um die Verteilung

Tab. 5.6 Ermittlung der durch die Mittelwertunterschiede hervorgerufenen Streuung, Bsp. 5.4

Beitragsform	n je Gruppe	Mittelwert je Gruppe	Differenz vom Gesamtmittel	
1	8	36,75	−33,4	8924,48
2	9	37,89	−32,26	9366,37
3	17	102,94	32,79	18278,13
			Summe = 36568,98	
			36598,99/34 = *1075,56*	

von Merkmalsausprägungen (=Daten) in einer Stichprobe zu beschreiben. Diese Werkzeuge werden auch genutzt, um Unterschiede zwischen, durch ein kategoriales Merkmal bedingten, Teilstichproben zu identifizieren.

Die Analyse von solchen Gruppenunterschieden gibt Aufschluss über mögliche Beziehungen zwischen zwei Merkmalen. Tatsächlich können in eine solche Analyse noch eine oder mehrere weitere kategoriale Merkmale mit aufgenommen werden, z. B. die Haushaltsbetätigung pro Woche nicht nur nach Geschlecht, sondern auch nach Familienstand. Dann ergeben sich vielleicht vier Gruppen: Allein lebende Frauen, allein lebende Männer, mit einem Partner/einer Partnerin lebende Frauen, mit einem Partner/einer Partnerin lebende Männer. Dabei kann es dann auch zu Wechselwirkungen zwischen den verschiedenen Merkmalen kommen. Bei derartigen Analysen bewegt man sich bereits im Bereich der multivariaten Analysen. Auch wenn die Auswertung mit SPSS vergleichsweise schnell erstellt ist, wird die Interpretation der Daten zunehmend komplexer. Da das vorliegende Buch als Einführung für Einsteiger gedacht ist, wird auf die Beschäftigung mit solchen Auswertungen verzichtet. Ausführliche Erläuterungen dazu finden sich in allen ausführlicheren Statistikwerken.

5.2 Zusammenhänge zwischen zwei metrischen Variablen

Im vorangegangenen Abschn. 5.1 lag die Situation zugrunde, dass eine mögliche Beziehung zwischen einem kategorialen und einem quantitativen Merkmal untersucht werden sollte. Handelte es sich bei dem metrischen Merkmal um ein diskretes Merkmal, welches nur in wenigen Ausprägungen vorliegt, so wurde eine Analyse mit Hilfe des Kontingenzkoeffizienten als weitere Möglichkeit erwähnt. Dasselbe gilt auch für zwei quantitative, diskrete Merkmale mit wenigen Ausprägungen. Auch hier kann eine Kreuztabelle erstellt und die entsprechenden Koeffizienten errechnet werden.

Sobald aber die Anzahl der möglichen Merkmalsausprägungen auf beiden Seiten zunimmt, liefert eine Kreuztabelle bzw. der Kontingenzkoeffizient keine befriedigenden Ergebnisse mehr, zumal die Stichprobengrößen in der kommunikationswissenschaftlichen Forschungspraxis meist relativ klein ausfallen. Bei einer 6×6-Tabelle und $n = 360$ entfallen auf eine Zelle durchschnittlich $360/36 = 10$ Beobachtungen.

Außerdem wird die Information des *Ausmaßes der Abstände zwischen den Daten* für die Analyse nicht ausgenutzt.

Deshalb hat die deskriptive Statistik speziell zur Analyse von zwei (quasi-) metrischen Merkmalen ein Maß entwickelt, das die gemeinsame Streuung zweier solcher Merkmale ausdrückt. Vergleicht man dieses Maß mit den Einzelstreuungen

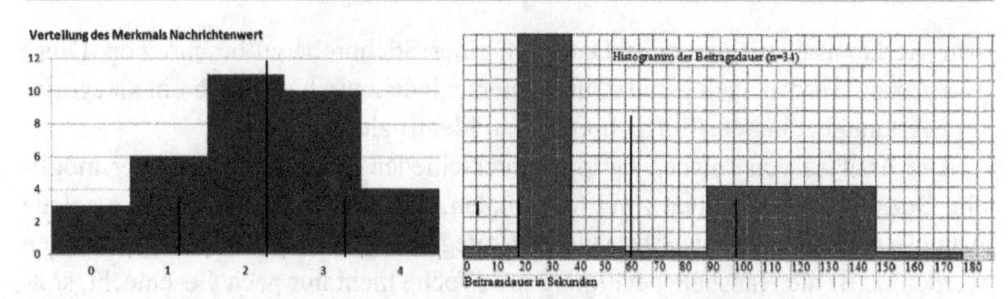

Abb. 5.1 Verteilung der Merkmale Nachrichtenwert und Beitragsdauer

der Merkmale, dann erhält man einen Koeffizienten, der die Stärke des Zusammenhangs als Zahl zwischen −1 und 1 ausdrückt und als *Pearsonscher Korrelationskoeffizient* bekannt ist.

Beispiel 5.5: Nachrichtenanalyse – Zusammenhang zwischen Beitragslänge und Nachrichtenwert einer Nachricht (n = 34)

Die Beitragslänge meint die bereits häufig bearbeitete Dauer der Nachrichtenbeiträge in Sekunden. Der Nachrichtenwert ist ein Merkmal, das in Form eines Index aus der Intensität verschiedener Nachrichtenfaktoren errechnet wurde (vgl. Bsp. 4.4). In Abschn. 4.1.2 wird dieses Vorgehen beschrieben. Der Nachrichtenwert kann ganze Zahlen annehmen und wird als quasi-metrisch betrachtet. Beide Merkmale können zunächst einzeln in Form eines Histogramms dargestellt werden (vgl. 4.2.3.2), (Abb. 5.1)

geg: Nachrichtenwert, $\bar{x} = 2{,}18$, $\tilde{s}^2 = 1{,}26$, $\tilde{s} = 1{,}12$ Beitragslänge, $\bar{x} = 70{,}15$, $\tilde{s}^2 = 2200$, $\tilde{s} = 47{,}9$

Wieder werden jetzt die Verteilungen nicht einzeln betrachtet, sondern stehen gemeinsam im Blickfeld. Jedes einzelne Objekt hat dabei einmal einen Nachrichtenwert und auf der anderen Seite eine Beitragslänge (vgl. Tab. 4.4). Trägt man nun die Beitragslänge auf der x-Achse und den Nachrichtenwert auf der y-Achse ab, dann ist jedes Objekt durch einen konkreten Punkt (x_i, y_i) beschrieben. Alle Punkte eingetragen ergeben eine Punktewolke (auch Scatterplot genannt), aus der Rückschlüsse auf die gemeinsame Verteilung der Daten getroffen werden können (Abb. 5.2).

Eine solche gemeinsame Verteilung zweier metrischer Merkmale ist die Grundlage für die Berechnung eines entsprechenden statistischen Kennwertes: Der sogenannten Kovarianz.

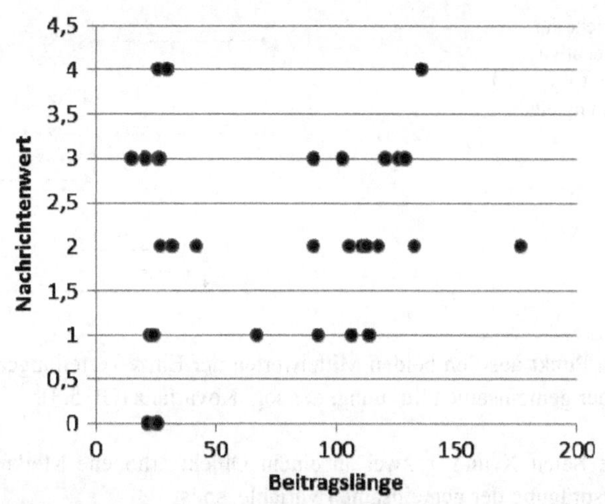

Abb. 5.2 Punktewolke Nachrichtenwert und Beitragslänge

5.2.1 Die Kovarianz als gemeinsame Streuung zweier metrischer Merkmale

Bei zwei metrischen Merkmalen ist jedes Objekt durch einen Wert y_i und einen Wert x_i beschrieben, so dass auch jedes Objekt einen gemeinsamen Punkt (x_i, y_i) hat.

Die gemeinsame Verteilung wird in einem Streudiagramm dargestellt. Zieht man jeweils durch den Mittelwert der Merkmale eine Linie, so schneiden sich diese in diesem Punkt $(\overline{x}, \overline{y})$. Dieser bildet den gemeinsamen Schwerpunkt (Abb. 5.3).

Im Hinblick auf die Abweichungen der einzelnen Merkmalswerte vom gemeinsamen Schwerpunkt ist dieser Kreuzungspunkt mit dem 0-Punkt eines Koordinatensystems vergleichbar.

Abb. 5.3 Streudiagramm mit Schwerpunkt $(\overline{x}, \overline{y})$

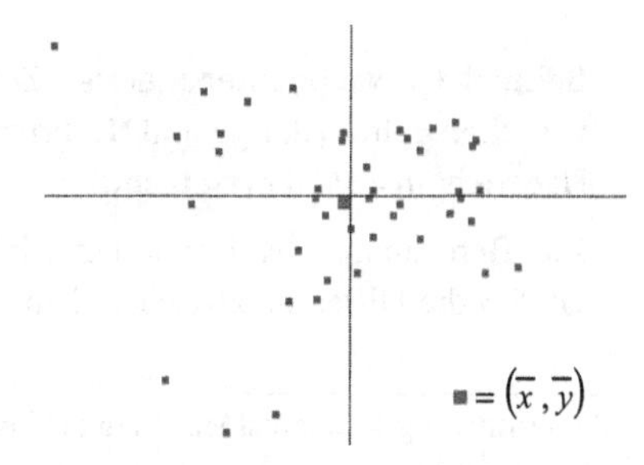

Abb. 5.4 Bereiche für positive bzw. negative Werte für $(x_i - \bar{x})(y_i - \bar{y})$ bei der Berechnung einer Kovarianz

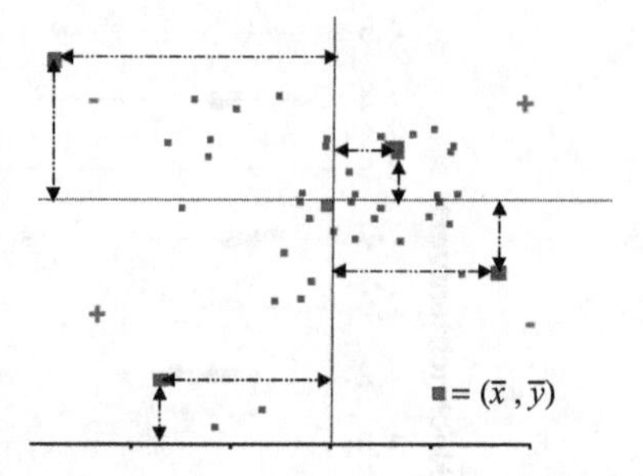

Um diesen Punkt aus den beiden Mittelwerten der Einzelverteilungen streuen die Werte in der gemeinsamen Streuung, der sog. Kovarianz (Gl. 5.3).

► **Kovarianz** Seien X und Y zwei an einem Objekt erhobene Merkmale und (y_i, x_i) die Ausprägung der gemeinsamen Variable, so ist

die empirische Kovarianz: $$\tilde{s}_{XY} = \frac{1}{n}\sum_{i=1}^{n}(x_i - \bar{x})(y_i - \bar{y}) \quad (5.3)$$

die sich als die Summe der Abweichungsprodukte geteilt durch den Stichprobenumfang ergibt, ein *Maß für die gemeinsame Streuung.*

Die Stärke der Kovarianz ist von der Position der Punkte in dem durch die Linien durch die Mittelwerte gebildeten Koordinatensystem abhängig. Je nach der Position ergeben sich für den in Gl. 5.3 enthaltenen Term $(x_i - \bar{x})(y_i - \bar{y})$ positive oder negative Werte.[2] (Abb. 5.4). Wenn die Punkte also in allen vier Feldern einigermaßen gleichmäßig verteilt sind, so gleichen sich die positiven und negativen Werte bei der Summenbildung[3] aus und die Kovarianz wird nahe bei 0 sein. Sammeln sich jedoch die meisten Punkte in positiven oder negativen Feldern, so ergibt sich jeweils eine negative oder eine positive Kovarianz.

Beispiel 5.5: Nachrichtenanalyse – Zusammenhang zwischen Beitragslänge und Nachrichtenwert einer Nachricht ($n = 34$) (Fortsetzung)

Zur Berechnung der Kovarianz wird also für jeden Wert entsprechend der Gl. 5.3 die Differenz zwischen dem Objektwert und dem Mittelwert ermittelt,

[2] Zur Erinnerung: Minus mal Minus ergibt Plus; Minus mal Plus ergibt Minus: $(-1) \times (-1) = 1$; $(-1) \times 1 = (-1)$.

[3] z. B. $(-1) + (-1) + (-3) + (-4) + 3 + 2 + 4 = 0$

und zwar für beide Merkmale (Tab. 5.7 Spalten vier und fünf). In Spalte sechs der Tabelle werden für jedes Objekt die Abweichungen multipliziert. Es ergeben sich sowohl positive als auch negative Werte. Diese multiplizierten Abweichungen werden alle addiert (Tab. 5.7 vorletzte Zeile Spalte sechs). Im letzten Schritt wird dieser Wert durch die Stichprobengröße geteilt, analog zum Vorgehen bei der Berechnung der Varianz (Tab. 5.7 Spalte sechs, letzte Zeile). Wir erhalten eine Kovarianz von 3,8.

5.2.2 Der Korrelationskoeffizient nach Pearson

Diese gemeinsame Verteilung zweier Variablen (z. B. X und Y), die *Kovarianz*, wird herangezogen, um diese Variablen auf einen möglichen Zusammenhang hin zu untersuchen.

Dies geschieht auf der Basis folgender Überlegungen:

Wenn ein Zusammenhang besteht der Art:

„je größer x, desto größer y“ oder „je mehr x, desto weniger y“

dann schlägt sich dies auch in der Art, wie die Punkte des Streudiagramms angeordnet sind, nieder. Die Verteilung der Merkmale ist dann nicht zufällig, sondern folgt einem System bzw. einem Muster, das sich in der Punktewolke zeigt (Abb. 5.5).

Bei einem deterministischen Zusammenhang, bei dem sich eines der beiden metrischen Merkmale mehr oder weniger automatisch aus dem anderen Merkmal ergibt (z. B. X = Anzahl Zeilen eines Artikels; Y = Länge eines Artikels), kann der Zusammenhang in folgender Form ausgedrückt werden: $Y = aX$.

Dieser Ausdruck ist auch als eine sog. *Geradengleichung* $y = bx + a$ *durch den Nullpunkt bekannt*. In diesem Fall wäre der y-Achsenabschnitt $a = 0$.

Ein idealer linearer Zusammenhang liegt also vor, wenn die Ausprägung der einen Variable eine Linearkombination der Ausprägung der anderen Variable ist.

Daneben sind aber auch andere Zusammenhänge denkbar, die z. B. durch eine Parabelfunktion oder eine Sinuskurve ausgedrückt werden. Man spricht dann von einem kurvilinearem Zusammenhang. Die Identifikation nicht-linearer Zusammenhäng ist eine spannende, aber auch anspruchsvolle Frage bei der Datenanalyse, die in diesem einführenden Lehrbuch keine Rolle spielen wird.

Liegt also der optimale *lineare Zusammenhang* vor, dann sind die Punkte entlang einer Geraden *g* durch den gemeinsamen Mittelpunkt angeordnet.

Tab. 5.7 Berechnung der Kovarianz von Nachrichtenwert und Beitragslänge (Nachrichtenanalyse $n = 34$), Bsp. 5.5

I	Dauer_sek	Nachrichtenwert	$(x_i - \bar{x})$	$(y_i - \bar{y})$	$(x_i - \bar{x})(y_i - \bar{y})$
1	22	0	−48,15	−2,18	104,97
2	25	0	−45,15	−2,18	98,43
3	26	0	−44,15	−2,18	96,25
4	23	1	−47,15	−1,18	55,64
5	24	1	−46,15	−1,18	54,46
6	67	1	−3,15	−1,18	3,72
7	93	1	22,85	−1,18	−26,96
8	107	1	36,85	−1,18	−43,48
9	114	1	43,85	−1,18	−51,74
10	27	2	−43,15	−0,18	7,77
11	32	2	−38,15	−0,18	6,87
12	32	2	−38,15	−0,18	6,87
13	42	2	−28,15	−0,18	5,07
14	91	2	20,85	−0,18	−3,75
15	106	2	35,85	−0,18	−6,45
16	111	2	40,85	−0,18	−7,35
17	113	2	42,85	−0,18	−7,71
18	118	2	47,85	−0,18	−8,61
19	133	2	62,85	−0,18	−11,31
20	177	2	106,85	−0,18	−19,23
21	15	3	−55,15	0,82	−45,22
22	21	3	−49,15	0,82	−40,30
23	21	3	−49,15	0,82	−40,30
24	26	3	−44,15	0,82	−36,20
25	27	3	−43,15	0,82	−35,38
26	91	3	20,85	0,82	17,10
27	103	3	32,85	0,82	26,94
28	121	3	50,85	0,82	41,70
29	126	3	55,85	0,82	45,80
30	129	3	58,85	0,82	48,26
31	26	4	−44,15	1,82	−80,35
32	30	4	−40,15	1,82	−73,07
33	30	4	−40,15	1,82	−73,07
31	136	4	65,85	1,82	119,85
				Summe	129,12
				129,12/34=	*3,80*

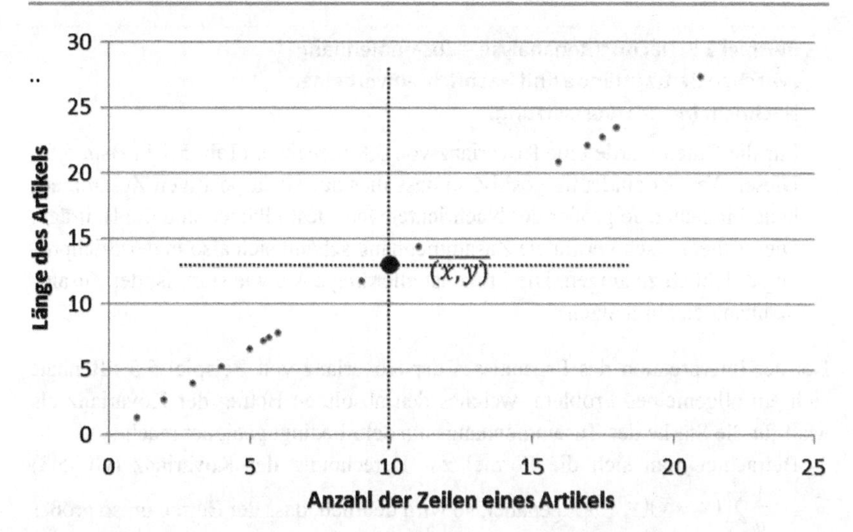

Abb. 5.5 Punktewolke bei einem vollständigen linearen Zusammenhang zwischen zwei Merkmalen

Das bedeutet, dass alle Punkte entweder nur in den beiden Quadranten links unten und rechts oben vom Mittelpunkt liegen oder nur in den beiden Quadranten links oben bzw. rechts unten. Gemäß Gl. 5.3 heißt das:

Im ersten Fall sind entweder sowohl alle $(x_i - \overline{x}) > 0$ als auch alle $(y_i - \overline{y}) > 0$ oder sowohl alle $(x_i - \overline{x}) < 0$ als auch alle $(y_i - \overline{y}) < 0$, so dass $(x_i - \overline{x})(y_i - \overline{y})$ $\Leftrightarrow (x_i - \overline{x})(y_i - \overline{y})$ immer positiv (>0) wird.

Im zweiten Fall gilt bei allen Fällen entweder $(x_i - \overline{x}) < 0$ und $(y_i - \overline{y}) > 0$ oder umgekehrt, so dass $(x_i - \overline{x})(y_i - \overline{y}) \Leftrightarrow (x_i - \overline{x})(y_i - \overline{y})$ immer negativ (<0) wird.

Eine Kovarianz, die vom Betrag her sehr groß ist, lässt also auf einen starken Zusammenhang, eine kleine Kovarianz, bei der sich negative und positive Abweichungen aufheben, deutet dagegen auf Unabhängigkeit hin.

► Je mehr sich die Punkte in der Punktewolke auf die diagonal liegenden Quadranten konzentrieren, desto höher ist der Betrag der Kovarianz. Je größer die Kovarianz, desto stärker ist der Zusammenhang zwischen zwei metrischen Merkmalen.

Beispiel 5.5: Nachrichtenanalyse – Zusammenhang zwischen Beitragslänge und Nachrichtenwert einer Nachricht ($n = 34$) (Fortsetzung)

Für die Daten wurde eine Kovarianz von 3,8 berechnet (Tab. 5.7 in Bsp. 5.5). Dieser Wert ist eindeutig positiv, so dass dies auf einen positiven Zusammenhang hindeutet. Je größer der Nachrichtenwert, desto länger sind die Beiträge. Dieser theoretisch vermutete Zusammenhang scheint sich also in der Stichprobe tatsächlich zu zeigen. Die Frage ist allerdings: Als wie stark ist der Zusammenhang einzuschätzen?

Bei der Interpretaion des Ergebnisses der Kovarianz von Beispiel 5.5 offenbart sich ein allgemeines Problem, welches den absoluten Betrag der Kovarianz als Maß für die Stärke des Zusammenhangs nur sehr bedingt geeignet macht.

Betrachtet man sich die Formel zur Berechnung der Kovarianz (Gl. 5.3) $\tilde{s}_{XY} = \frac{1}{n}\sum_{i=1}^{n}(x_i - \overline{x})(y_i - \overline{y})$ genauer, so wird deutlich, dass der Betrag umso größer wird, je größer die Ergebnisse der einzelnen Funktionsbestandteile $(x_i - \overline{x})$ bzw. $(y_i - \overline{y})$ sind.

Das bedeutet aber auch: Merkmale mit einer geringen Abweichung der Werte vom Mittelwert haben immer eine geringer ausgeprägte Kovarianz als Merkmale, die stark um den Mittelwert streuen, weil hier die Teile der Gl. 5.3 $(x_i - \overline{x})$ bzw. $(y_i - \overline{y})$ relativ große Werte (= große Streuung) annehmen. Damit wird deutlich, dass *der Betrag der Kovarianz* neben der Position der Punkte in bestimmten Quadranten auch von der generellen Streuung der Merkmale abhängt – er wird auch umso größer, je stärker die Merkmale um die Mittelwerte streuen.

► Je größer die Streuung der beiden Merkmale ist, desto größer wird der Betrag der Kovarianz, je mehr sich die Punkte in der Punktewolke auf zwei diagonale Quadranten konzentrieren.

Damit liegt es nahe, dass nach einer Formel gesucht wurde, die diesen Streuungseinfluss rechnerisch ausgleicht. Eine Normierung des Wertes geschieht, indem die Kovarianz mit den jeweiligen Einzelstreuungen ins Verhältnis gesetzt wird. Es ergibt sich der sog. *Bravais – Pearsonsche Korrelationskoeffizient* (Gl. 5.4).

Mit dem Korrelationskoeffizienten nach Bravais-Pearson liegt ein gutes Maß vor um den Zusammenhang zwischen metrischen Merkmalen zu beschreiben.

Dabei deutet man die Werte des Korrelationskoeffizienten wie folgt:

- $0 - \pm 0{,}1$ kein bzw. nahezu kein Zusammenhang
- $\pm 0{,}1 - \pm 0{,}3$ ein sehr schwacher Zusammenhang

- ±0,3 – ±0,5 ein schwacher bis mittlerer Zusammenhang
- ±0,5 – ±0,8 ein deutlicher bis starker Zusammenhang
- ±0,8 – ±0,1 ein sehr starker Zusammenhang.

Bravais-Pearson-Korrelationskoeffizent Aus den Daten (x_i, y_i), $i=1,\ldots,n$ ergibt dieser sich als

$$r_{XY} = \frac{\sum_{i=1}^{n}(x_i-\overline{x})(y_i-\overline{y})}{\sqrt{\sum_{i=1}^{n}(x_i-\overline{x})^2\sum_{i=1}^{n}(y_i-\overline{y})^2}} = \frac{\tilde{s}_{XY}}{\tilde{s}_X\tilde{s}_Y} \tag{5.4}$$

Er nimmt Werte zwischen − 1 und + 1 an, wobei gilt:
1 = direkt proportionaler, linearer Zusammenhang
− 1 = indirekt proportionaler, linearer Zusammenhang
0 = Unabhängigkeit bzw. kein linearer Zusammenhang

Eine **rechentechnisch günstiger Formel** ist auch gegeben durch:

$$r_{XY} = \frac{\sum_{i=1}^{n}x_iy_i - n\overline{xy}}{\sqrt{\left(\sum_{i=1}^{n}x_i^2 - n\overline{x}^2\right)\left(\sum_{i=1}^{n}y_i^2 - n\overline{y}^2\right)}} \tag{5.5}$$

Beispiel 5.5: Nachrichtenanalyse – Zusammenhang zwischen Beitragslänge und Nachrichtenwert einer Nachricht (n = 34) (Fortsetzung)

Die Kovarianz wurde mit dem Wert 3,8 berechnet. Weil gilt $r_{xy} = \frac{\tilde{s}_{xy}}{\tilde{s}_x\tilde{s}_y}$ werden also noch die beiden empirischen Standardabweichungen benötigt. Die Standardabweichung der Nachrichtenlänge ist aus dem letzten Kapitel bekannt (vgl. Tab. 4.2) und beträgt $\tilde{s}_x = 46{,}9$. Die Standardabweichung des Nachrichtenwerts muss noch berechnet werden. $\tilde{s}_y{}^2 = \frac{1}{n}\sum_{i=1}^{n}(y_i-\overline{y})^2$; $\tilde{s}_y = \sqrt{\tilde{s}_y^2}$

Dies geschieht auf Basis der bereits ermittelten Abweichungen $(\overline{y}-y_i)$ (vgl. Tab. 5.7).

Entsprechend des in Abschn. 4.2.3.2 dargestellten Vorgehens (Gl. 4.12) werden die Abweichungen vom Mittelpunkt quadriert, summiert und durch n-geteilt.

Tab. 5.8 Berechnung der Standardabweichung des Nachrichtenwerts (Nachrichtenanalyse $n = 34$)

i	Dauer_sek	Nachrichtenwert	$(y_i - \bar{y})$	$(y_i - \bar{y})^2$	
1	22	0	−2,18	4,7524	
2	25	0	−2,18	4,7524	
3	26	0	−2,18	4,7524	
4	23	1	−1,18	1,3924	
5	24	1	−1,18	1,3924	
6	67	1	−1,18	1,3924	
7	93	1	−1,18	1,3924	
8	107	1	−1,18	1,3924	
9	114	1	−1,18	1,3924	
10	27	2	−0,18	0,0324	
11	32	2	−0,18	0,0324	
12	32	2	−0,18	0,0324	
13	42	2	−0,18	0,0324	
14	91	2	−0,18	0,0324	
15	106	2	−0,18	0,0324	
16	111	2	−0,18	0,0324	
17	113	2	−0,18	0,0324	
18	118	2	−0,18	0,0324	
19	133	2	−0,18	0,0324	
20	177	2	−0,18	0,0324	
21	15	3	0,82	0,6724	
22	21	3	0,82	0,6724	
23	21	3	0,82	0,6724	
24	26	3	0,82	0,6724	
25	27	3	0,82	0,6724	
26	91	3	0,82	0,6724	
27	103	3	0,82	0,6724	
28	121	3	0,82	0,6724	
29	126	3	0,82	0,6724	
30	129	3	0,82	0,6724	
31	26	4	1,82	3,3124	
32	30	4	1,82	3,3124	
33	30	4	1,82	3,3124	
34	136	4	1,82	3,3124	
				Summe	42,9
				42,9/34 =	*1,26*
				Wurzel(1,26) =	*1,12*

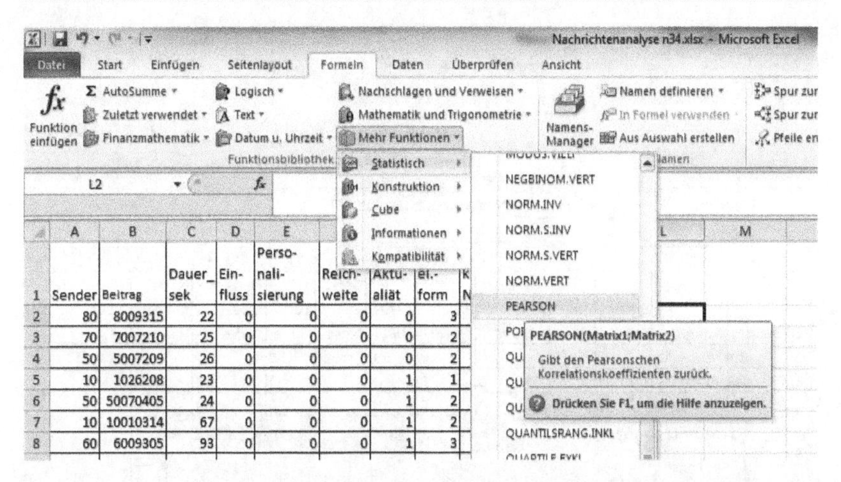

Abb. 5.6 Der Pearsonsche Korrelationskoeffizient unter den statistischen Funktionen bei Excel

Zuletzt wird aus diesen gemittelten quadrierten Abweichungen, also der Varianz, noch die Wurzel gezogen (Gl. 4.13) und man erhält die empirische Standardabweichung des Nachrichtenwertes mit $\tilde{s}_y = 1{,}12$.

Jetzt kann r_{xy} errechnet werden (Gl. 5.4): $r_{xy} = \frac{\tilde{s}_{xy}}{\tilde{s}_x \tilde{s}_y} = \frac{3{,}80}{46{,}9 \cdot 1{,}12} = 0{,}07$. Der Zusammenhang zwischen dem Nachrichtenwert und der Beitragslänge beträgt 0,07 (Tab. 5.8).

Der Korrelationskoeffizient bei Beispiel 5.4 ist mit Wert 0,07 sehr nahe bei Null, so dass nicht von einem Zusammenhang ausgegangen werden kann. Entweder ist die Operationalisierung des Nachrichtenwerts durch die Nachrichtenfaktoren nicht gelungen (z. B. weil wichtige Nachrichtenfaktoren fehlen) oder die Beitragslänge ist kein guter Indikator für den Nachrichtenwert.

Die Berechnung eines Korrelationskoeffizienten mit Hilfe von Excel ist unproblematisch, da es unter den statistischen Funktionen eine entsprechende Funktion gibt. Das Vorgehen wird kurz an den Daten von Beispiel 5.5 demonstriert (Abb. 5.6).

Nachdem die Funktion angeklickt ist, müssen nun noch in den entsprechenden Spalten die Variablenbereiche markiert bzw. eingegeben werden, welche miteinander korreliert werden sollen. Es werden immer die Werte derselben Zeile miteinander verrechnet (Abb. 5.7).

Es zeigt sich das bereits errechnete Ergebnis von 0,07 (Abb. 5.7).

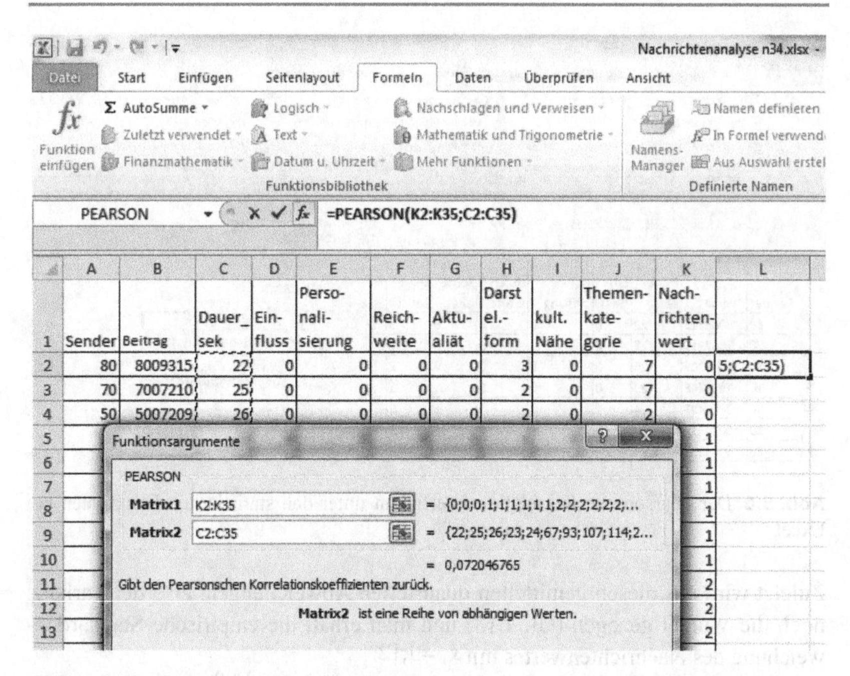

Abb. 5.7 Markieren der entsprechend Matrizen bei der Berechnung des Pearsonschen Korrelationskoeffizienten

Bei SPSS finden Sie den Befehl zur Errechnung des Korrelationskoeffzienten unter ANALYSIEREN → KORRELATION. Bei VARIABLEN werden nun alle gewünschten Variablen eingefügt. SPSS berechnet für jede dabei mögliche Kombination den Korrelationskoeffizienten. Als Ergebnis erhält man nun eine Matrix mit allen möglichen Merkmalskombinationen (Tab. 5.9 in Bsp. 5.6)

Beispiel 5.6: Haushaltstätigkeit, Berufstätigkeit und Freizeit – Zusammenhänge

Die Variablen sind im Datensatz nur zum Teil beschrieben. Hinter der Variablenbezeichnung F32_Ausbildung verbirgt sich die Zeit, die pro Woche in Ausbildung investiert wird (wurde für 42 Personen gemessen). F35_aktiv bezeichnet die Stunden, die pro Woche in Freizeitaktivitäten investiert werden.

Tab. 5.9 zeigt das von SPSS ausgegebene Ergebnis. Zunächst stellen wir fest, dass die Kombination Ausbildungszeitaufwand und beruflicher Zeitaufwand keinen

Tab. 5.9 Ergebnis SPSS Korrelation zwischen Berufstätigkeit bzw. Ausbildung und Haushaltstätigkeit

Korrelationen

		Für Beruf pro Woche aufgewendete Stunden	F32_Ausbi_h	F35_aktiv	Für den Haushalt pro Woche aufgewendete Stunden
Für Beruf pro Woche aufgewendete Stunden	Korrelation nach Pearson	1	1,000	-,158	-,149
	Signifikanz (2-seitig)		.	,198	,221
	N	69	2	68	69
F32_Ausbi_h	Korrelation nach Pearson	1,000	1	,273	,217
	Signifikanz (2-seitig)	.		,080	,166
	N	2	42	42	42
F35_aktiv	Korrelation nach Pearson	-,158	,273	1	,043
	Signifikanz (2-seitig)	,198	,080		,644
	N	68	42	120	120
Für den Haushalt pro Woche aufgewendete Stunden	Korrelation nach Pearson	-,149	,217	,043	
	Signifikanz (2-seitig)	,221	,166	,644	
	N	69	42	120	121

Sinn ergibt – nur 2 Personen haben beide überhaupt angegeben. In der Diagonale der Matrix steht immer 1, das ist die Kombination des Merkmals mit sich selbst.

Es lagen von 69 Personen Daten zum Zeitaufwand für Beruf und für 42 Personen Daten zum Zeitaufwand für die Ausbildung vor. Jede Kombination kommt in der Tab. 2x vor, so dass es am sinnvollsten ist, sich nur auf eine Zeile (oder Spalte) zu konzentrieren.

Wir schauen nur auf die letzte Zeile, in der die Korrelationen der Merkmale mit den *für den Haushalt aufgewendeten Stunden* zu finden ist. In den einzelnen Zellen ist der erste Wert immer der Korrelationskoeffizient. Wir haben folgende Werte: $-0{,}149$; $0{,}217$; $0{,}043$

Nach unserer vorherigen Einteilungen sind alle drei Zusammenhänge schwach bis nicht vorhanden. In geringem Ausmaß gilt für die Berufstätigen, dass Sie umso weniger im Haushalt machen, je mehr sie arbeiten (negativer Korrelationskoeffizient), während für diejenigen, die sich in Ausbildung befinden, ein gegenteiliger Effekt zu sehen ist: Je mehr sie für die Ausbildung Zeit aufwenden, desto mehr arbeiten sie auch im Haushalt. Vielleicht tritt hier das bisweilen auch von Studierenden berichtete Phänomen auf, dass gerade in der Zeit vor Klausuren plötzlich die Fenster geputzt und die Küchenschränke ausgemistet werden…

5.2.3 Der Korrelationskoeffizient nach Spearman für zwei mindestens ordinal skalierte Merkmale

Analog zur Berechnung des Bravais-Pearsonschen Korrelationskoeffizienten wurde auch ein Koeffizient entwickelt, der auf Basis von Rangunterschieden zwischen den Merkmalen basiert. Er kann damit auch für die Zusammenhangsanalyse von *zwei ordinal skalierten* Merkmalen oder *je einem ordinal und einem metrisch skalierten Merkmal* verwendet werden.

Vom Prinzip wird dabei genauso vorgegangen wie bei der Berechnung von *Pearsons r*. Die Werte werden aber nicht direkt genommen, sondern nach der Größe sortiert. Für jede Position auf der Liste wird dann fortlaufend eine Zahl, der Rangplatz, vergeben. Finden sich auf einem Rang mehrere Fälle, so wird diesem der durchschnittliche Rang zugewiesen, z. B. wenn an fünfter, sechster und siebter Stelle dieselbe Ausprägung steht, dann bekommen alle drei den $rn = 1/3(5+6+7) = 6$. Mit diesen Werten je Merkmal wird wieder der Korrelationskoeffizient berechnet.

Tabelle 5.1 illustriert das Prinzip am Beispiel des Zusammenhangs zwischen Beitragsdauer und dem ordinalen Nachrichtenfaktor Einfluss. Dazu wird im ersten Schritt (Spalte 2 und 4) für jedes Objekt der jeweilige Rangplatz bestimmt, den es in der Reihenfolge der Merkmalsausprägungen einnimmt. Der Nachrichtenbeitrag in der ersten Zeile hat beispielsweise als kürzester Beitrag mit 15 s (Dauer) den Rang 1 ($rn(x_i)$). Beim Merkmal Einfluss teilt sich der Wert 0 mit sieben anderen Merkmalen den kleinsten Platz. Aus $1/7\ (1+2+3+4+5+6+7) = 28/7 = 4$ ergibt sich, dass jeder von ihnen den durchschnittlichen Rangwert 4 zugewiesen bekommt ($rn(y_i) = 4$). Die Abkürzung „rn" steht für Rangplatz des Wertes, also die Position des Wertes auf der geordneten Urliste.

Analog zum Pearsonschen Koeffizienten wird dann der Mittelwert der Ränge berechnet. Dieser ist bei beiden Merkmalen gleich, da $\overline{rn_x} = \frac{1}{n}\sum_{i=1}^{n} rn(x_i) = (n+1)/2$. Dieser Zusammenhang ergibt sich aus der Art und Weise wie die Ränge vergeben werden.

Damit ist der Mittelwert für beide Merkmale $(n+1)/2 = (34+1)/2 = 35/2 = 17{,}5$. Analog zur Berechnung von *Perarsons r* (Gl. 5.5) wird dieser Wert jetzt von den einzelnen Werten subtrahiert. Diese Differenz dient zum einen zur Berechnung der gemeinsamen Streuung um den Rangmittelwert

$$\sum_{i=1}^{n}(rn(x_i) - \overline{rn})(rn(y_i) - \overline{rn}) \tag{5.6}$$

und zum anderen zur Berechnung der jeweiligen einzelnen Streuungen um den mittleren Rangplatz

$$\left(\sum_{i=1}^{n}(rn(x_i) - \overline{rn})^2\right) \tag{5.7}$$

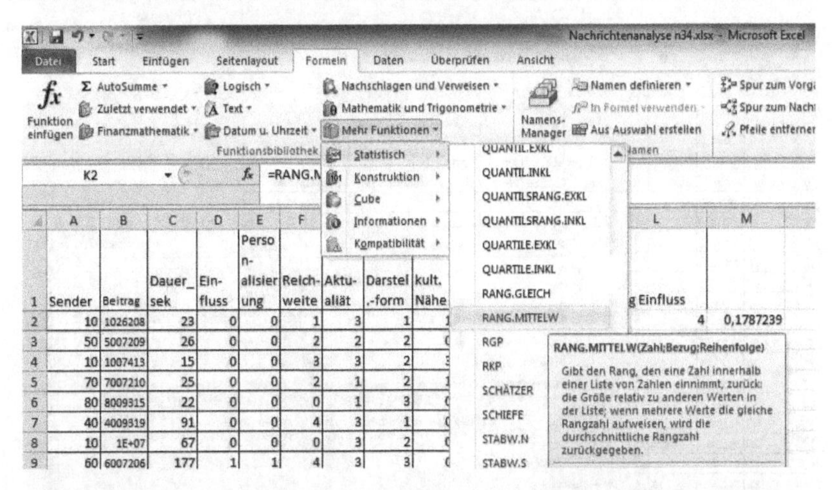

Abb. 5.8 Funktion zur Ermittlung der Rangplätze – Berechung eines Rang-Korrelationskoeffizienten

Wieder analog zur Berechnung von Pearsons r wird zum Ende folgende Berechnung durchgeführt:

$$r_{sp} = \frac{\sum_{i=1}^{n}(rn(x_i)-\overline{rn})(rn(y_i)-\overline{rn})}{\sqrt{\sum_{i=1}^{n}(rn(x_i)-\overline{rn})^2\sum_{i=1}^{n}(rn(y_i)-\overline{rn})^2}} \tag{5.8}$$

$$= \frac{565{,}5}{\sqrt{3268 \cdot 3063{,}5}} = 0{,}179$$

Es ergibt sich damit ein monotoner Zusammenhang von 0,179, also ein sehr geringer positiver Zusammenhang.

Die Berechnung des Spearmanschen Korrelationskoeffizienten r_{sp} mit Excel ist möglich. Allerding müssen dazu zunächst die Rangwerte der zu korrelierende Variablen bestimmt werden. Dafür bietet Excel mit der Funktion RANG.MITTELW eine geeignete Funktion an (Abb. 5.8) Mit den umgewandelten Variablen wird dann wie oben beschrieben der Korrelationskoeffizient berechnet.

Bei der Eingabe der Funktionsparameter der Funktion RANG.MITTELW ist zu beachten, dass für jede Fall, also jede Zelle in der Spalte, die die Ausgangszahl enthält, der Bezug als der Bereich, für den der Rangplatz bestimmt wird, gleich bleiben muss. Dies erreicht man, indem man dies bei der Eingabe durch das Drücken der Taste F4 mit den dabei erscheinenden Dollarzeichen angibt (Abb. 5.9).

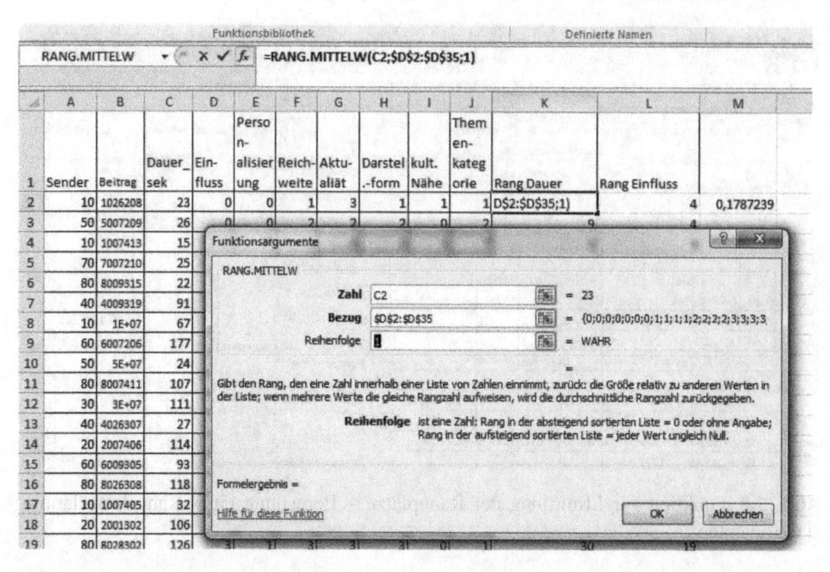

Abb. 5.9 Rechnen mit Hilfe der Funktion RANG.MITTELW bei Excel

RANG.MITTELW | =PEARSON(K2:K35;L2:L35)

	A	B	C	D	E	F	G	H	I	J	K	L	M
1	Sender	Beitrag	Dauer_sek	Einfluss	Personalisierung	Reichweite	Aktualiät	Darstel.-form	kult. Nähe	Themenkategorie	Rang Dauer	Rang Einfluss	
2	10	1026208	23	0	0	1	3	1	1	1	30	31	=PEARSON(K2:K35;L2:L35)
3	50	5007209	26	0	0	2	2	2	0	2	26	31	PEARSON(Matrix1; Matrix2)
4	10	1007413	15	0	0	3	3	2	3	7	34	31	
5	70	7007210	25	0	0	2	1	2	1	7	28	31	
6	80	8009315	22	0	0	0	1	3	0	7	31	31	

Abb. 5.10 Korrelation der Variablenrangfolgen zur Berechnung von Spearmans r

Die gewählte REIHENFOLGE (0 = absteigend oder 1 = aufsteigend) ändert nichts am Ergebnis, sie muss aber bei der Berechnung beider Hilfsspalten identisch festgelegt werden, also entweder beide Mal Null oder beide Male Eins.

Wenn man nun über die beiden erstellen Hilfsvariablen den Korrelationskoeffizienten berechnet (Abb. 5.10), ergibt sich Spearmans r identisch zu Tab. 5.10 mit 0,178…

Bei SPSS ist das Vorgehen indentisch zur Berechnung des Pearsonschen r_{Pear}. Lediglich bei der Wahl des Koeffizienten wird Spearman angeklickt.

Tab. 5.10 Berechnung einer Spearmanschen Rangkorrelation

Dauer	(rn(x$_i$)	Einfluss	(rn(y$_i$)	$(rn(x_i)-\overline{rn})$	$(rn(y_i)-\overline{rn})$	$(rn(x_i)-\overline{rn})^2$	$(rn(y_i)-\overline{rn})^2$	$(rn(x_i)-\overline{rn})(rn(y_i)-\overline{rn})$
15	1	0	4	−16,5	−13,5	272,25	182,25	222,75
21	2,5	3	19	−15	1,5	225	2,25	−22,5
21	2,5	4	28,5	−15	11	225	121	−165
22	4	0	4	−13,5	−13,5	182,25	182,25	182,25
23	5	0	4	−12,5	−13,5	156,25	182,25	168,75
24	6	1	9,5	−11,5	−8	132,25	64	92
25	7	0	4	−10,5	−13,5	110,25	182,25	141,75
26	9	0	4	−8,5	−13,5	72,25	182,25	114,75
26	9	4	28,5	−8,5	11	72,25	121	−93,5
26	9	4	28,5	−8,5	11	72,25	121	−93,5
27	11,5	2	13,5	−6	−4	36	16	24
27	11,5	4	28,5	−6	11	36	121	−66
30	13,5	4	28,5	−4	11	16	121	−44
30	13,5	4	28,5	−4	11	16	121	−44
32	15,5	3	19	−2	1,5	4	2,25	−3
32	15,5	3	19	−2	1,5	4	2,25	−3
42	17	4	28,5	−0,5	11	0,25	121	−5,5
67	18	0	4	0,5	−13,5	0,25	182,25	−6,75
91	19,5	0	4	2	−13,5	4	182,25	−27
91	19,5	4	28,5	2	11	4	121	22
93	21	2	13,5	3,5	−4	12,25	16	−14
103	22	4	28,5	4,5	11	20,25	121	49,5
106	23	3	19	5,5	1,5	30,25	2,25	8,25
107	24	1	9,5	6,5	−8	42,25	64	−52

Tab. 5.10 (Fortsetzung)

Dauer	$(rn(x_i)$	Einfluss	$(rn(y_i)$	$(rn(x_i)-\overline{rn})$	$(rn(y_i)-\overline{rn})$	$(rn(x_i)-\overline{rn})^2$	$(rn(y_i)-\overline{rn})^2$	$(rn(x_i)-\overline{rn})(rn(y_i)-\overline{rn})$
111	25	1	9,5	7,5	−8	56,25	64	−60
113	26	4	28,5	8,5	11	72,25	121	93,5
114	27	2	13,5	9,5	−4	90,25	16	−38
118	28	2	13,5	10,5	−4	110,25	16	−42
121	29	4	28,5	11,5	11	132,25	121	126,5
126	30	3	19	12,5	1,5	156,25	2,25	18,75
129	31	3	19	13,5	1,5	182,25	2,25	20,25
133	32	3	19	14,5	1,5	210,25	2,25	21,75
136	33	4	28,5	15,5	11	240,25	121	170,5
177	34	1	9,5	16,5	−8	272,25	64	−132
MW:	17,5		17,5		Summe	3268	3063,5	565,5
					Wurzel	57,1664237	55,3488934	r spearman =
							3164,09829	*0,1787239*

Tab. 5.11 SPSS Korrelationstabelle Beitragsdauer und Einfluss

Korrelationen

			Beitragsdauer in Sekunden	N_Einfl
Spearman-Rho	Beitragsdauer in Sekunden	Korrelationskoeffizient	1,000	,199
		Sig. (2-seitig)	.	,000
		N	746	612
	N_Einfl	Korrelationskoeffizient	,199	1,000
		Sig. (2-seitig)	,000	.
		N	612	614

Beispiel 5.7. Nachrichtenanalyse – Rangkorrelation zwischen Beitragsdauer und Einfluss (n = 612)

Zur Analyse dieses Zusammenhangs stehen nun zwei Möglichkeiten zur Verfügung: Ein Vergleich der Streuung des Merkmals „Beitragslänge" unter den verschiedenen Bedingungen von Einfluss (0 = kein Einfluss, 1 = geringer Einfluss, 2 = mittlerer Einfluss, 3 = großer Einfluss, 4 = sehr großer Einfluss) und die Berechnung eines Spearmanschen Korrelationskoeffizienten. Es sollen beide durchgeführt und miteinander verglichen werden (Tab. 5.11).

Mit einem positiven Spearman's Rho von 0,199 zeigt sich ein sehr schwacher positiver Zusammenhang: Bis zu einem gewissen, sehr geringem Maß führt ein einflussreicher Aussageträger in einer Nachricht zu einer längeren Beitragsdauer. Der Vergleich der Verteilung der Beitragslänge in den verschiedenen Ausprägungen des Faktors Einfluss zeigt im Prinzip ein ähnliches Bild. Für die Gruppen 0,1 und 3 bzw. 4 gilt: Je größer der Einfluss, desto größer ist auch der Gruppenmittelwert. In Gruppe 4 ist der Mittelwert leicht geringer als in Gruppe 3, allerdings ist dies die Gruppe mit der größten Streuung, so dass der geringe Unterschied von 2 s nicht allzu ernst zu nehmen ist und von gleich großen Mittelwerten ausgegangen wird (Tab. 5.12).

Erstaunlich ist der Befund, dass die Gruppe 2 diejenige ist, welche mit einem relativ stabilen Durchschnitt (im Vergleich ist der Variationskoeffizient nur 0,29) die längsten Beiträge hat. Diese durchbricht damit den monotonen Zusammenhang und könnte der Grund dafür sein, dass r_{sp} mit 0,199 relativ gering ausfällt. In so einem Fall sollte man sich unbedingt noch einmal die Kategoriendefinitionen anschauen, um den Widerspruch zur Hypothese begründen zu können.

5.2.4 Das Prinzip einer Regressionsanalyse

Die gemeinsame Verteilung bzw. die Kovarianz ist eine wichtige Grundlage für verschiedene Arten der Zusammenhangsanalyse. Für multivariate Analysen (mehr

Tab. 5.12 Beispiel Nachrichtenanalyse, $n = 612$, Verteilung der Beitragsdauer in den verschiedenen Einflussgruppen

N_Einfl	Mittelwert	N	Standardabweichung	Minimum	Maximum	Variationskoeffizient
0	43,12	98	29,153	15	132	0,68
1	73,91	139	45,845	11	181	0,62
2	107,50	50	30,923	27	179	0,29
3	82,19	115	45,373	9	184	0,55
4	79,96	210	51,342	9	223	0,64
Insgesamt	75,36	612	47,328	9	223	0,63

als eine erklärende Variable) kann diese auch auf mehrere Merkmale ausgedehnt werden kann. Bei grafischen Darstellungen bzw. die grafische Vorstellung des Zusammenhangs gerät man dabei aber schnell an seine Grenzen: Eine Punktewolke in einem dreidimensionalen Raum ist dabei noch vorstellbar, ab der vierten Dimension wird das Ganze schon sehr abstrakt.

Ein auf der Kovarianz fußendes Verfahren, das recht häufig angewendet wird, ist eine sogenannte *Regressionsanalyse*. Im Folgenden werden wir uns mit diesem Verfahren befassen. Dabei werden wir uns auf die zweidimensionale Variante beschränken. Die multivariate Variante erfolgt nach demselben Grundprinzip. Um die verschiedenen, in empirischen Studien angewendeten, multiplen Auswertungsverfahren wenigstens vom Ansatz her verstehen zu können, ist das Verständnis einer Regressionsanalyse wichtig.

5.2.4.1 Grundidee der Regressionsanalyse

Die Regressionsanalyse fragt nach *Kausalitätsbeziehungen,* also danach, inwieweit das eine der analysierten Merkmale von dem anderen (oder den anderen im Fall einer multivariaten Analyse) bewirkt bzw. beeinflusst wird. Dabei geht ein Regressionsmodell von *Kausalität* aus und versucht zu beschreiben, wie sich ein Merkmal (*Regressor*) auf ein anderes Merkmal (*Regressand*) auswirkt.

► *Kausalität* wird dabei folgendermaßen verstanden: Ein auslösendes Merkmal (Ursache, unabhängige Variable UV) hat zu einem Zeitpunkt t_1 einen bestimmten Zustand x_i. Dieser Zustand x_i löst deshalb als Folge den Zustand y_i der abhängigen Variable AV (Wirkung) zum Zeitpunkt t_2 aus.

Beispiel 5.5: Nachrichtenanalyse – Regression des Nachrichtenwert auf die Beitragslänge einer Nachricht (n = 34)

Während seiner Arbeit in der Redaktion bekommt der Redakteur laufend eingehende Meldungen. Aufgrund des Nachrichtenwerts der Meldungen wendet er für deren Bearbeitung unterschiedlich viel Zeit auf bzw. berichtet umso ausführlicher darüber, je wichtiger er sie einstuft.

Dabei kann eine Regressionsanalyse nicht klären, ob x_i tatsächlich y_i bedingt. Der festgestellte Zusammenhang kann auch von einem umgedrehten Verhältnis herrühren bzw. auf eine unbekannte dritte Variable zurückzuführen sein. Dies kann nur mit Hilfe eines entsprechenden Forschungsdesigns abgeklärt bzw. durch logische Überlegungen validiert werden. Eine Regression *geht* vielmehr von einer Ursache-Wirkungs-Beziehung *aus* und gibt dann an, **wie** bzw. **wie stark** x das y bedingt.

Dabei geht man von einigen Annahmen aus:

▶ 1) y ist eine Funktion von x.

Wir erinnern uns – eine Funktion ist eine mathematische Zuordnungsregel, sie wird i. d. R. mit f abgekürzt → $y = f(x)$. f(x) gibt bei der Regressionsanalyse an, welcher y-Wert durch welches x herbeigeführt wird.

▶ 2) y ist eine lineare Funktion von x, d. h. $y = \beta x + \alpha$ (5.9)

Der Zusammenhang wird also durch eine Geradengleichung ausgedrückt, wobei β die Steigung und α der y-Achsenabschnitt ist (Abb. 5.11): Wenn wir uns an die

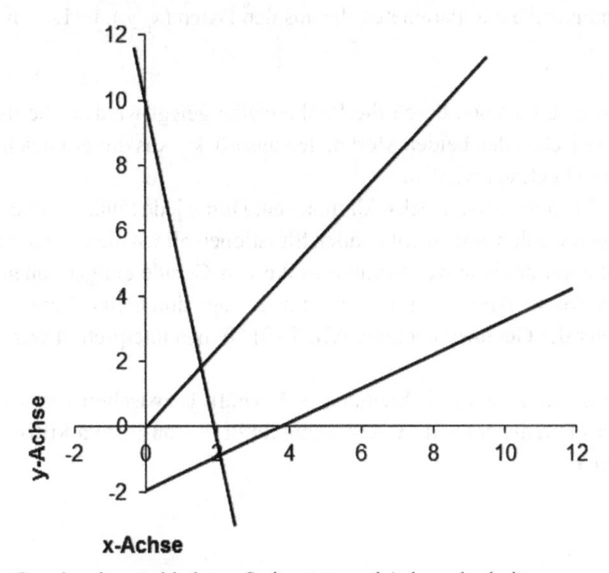

Abb. 5.11 Gerade mit verschiedenen Steigungen und Achsenabschnitten

Kovarianz erinnern bzw. an den Korrelationskoeffizienten, dann wurde dort bemerkt, dass sich ein idealer Zusammenhang an der Form der Punktewolke ablesen ließe – alle Punkte liegen dann auf einer Gerade. Dies ist die Gerade, die durch die Gl. 5.9 $y=\beta x+\alpha$ ausgedrückt wird.

Dabei muss man davon ausgehen, dass, zumindest in der Sozialforschung, schwerlich eine allgemeine Funktion $y=\beta x+\alpha$ gefunden werden kann, bei der y tatsächlich vollständig durch x erklärt werden kann. Nimmt man etwa den Kausalzusammenhang zwischen dem vom Redakteur wahrgenommenen Nachrichtenwert und der Beitragslänge eines Ereignisses, dann ist eigentlich klar zu erwarten, dass bei jedem Beitrag ein etwas anderes Verhältnis zwischen den beiden Merkmalen vorliegt. Aus diesem Grund erweitert man die Funktion um einen unbekannten Fehler der Größe ε. In diesem Fehler drücken sich zum einen Messfehler und zum anderen Unterschiede zwischen den einzelnen Beiträgen aus.

Damit ergibt sich die, in der deskriptiven Statistik zur Beschreibung des Kausalzusammenhangs in einer bestimmten Stichprobe verwendete, Geradengleichung $y_i=\beta x_i+\alpha+\varepsilon_i$. Das Verhältnis wird als lineare empirische Beziehung angesehen.

Standardmodell der linearen Einfachregression

Es gilt $y_i=\beta x_i+\alpha+\varepsilon_i, \quad i=1,\ldots,n$ (5.10)

$y_1,\ldots,y_n$ beobachtbare (quasi-)metrische Variable

$x_1,\ldots,x_n$ Realisierungen einer (quasi-)metrischen Variable

$\varepsilon_i,\ldots,\varepsilon_n$ unbeobachtete zufällige Fehler, die im Mittel Null ergeben mit $\overline{\varepsilon_i}=0$

α und β sind unbekannte Parameter, die aus den Daten (x_i, y_i), $i=1,\ldots,n$ zu schätzen sind.

Es soll also eine Geraden durch die Punktewolke gelegt werden, die das lineare Verhältnis zwischen den beiden Merkmalen ausdrückt. Aus dieser Gleichung kann dann einiges abgelesen werden.

Dabei sollte man sich zunächst klarmachen: Durch jede Punktewolke kann eine Linie gezogen werden, aber nicht in allen Situationen bilden die Geraden die Punkte der Wolke gut ab. Nur wenn Punktewolke und Gerade einigermaßen übereinstimmen, ergibt die Abbildung des Zusammenhangs durch eine Gerade Sinn und die Parameter der Geradengleichung (Gl. 5.10) können interpretiert werden:

- Größe des Parameters β als Steigung → **Verhältnis zwischen x und Y**
- Größe des Parameters α als Y-Achsenabschnitt → konstante **additive Komponente zu Y**

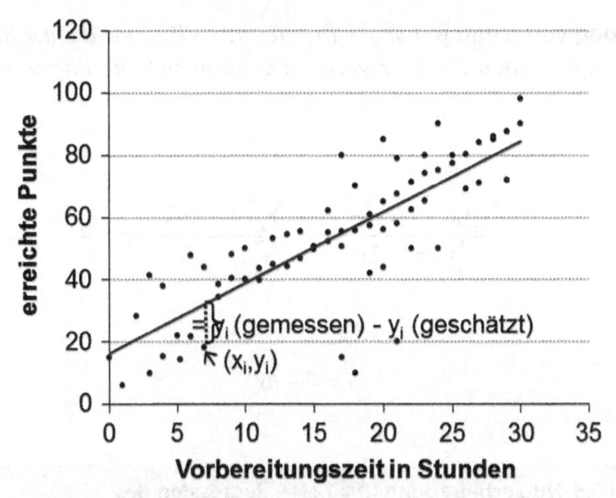

Abb. 5.12 Punktewolke und Regressionsgerade

5.2.4.2 Die Identifikation der Geradengleichung

Wie unter 5.2.5.1.festgestellt, sind die Parameter α und β, die den Y-Achsenabschnitt und die Steigung der Regressionsgeraden (Gl. 5.10) beschreiben, unbekannt und müssen erst gefunden werden. Dabei geht man davon aus, dass die Gerade so durch die Punktewolke verlaufen soll, dass die Entfernungen insgesamt möglichst klein sind. Dies ist unter anderem dann der Fall, wenn die Gerade durch den Schwerpunkt der Wolke verläuft, also der gemeinsame Mittelwert auf der Geraden liegt. Es kann dabei nicht von einer eindeutigen Abbildung durch die Gerade ausgegangen werden. Deshalb muss diejenige Gerade gefunden werden, von der die einzelnen Datenpunkte des Streudiagramms insgesamt am wenigsten abweichen.

Dazu denkt man sich eine Geradengleichung (Gl. 5.10) $\hat{y}_i = \alpha + \beta x_i + \varepsilon_i$ als Schätzung von y_i.

Für jedes y_i ergibt sich dann eine Abweichung zum y_i-Wert gemäß Schätzung: $y_i - \hat{y}_i$ (Abb. 5.12)

Für alle beobachteten y_i kann man diese Differenz zu einer geschätzten Gerade berechnen und daraus die durchschnittliche quadratische Abweichung bilden: $\frac{1}{n}\sum_{i=1}^{n}(y_i - \hat{y}_i)^2$. Die Gleichung soll so aufgestellt werden, dass die Summe der quadrierten Abweichungen minimal ist. Diese Überlegung führt zusammen mit der Annahme, dass die Gerade durch den gemeinsamen Mittelpunkt geht, nach einigen Formelumstellungen (vgl. Anhang) zu zwei Gleichungen, mit denen die Steigung β und der Achsenabschnitt α berechnet werden können.

► **Schätzung von α und β** *Für $y_i = \beta x_i + \alpha + \varepsilon_i$, $i = 1, \ldots, n$ und unter den Modellannahmen der linearen Einfachregression ergeben sich die Parameter α und β durch*

$$\beta = \frac{\sum (x_i - \overline{x})(y_i - \overline{y})}{\sum (x_i - \overline{x})^2} = \frac{\sum x_i y_i - n\overline{xy}}{\sum x_i^2 - n\overline{x}^2} = r_{XY} \frac{s_Y}{s_X} \tag{5.11}$$

und

$$\alpha = \overline{y} - \beta\overline{x} \tag{5.12}$$

Beispiel 5.8 Nutzerbefragung ($n = 121$) – Regression des Wunsches nach Mitreden können auf das Informationsbedürfnis

Analog zur Frage nach den Motiven des zeitversetzten Fernsehens wurde auch nach den Motiven für Fernsehen allgemein gefragt (vgl. Anhang Fragebogen, Frage 24). Es wird vermutet, dass das Motiv, sich zu informieren durch den Wunsch, mitreden zu können, gespeist wird. SPSS liefert über die Funktion ANALYSIEREN → REGRESSION → LINEARE REGRESSION folgendes Ergebnis (Tab. 5.13).

Aus dieser Tabelle lässt sich folgende Geradengleichung ablesen:

$y_i = (-0{,}139)x + 3{,}36$.

Ist jetzt das Informationsbedürfnis unbekannt, aber das Bedürfnis, mitreden zu können, wurde gemessen, so könnte jetzt das Informationsbedürfnis aus der Gerade abgeleitet werden: Hat eine Person ein geringes Bedürfnis nach „Mitreden können" ($x = 1$), dann lässt sich daraus errechnen: Bedürfnis nach Information $= -0{,}139^{*}1 + 3{,}36 = 3{,}22$

Tab. 5.13 Ergebnis einer linearen Regression – SPSS-Ausgabe Koeffizienten

Koeffizienten[a]

Modell		Nicht standardisierte Koeffizienten		Standardisierte Koeffizienten	T	Sig.
		Regressions-koeffizient B	Standardfehler	Beta		
1	(Konstante)	3,361	0,118		28,586	0,000
	F24_tvmitreden	−0,139	0,085	−0,150	−1,635	0,105

[a] Abhängige Variable: F24_tvinformier

Bereits beim Betrachten der Zahlen kommt einem der Verdacht, dass der Einfluss von x auf y wohl doch recht klein ist – die Steigung ist mit 0,139 recht flach. Betrachtet man jetzt einmal alle möglichen Ausprägungen von x (0,1,2,3,4), dann würden diesen Werten gemäß der Geradengleichung die in Tab. 5.14 aufgelisteten y-Werte entsprechen.

Mit diesen Daten wird der Wertebereich von x eigentlich ausgeschöpft. Man kann nun schlussfolgern, dass der Einfluss des Bedürfnisses nach „Mitreden können" nur etwa einen halben Punkt Unterschied im Ausmaß des Bedürfnisses nach Information bewirken kann.

Wie aus dem Beispiel 5.7 deutlich werden sollte, bedeutet eine aufgestellte Regressionsgleichung nicht automatisch, dass diese den Zusammenhang auch gut ausdrückt. Möglicherweise ist das aufgestellte theoretische Modell nicht besonders gut und deshalb nicht geeignet, die empirisch vorgefunden Situation abzubilden. Aus diesem Grund muss nach Berechnung einer Regressionsgeraden genau dies untersucht werden – wie gut bildet das theoretisch aufgestellte Regressionsmodell bzw. die gefundene Gleichung die Daten tatsächlich ab?

5.2.4.3 Die Güte der Modellanpassung

Auf welche Weise lässt sich nun beurteilen, ob $Y_i = \beta x_i + \alpha$ eine vernünftige Vorhersage liefert? Gesucht ist eine Zahl, mit der objektiv quantifiziert werden kann, inwieweit sich Gerade und Punkte decken bzw. wie weit diese voneinander entfernt sind.

Dieses Problem soll durch eine Analyse der Streuung gelöst werden. Untersucht wird, welcher Teil der Streuung der y_i sich durch die Regressionsgleichung (also durch die *geschätzten y_i-Werte*) erklären lässt bzw. wie viel nicht erklärte Streuung noch übrigbleibt.

Dazu wird die Differenz eines Werte y_i von seinem Mittelwert $\overline{y}$ betrachtet und mit dem, mit Hilfe der Regressionsgleichung errechneten, Wert $y_i - \hat{y}_i$ verglichen. Wie viel der Differenz kann durch die Regressionsgleichung (und damit indirekt durch das jeweilige x_i) erklärt werden?

► Je höher der Anteil der Streuung des Regressanden ist, der durch die Streuung des Regressors erklärt werden kann, umso mehr werden die Schwankungen des Regressanden y um den Mittelwert durch die Schwankungen des Regressors x ausgelöst. Dies deutet auf eine gute Modellabbildung hin (Abb. 5.13).

Die *Differenz des beobachteten Wertes mit seinem Mittelwert wird also mit der Differenz zwischen dem beobachteten Wert und dem lt. Regressionsgleichung er-*

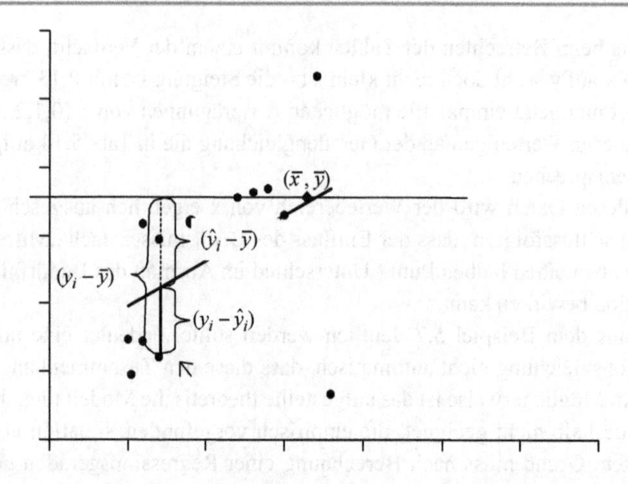

Abb. 5.13 Zerlegung der Mittelwertdifferenzen $(y_i - \bar{y}) = (\hat{y}_i - \bar{y}) + (y_i - \hat{y}_i)$

warteten Wert und der *Differenz zwischen dem Merkmalsmittelwert und dem lt. Regressionsgleichung* erwarteten Wert verglichen. Auf diese Weise kann untersucht werden, welcher Anteil der Streuung des Regressanden durch die Streuung des Regressors zustande kommt. Wie in der Abbildung zu sehen ist, lässt sich für jedes einzelne y_i schreiben:

$$y_i - \bar{y} = (\hat{y}_i - \bar{y}) + (y_i - \hat{y}_i)$$

Aus diesem Zusammenhang ergibt sich die sog. Streuungszerlegung: Die Gesamtstreuung des Merkmals Y als Summe der quadrierten Abweichungen

$$\sum (y_i - \bar{y})^2 = SQT \tag{5.13}$$

lässt sich auch als Addition der Summe der quadrierten Abweichungen **zwischen den geschätzten Werten und dem Mittelwert**

$$\sum (\hat{y}_i - \bar{y})^2 = SQE \tag{5.14}$$

und der Summe der quadrierten Abweichungen **zwischen den gemessenen Werten und den geschätzten Werten**

$$\sum (y_i - \hat{y}_i)^2 = SQR \tag{5.15}$$

Tab. 5.14 Verschiedene Werte von y in Abhängigkeit von x gemäß der Regressionsgeraden (Bsp 5.7, Nutzerbefragung)

X	Y = 0,139x + 3,36
0	3,36
1	3,221
2	3,082
3	2,943
4	2,804

ausdrücken. Dies ist als sogenannte Streuungszerlegung bekannt:

▶ **Streuungszerlegung**

$$\sum(y_i-\overline{y})^2=\sum(\hat{y}_i-\overline{y})^2+\sum(y_i-\hat{y}_i)^2 \qquad (5.16)$$
$$\Leftrightarrow SQT=SQE+SQR$$

Die Güte des Modells wird dann nach dem Verhältnis zwischen erklärter Streuung und Gesamtstreuung beurteilt und als Bestimmtheitsmaß R^2 bezeichnet:

▶ **Bestimmtheitsmaß R^2** Die Güte der Anpassung der Daten durch die geschätzte Gerade wird beurteilt durch das sog. Bestimmtheitsmaß R^2:

$$R^2=\frac{SQE}{SQT}=\frac{\sum(\hat{y}_i-\overline{y})^2}{\sum(y_i-\overline{y})^2}=r_{xy}{}^2 \qquad (5.17)$$

Die Nähe zwischen Korrelationskoeffizient r_{Pear} und dem Regressionsmodell zeigt sich auch beim Bestimmtheitsmaß. Es ergibt sich auch als quadrierter r_{Pear}.

Beispiel 5.8 Nutzerbefragung (n = 121) – Regression des Wunsches nach Mitreden können auf das Informationsbedürfnis (Fortsetzung)

Neben den Parametern der Regressionsgeraden weist SPSS auch Angaben zum Modell aus Tab. 5.15:

Der Anteil der durch das Bedürfnis nach Mitreden können erklärten Streuung des Informationsbedürfnisses ist mit 0,023 sehr gering, er macht gerade mal 2,3 % aus. Das Ergebnis überrascht nicht nach den oben angestellten Überlegungen (vgl. Tab. 5.14)

Bei einer Regression mit mehreren Regressoren sollte nicht R^2, sondern *R^2 korrigiert verwendet werden.*

Tab. 5.15 Ergebnis einer linearen Regression – SPSS-Ausgabe Modellzusammenfassung

Modellzusammenfassung				
Modell	R	R-Quadrat	Korrigiertes R-Quadrat	Standardfehler des Schätzers
1	0,150[a]	0,023	0,014	1,022

[a] Einflußvariablen: (Konstante), F24_tvmitreden

Die verschiedenen Parameter eines Regressionsmodells β (Gl. 5.11), α (Gl. 5.12) und R^2 (5.17) lassen sich mit Hilfe von Excel auf ähnliche Weise ermitteln wie der Korrelationskoeffizient: Nachdem die richtige Excel-Funktion gefunden wurde, müssen zur Berechnung die jeweiligen Spalten im Datensatz markiert werden. Als Y_WERTE (Regressant) wird die abhängige Variable (AV) eingesetzt, also das Merkmal, das durch das andere erklärt oder vorhergesagt werden soll.

Bei X_Werte (Regressor) wird die Merkmalsspalte markiert, welche als erklärende Variable, als unabhängige Variable (UV) angenommen wird.

Die Formeln zur Berechnung finden sich wieder unter FORMELN → MEHR FUNKTIONEN → STATISTISCH und folgenden Bezeichnungen:

y-Achsenabschnitt α: ACHSENABSCHNITT
Steigung der Gerade β: STEIGUNG
Bestimmtheitsmaß R^2: BESTIMMTHEITSMASS

5.2.4.4 Residualanalyse

Wie in 5.2.5.1 erläutert und bei der Berechnung der Gleichungsparameter α und β berücksichtigt, geht das allgemeine Modell von einem unbekannten Fehler ε aus, der durch das Modell nicht erklärt wird. Wie nahe die durch die Regressionsgerade geschätzten $\hat{y}_i$ den tatsächlichen y_i sind, hängt von der Stärke des Zusammenhangs zwischen den beiden Variablen ab und davon, wie gut sich dieser Zusammenhang durch die lineare Regression beschreiben lässt. Das Bestimmtheitsmaß R^2 gibt darüber Auskunft.

Der aus unbekannten bzw. nicht gemessenen weiteren Einflüssen und Messfehlern entstandene Fehler ε_i ergibt sich für jedes y_i als Differenz zwischen dem gemessenen und dem lt. Regressionsgerade errechneten Wert →

$$\varepsilon_i = y_i - \hat{y}_i \tag{5.18}$$

Diese Differenzen zwischen den einzelnen $\hat{y}_i$ und y_i nennt man auch **Residuen.**

Die Streuung dieses Fehlers entspricht auch der Streuung des Modells, es ist der andere Teil der Streuungszerlegung $\sum_{i=1}^{n}(y_i - \hat{y}_i)^2 = SQR$ (vgl. Gl. 5.15; Gl. 5.17)

Wie bei 5.2.5.1 erläutert, basiert das lineare Regressionsmodell auf einigen Modellannahmen, die zutreffen müssen, damit die oben vorgestellte Ermittlung der Geradengleichung zulässig ist.

Die sogenannte Residualanalyse bietet Möglichkeiten, abzuschätzen, ob die Modellannahmen zutreffen. Dabei werden die Residuen $\varepsilon_i = y_i - \hat{y}_i$ (Gl. 3.18) und die x_i als Punkte in einem Koordinatensystem als Streudiagramm der gemeinsamen Verteilung von x_i und ε_i dargestellt. Die Forderung, dass die ε_i unsystematisch, also unabhängig von x_i sind, muss sich dann auch in der entsprechenden Punktewolke zeigen. Die Anordnung der Punkte sollte optisch nicht auf einen Zusammenhang hindeuten. Die Werte sollten sich unsystematisch und nahe bei Null um die x-Achse verteilen.

Eine Analyse des Residualplots von Beispiel 5.8 (Kausalzusammenhang zwischen *Mitreden können* und *Informationsbedürfnis*, Abb. 5.14) zeigt, dass bereits die Modellannahmen der Regression verletzt sind. Sieht man sich die Verteilung des Merkmals genauer an (Tab. 5.16), dann zeigt sich eine vergleichbar schiefe Verteilung wie bei dem Item „Ich sehe zeitversetzt fern, um Mitreden zu können": Nur wenige Personen geben dies als etwas an, das für sie zutrifft (Abb. 5.14).

Ein Residualplot wie in Abb. 5.16 weist auf einen **nicht linearen** Zusammenhang hin, eine Gerade beschreibt den Zusammenhang nicht adäquat.

Bei Abb. 5.17 ist festzustellen, dass sich die **Variabilität der ε_i systematisch** mit den x-Werten **verändert** → die Annahme, dass die Varianz der ε_i konstant ist, ist verletzt.

Diese kurze Einführung in die Regressionsanalyse soll Sie dazu befähigen, dieses Verfahren zu verstehen, wenn es in empirischen Studien angewendet wird. Die selbstständige Berechnung ist im Grundkurs nicht vorgesehen.

Übungsaufgaben Kapitel 5

1. Nachrichtenanalyse (n=34), siehe Tab. 2.1: Analysieren Sie die Daten im Hinblick auf einen Zusammenhang zwischen dem Nachrichtenfaktor *Personalisierung* und der *Dauer der Nachrichten*. Welcher Anteil der Streuung in den Daten der Dauer wird durch den Faktor Personalisierung erklärt?
2. Zusammenhangsanalyse

   Untenstehend sehen Sie zwei Arbeitshypothesen und die Angaben dazu, wie die in ihnen enthaltenen Variablen gemessen bzw. operationalisiert wurden. Geben Sie für jede Arbeitshypothese an, mit welchem Verfahren Sie nach entsprechenden Zusammenhängen in der Stichprobe suchen. Stellen Sie dazu zunächst das Skalenniveau der Messungen fest.

   Hypothese H1: Je negativer eine starke Einstellung gegenüber dem aktuellen politischen System in der BRD ist, desto höher ist die Wahrscheinlichkeit, dass diese Menschen Medien nutzen, in denen radikale politische Thesen vertreten werden.

   Hypothese H2: Die Nutzung von Medien mit radikalen politischen Thesen findet in der Mehrzahl über das Internet statt.

Tab. 5.16 Verteilung des Merkmals Zustimmung zum Item „Ich sehe fern, um mitreden zu können"

F24_tvmitreden		
N	Gültig	118
	Fehlend	5
Mittelwert		0,83
Modus		0
Standardabweichung		1,112
Varianz		1,236
Minimum		0
Maximum		4
Perzentile	25	0,00
	50	0,00
	75	1,00

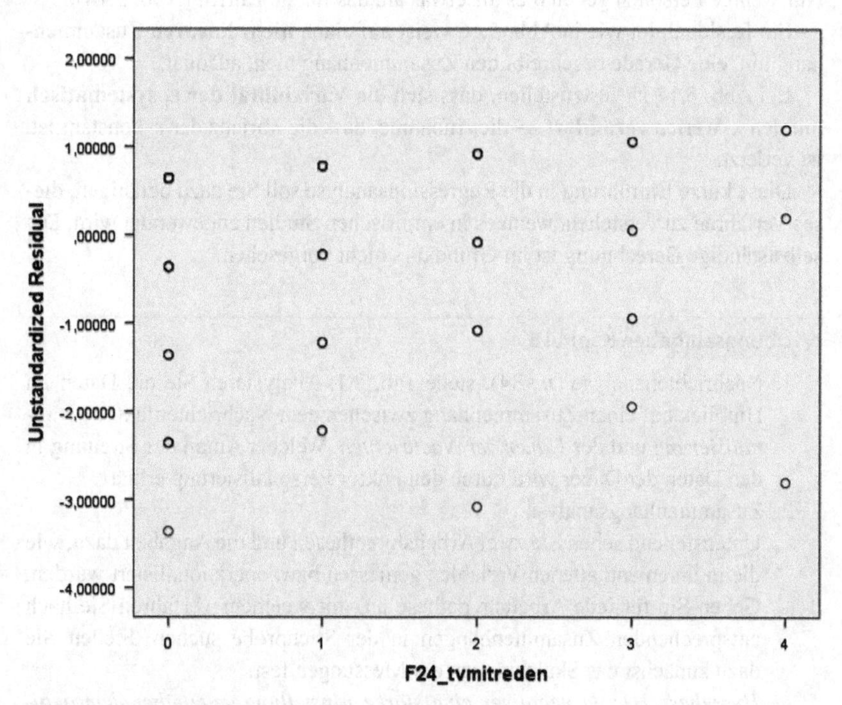

Abb. 5.14 Residualplot der Regression des Bedürfnis nach Mitreden auf das Informationsbedürfnis, Bsp. 5.8)

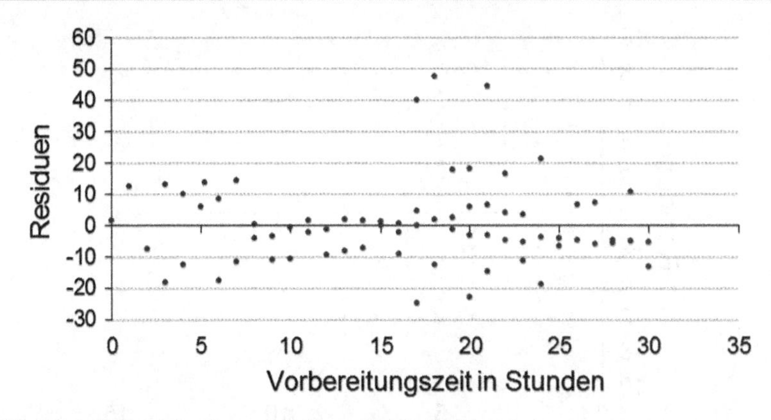

Abb. 5.15 Beispiel für einen unproblematischen Residualplot

Messungen:

Stark negative Einstellung gegenüber dem politischen System der BRD:

Die Antworten auf die folgenden Fragen B, C und D werden addiert und mit A zu einem multiplikativen Index verknüpft.

A: Haben Sie sich *schon oft (1)*, nur *manchmal (0,5)* oder *noch nie (0)* Gedanken darüber gemacht, wie die BRD als Staat organisiert und aufgebaut ist und ob die Verfassung als solche gut ist?

B: Denken Sie, dass das politische System der BRD *sehr gut(1), mittel (0)* oder *nicht gut (−1)* in der Lage ist, seinen Bürgern Freiheit zu ermöglichen?

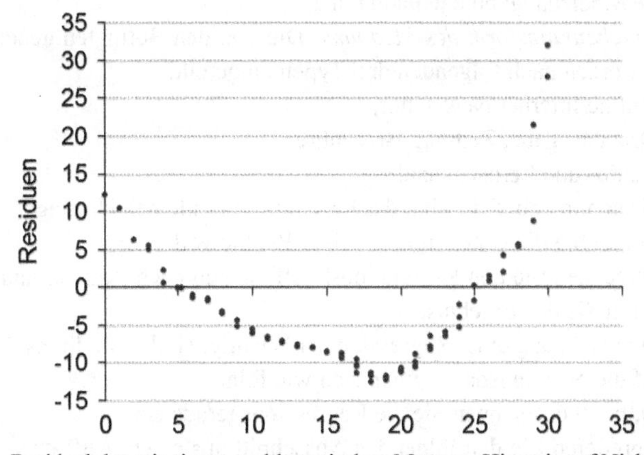

Abb. 5.16 Residualplot mit einem problematischen Muster – Hinweis auf Nichtlinearität

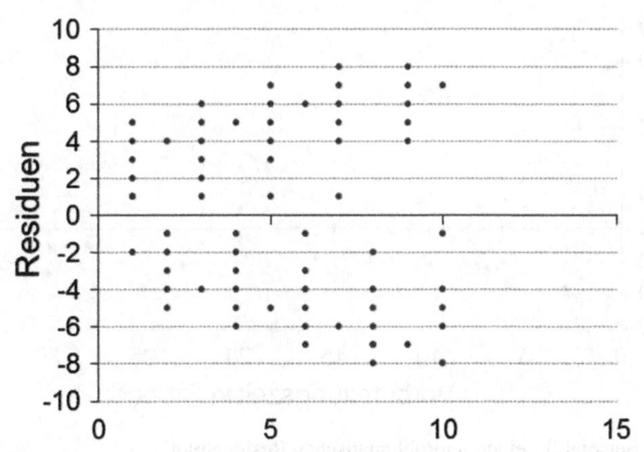

Abb. 5.17 Beispiel für einen problematischen Residualplot – Fehler steigt mit wachsendem x-Wert

C: Denken Sie, dass das politische System der BRD *sehr gut(1), mittel (0)* oder *nicht gut (−1)* in der Lage ist, die Gleichberechtigung aller zu ermöglichen?

D: Denken Sie, dass das politische System der BRD *sehr gut(1), mittel (0)* oder *nicht gut (−1)* in der Lage ist, seinen Bürgern Sicherheit zu geben?

Medien mit radikalen politischen Thesen: Die Mediennutzung wurde offen abgefragt und die Antworten mit einer Liste als radikal eingestufter Medien/Websites/Vereinigungen/Sender verglichen. Es wird die Anzahl von Übereinstimmungen gezählt, also festgestellt, wie viele als radikal eingestufte Medienangebote jemand nutzt.

Erscheinungsform des Mediums: Die von den Befragten genutzten Medien werden nach folgenden drei Typen eingeteilt:

1. Online/Internet/Newsletter;
2. Druckausgabe, Zeitung, Broschüre
3. Radio- und Fernsehkanal

3. Die Daten in Tab. 5.17 sind das Ergebnis einer kleinen Umfrage.
   a) Stellen Sie die Daten in Form einer Punktewolke dar.
   b) Berechnen Sie den Korrelationskoeffizienten nach Pearson und interpretieren Sie das Ergebnis.
   c) Die Schätzung einer Regression der Wichtigkeit des Mediums Fernsehens auf die Nutzungsdauer ergab sich wie folgt:

   $Y = 0{,}9x + 0{,}6$ Zeichnen Sie die Regressionsgerade ein.
4. Interpretieren Sie den folgenden Ausschnitt aus einem Aufsatz von Zubayr und Gerhard (2009) (Tab. 5.18) Leiten Sie wenigstens drei Aussagen über Zusammenhänge daraus ab.

Tab. 5.17 Daten Übungsaufgaben Kap. 5, Aufgabe 3

Person	Fernsehnutzung: h/Tag	Anzahl Medien, denen das Fernsehen vorgezogen wird[a]
1	6	4
2	5	4
3	5	5
4	4	3
5	3	4
6	2	0
7	2	3
8	1	2
9	0	0

[a] Die Personen wurden jeweils gefragt, welches von zwei Medien für sie jeweils wichtiger ist. Zur Auswahl standen insgesamt: Zeitungen, Zeitschriften, Radio, Internet, Romane/Bücher, Fernsehen

Tab. 5.18 Ausschnitt aus Zubayr und Gerhard 2009, S. 107

⑪ **Zusammensetzung des täglichen Fernsehkonsums[1] nach Programmsparten**

Sehdauer in Min., Zuschauer ab 3 Jahren

Programmsparte	Deutschland gesamt			Deutschland West			Deutschland Ost		
	2007	2008	Differenz	2007	2008	Differenz	2007	2008	Differenz
Information	62	61	-1	59	58	-1	71	70	-1
Unterhaltung	26	25	-1	25	24	-1	32	30	-2
Fiction	57	55	-2	54	52	-2	66	65	-1
Sport	7	11	+4	8	11	+3	8	11	+3
Werbung	13	13	0	12	12	0	17	15	-2
Sonstiges	6	5	-1	5	4	-1	6	6	0

1) Zusammengefasste Werte für das Erste, das ZDF, die Dritten Programme, RTL, Sat.1, ProSieben, RTL II, VOX, kabel eins und 3sat.

5. In einem kleinen Unternehmen wurden alle Mitarbeiter (n gesamt = 16) befragt. In den drei Bereichen wurde die Zeit (h) festgehalten, die an einem typischen Stichtag täglich für die E-Mail-Kommunikation im Rahmen der Arbeit aufgewendet wurde (Tab. 5.19).
   a) Zeichnen Sie ein Histogramm über die E-Mail-Dauer alle Mitarbeiter insgesamt mit folgenden Klassenbreiten: [0–1); [1–2); [2–5].
   b) Berechnen Sie das 25 %-Quantil der Dauer der E-Mail-Kommunikation der Personen im Produktionsbereich und interpretieren Sie den Wert.
   c) Welche Zusammenhänge/Unterschiede zwischen den Unternehmensbereichen lassen sich im Hinblick auf die Dauer der E-Mail-Kommunikation feststellen? Ermitteln Sie dies anhand der geeigneten Statistik(en).

Tab. 5.19 Daten Übungsaufgaben Kap. 5, Aufgabe 5

Produktionsbereich	0,7	Personal und Verwaltung	2
Produktionsbereich	2,4	Personal und Verwaltung	2,4
Produktionsbereich	1,3	Personal und Verwaltung	0,5
Produktionsbereich	0,4	Personal und Verwaltung	3,1
Produktionsbereich	0,7		
Produktionsbereich	1,7		
Produktionsbereich	0,8	Vertrieb und Marketing/Service	3
Produktionsbereich	0,5	Vertrieb und Marketing/Service	5
Produktionsbereich	0,5		
Produktionsbereich	1		

d) Berechnen Sie die Standardabweichung der E-Mail-Kommunikation des Bereichs Personal und Verwaltung. Was bedeutet das Ergebnis?

Lernzielkontrolle Kap. 5

- In welcher Situation wird ein Mittelwertvergleich angewendet?
- Warum sollte man bei einem Mittelwertvergleich auch immer die Streuungen vergleichen?
- In welchem Verhältnis stehen der Korrelationskoeffizient nach Spearman und die Kovarianz?
- Ab wann deutet ein Korrelationskoeffizient auf einen wenigstens mittleren Zusammenhang hin?
- Welcher Zusammenhang liegt vor, wenn die Streuung des metrischen Merkmals zu 100 % von den Ausprägungen eines kategorialen Merkmals erklärt werden kann?
- In welchen Fällen ist der Spearmansche Korrelationskoeffizient anwendbar?
- Was haben Korrelationsanalyse und Regressionsanalyse gemeinsam und was unterscheidet sie voneinander?
- Kann eine Regressionsanalyse eine Auskunft darüber geben, welche Variable die Ursache und welche Variable die Wirkung ist?

Literatur

Zubayr, Camille, und Heinz Gerhard. 2009. Tendenzen im Zuschauerverhalten. Fernsehgewohnheiten und Fernsehreichweiten im Jahr 2008. *Media Perspektiven* 3 (2009): 98–112.

6 Grundlagen der induktiven Statistik: Zufall, Zufallsverteilung, Kennwerte zufälliger Stichproben

Zusammenfassung

Im sechsten Kapitel werden verschiedenen Grundbegriffe der Wahrscheinlichkeitstheorie eingeführt, die für die in Kapitel sieben und acht dargestellten Testverfahren wichtig sind. Dies ist zunächst der Begriff des Zufalls und des Zufallsvorgangs und seiner Ergebnisse. Dann werden diskrete und stetige Zufallsvariablen und ihre Wahrscheinlichkeitsverteilungen eingeführt. Dies zielt darauf ab, den Zusammenhang zwischen den Merkmalsausprägungen von Objekten zufälliger Stichproben und Zufallsvariablen herzustellen. Der dritte Teil widmet sich der Normalverteilung: Welche Art von Zufallsvorgang beschreibt sie, warum ist sie für die Sozialforschung so wichtig und wie können wir die Wahrscheinlichkeit eines bestimmten Wertes einer normalverteilten Zufallsvariable berechnen.

Bevor wir uns in den nächsten Abschnitten konkret mit verschiedenen Verfahren dieses Zweigs der Statistik befassen, soll vorab geklärt werden, warum induktive Statistik wichtig ist bzw. was ihr Ziel ist.

Grundlage der induktiven Statistik ist die Wahrscheinlichkeitstheorie. Aus diesem Bereich werden zur Einführung der *statistische Zufall* sowie *Zufallsverteilungen* allgemein bzw. im speziellen die *Normalverteilung* vorgestellt.

I. A. Uhlemann, *Einführung in die Statistik für Kommunikationswissenschaftler*,
DOI 10.1007/978-3-658-05769-5_6

6.1 Ziel und Vorgehensweise der induktiven Statistik – Einführung

Häufig liest man in empirischen Studien Ausdrucke ähnlich den Folgenden: „Das Ergebnis ist signifikant." oder „Mit einer Irrtumswahrscheinlichkeit von unter 1 % kann das Ergebnis auf die Grundgesamtheit übertragen werden".

Solche Aussagen sind das Ziel der induktiven Statistik. Wissenschaftler wollen i. d. R., sofern sie empirisch-quantitativ forschen, im Sinne des kritischen Rationalismus Aussagen über die Wirklichkeit auf Falsifikation prüfen. Dies geschieht anhand der konkreten Messergebnisse einer Studie. Ist eine zur Auswertung vorliegende Untersuchung eine sogenannte Vollerhebung, d. h. alle Elemente der Grundgesamtheit wurden auch untersucht, dann repräsentiert die Stichprobe die Wirklichkeit.

Falls dies der Fall ist, können Sie sich bei der Datenanalyse und Dateninterpretation auf das beschränken, was wir bisher gelernt haben. Alle Aussagen über die Stichprobe sind dann auch Aussagen über die Grundgesamtheit und damit über die Wirklichkeit.

Nun ist es aber so, dass man in vielen Fällen die Wirklichkeit nicht komplett beobachten kann, weil sie

- Zu umfangreich ist (z. B. alle TV-Nutzer in der BRD)
- Kein Ende findet (z. B. alle Nutzungsakte von bestimmten Fernsehsendungen)
- Durch die Analyse zerstört wird (z. B. Druckstärke von Hühnereiern).

In diesem Fall wird nur eine Teilmenge der Wirklichkeit erfasst, die sogenannte Stichprobe.

Für eine Falsifikationsprüfung bringt dies ein erhebliches Problem mit sich: Um sichere und wahre Aussagen über die Wirklichkeit machen zu können, fehlen immer die Informationen all der Elemente der Grundgesamtheit, die nicht untersucht wurden.

Wenn nun aber Informationen fehlen, dann ist es logisch, dass bei Aussagen über diese Gesamtheit Fehler auftreten bzw. dass die Ergebnisse der Stichprobe nicht so ohne weiteres auf die Grundgesamtheit übertragen werden können.

An dieser Stelle zeichnet sich das Ziel der induktiven Statistik ab: Sie bietet Werkzeuge an, mit denen man prüfen kann,

- ob *das Ergebnis eine Zusammenhangsanalyse* (einer zweidimensionalen Analyse, vgl. Kap. 3 und 5) im Rahmen einer gewissen, nicht zu vermeidenden, aber möglichst geringen Irrtumswahrscheinlichkeit *auf die Grundgesamtheit übertragen werden kann.*

- in welchem Rahmen die bei einer eindimensionalen Analyse ermittelten Lagemaße die wahren, aber unbekannten Lagemaße des Merkmals in Wirklichkeit abbilden.

Die induktive Statistik *testet* also, ob die mit einem Kontingenzkoeffizient K* oder einem Korrelationskoeffizienten (r_{sp} und r_{Pear}) in der Stichprobe festgestellten Zusammenhänge auf die Grundgesamtheit übertragen werden können oder ob die bei einem Gruppenvergleich festgestellten Unterschiede auch für die Gruppen in der Grundgesamtheit gelten. In diesem Fall wird dann von sogenannten *statistischen Tests* bzw. *statistischen Testverfahren* oder *statistischen Hypothesentests* gesprochen.

Im eindimensionalen Fall *schätzt* die induktive Statistik die wahren, aber unbekannten Werte in der Grundgesamtheit, darum wird vom *Schätzen* gesprochen.

Damit sind die wesentlichen Aufgaben der Inferenzstatistik, wie die induktive Statistik auch genannt wird, herausgearbeitet: *Testen und Schätzen.*

► Die wesentlichen Aufgaben der *Inferenzstatistik* sind ***Schätzen*** und ***Testen***.

Statistische Testverfahren haben das Ziel, Aussagen z. B. der folgenden Art zu machen: „Der Unterschied zwischen den beiden Gruppen kann mit einem Irrtum von max. 5 % auf die Grundgesamtheit übertragen werden." Es handelt sich damit um Wahrscheinlichkeitsaussagen, welche auf der Basis der Stochastik getroffen werden sollen.

6.2 Zufall, Zufallsauswahl, zufällige Stichprobe, Zufallsverteilungen

Die Grundlagen für Fragen zur Übertragung von Stichprobenergebnissen auf die Grundgesamtheit (Testentscheidungen) werden also aus der Wahrscheinlichkeitstheorie (Stochastik) abgeleitet. Es handelt sich dabei um ein Gebiet der Mathematik mit einem nicht unerheblichen Umfang. Je spezieller die Testprobleme sind, die ein Forscher lösen möchte, desto intensiver muss er sich in dieses Gebiet einarbeiten. Für uns genügt es, wenn wir zunächst einige Grundbegriffe kennenlernen und uns mit einer wichtigen Zufallsverteilung, der Normalverteilung, näher befassen. Sie wird als Basis für (fast alle) Wahrscheinlichkeitsmodelle für die Ergebnisse der Datenanalyse von zufälligen Stichproben verwendet.

6.2.1 Zufallsvorgang und Zufallsvariablen

Ein Zufallsvorgang ist ein Vorgang, bei dem am Ende mehrere Ergebnisse vorliegen können und bei dem vor der Durchführung nicht klar ist, welches der Ergebnisse eintreten wird.

Wenn also in einer Situation mehr als ein Ausgang möglich ist, und nicht bereits logisch bzw. durch eine bestimmte Mechanik festgelegt ist, welcher der Ausgänge eintritt, dann handelt es sich um einen Zufallsvorgang.

Unser Alltag ist voll von Zufallsvorgängen: Die Abweichung des Linienbusses oder des Zuges von seinem angegebenen Fahrplan, die nächste Karte beim Kartenspiel, der Zeitpunkt, an dem der Körper eines Menschen stirbt, die Zeit, die man auf die nächste U-Bahn warten muss, wenn man ohne Kenntnis des Fahrplans einfach hingeht, das Geschlecht des Kindes, das wir zeugen, der nächste Spielzug beim Würfelspiel usw. usf.

Als Forscher erzeugen wir aber auch bewusst Zufallsereignisse. Wählt man eine Person zufällig aus, so ist auch deren Beruf oder deren Fernsehnutzungsdauer am Stichtag „gestern“ ein Zufallsereignis.

- Merkmalsausprägungen zufällig ausgewählter Objekte sind Zufallsereignisse.

Bei einem Zufallsvorgang können mehrere verschiedene Ergebnisse eintreten. Den Bereich der möglichen Ergebnisse nennt man *Ergebnisraum* oder *Ereignisraum*.

Da bei einem Zufallsvorgang immer verschiedene Ergebnisvariationen möglich sind, werden die Ergebnisse von Zufallsvorgängen auch als *Zufallsvariablen* bezeichnet.

Analog zur Einteilung von Merkmalen in der deskriptiven Statistik wird zwischen *diskreten* und *stetigen Zufallsvorgängen* unterschieden (Tab. 6.1).

- Ein *Zufallsvorgang* ist ein Vorgang mit ungewissem bzw. nicht sicher vorhersagbarem, da vom Zufall abhängigem Ergebnis.

  Ereignisraum nennt man den Bereich der möglichen Ergebnisse eines Zufallsvorgangs.

  Zufallsvariablen bezeichnen die Ergebnisse von mehreren wiederholten Zufallsvorgängen.

  Die bei dem Zufallsexperiment *möglichen Ereignisse sind die Ausprägungen* der Zufallsvariable, die Ergebnisse heißen die *Realisationen x der Zufallsvariable X*.

Diskrete Zufallsvariablen: Der Ereignisraum besteht aus einer endlichen bzw. abzählbaren Menge an möglichen Ereignissen. Abzählbar bedeutet, dass die Ergebnisse klar umgrenzt sind (z. B. Anzahl Augen beim Würfeln).

Stetige Zufallsvariablen: Der Ereignisraum besteht aus einer unendlich großen Menge an möglichen Ereignissen (z. B. das Gewicht zufällig aus dem Beet gezupfter Radieschen). Die Wahrscheinlichkeit für bestimmte Ergebnisse kann nur in Wertebereichen angegeben werden.

In Tab. 6.1 werden die am Kapitelanfang genannten Beispiele für Zufallsvorgänge im Hinblick auf den Ereignisraum noch einmal genauer unter die Lupe genommen.

Tab. 6.1 Verschiedene Zufallsvorgänge und ihr Ergebnisraum

Zufallsvorgang	Ereignisraum	Zufallsvariable
Die Abweichung des Linienbusses oder des Zuges von seinem angegebenen Fahrplan in Sekunden	Alle Zahlen zwischen ca. {− 60 und 3600} (Zu früh fährt er kaum, zu spät schon eher….)	Stetiger Ereignisraum
Die erste ausgeteilte Karte beim Kartenspiel	Beim deutschen Blatt eine von 32 bzw. 36 Karten	Diskreter Ereignisraum
Der Zeitpunkt, an dem mein Körper stirbt	Bei einem Höchstalter von max. 120 Jahren am 19.09.2012 ein Zeitraum zwischen {0;28367} Tage	Stetiger Ereignisraum, wenn man davon ausgeht, dass man Tage wieder unterteilen kann in h, min, sec. …
Die Zeit, die man auf die nächste U-Bahn warten muss, sofern man sie ohne Kenntnis des Fahrplans nutzt	Wenn die U-Bahnen im 10-Minutentakt fahren irgendein Wert zwischen 0 und 10 min	Stetiger Ereignisraum
Das biologische Geschlecht eines natürlich empfangenen Kindes	Mit weiblich oder männlichen Fortpflanzungsorganen	Diskreter Ereignisraum
Das nächste Ergebnis beim Würfeln mit einem Würfel	Eine ganze Augenzahl zwischen 1 und 6	Diskreter Ereignisraum
Der Beruf einer zufällig ausgewählten Person	Zugehörigkeit zu verschiedenen Berufskategorien	Diskreter Ereignisraum
Die Fernsehnutzungsdauer einer zufällig ausgewählten Person am Stichtag	Zeit im Zeitraum von 0–24 h	Stetiger Ereignisraum

6.2.2 Wahrscheinlichkeitsfunktion und Wahrscheinlichkeitsverteilung

Zufallsexperimente müssen im Gegensatz zu Datenerhebungen nicht tatsächlich stattfinden, sondern können auch, wie die Tab. 6.1 zeigt, nur theoretisch überlegt werden. Meist ist man daran interessiert, die Wahrscheinlichkeit einzelner Ereignisse bzw. Ereignisbereiche zu ermitteln. Zum Teil kann auch die Wahrscheinlichkeit für das Eintreten eines bestimmten diskreten Ereignisses bzw. für das Eintreten eines Wertes innerhalb eines bestimmten Wertebereichs theoretisch ermittelt werden. Man spricht dann von der Wahrscheinlichkeitsfunktion.

► Die Wahrscheinlichkeitsfunktion einer Zufallsvariable (ZV) beschreibt analog zur empirischen Häufigkeitsverteilung eines Merkmals (als Ergebnis einer Datenerhebung) die Wahrscheinlichkeit, mit der die einzelnen Ergebnisse eines Zufallsexperiments auftreten.

Bei einer *diskreten Zufallsvariable* beschreibt die Wahrscheinlichkeitsfunktion, mit welcher Wahrscheinlichkeit die einzelnen diskreten Ergebnisse auftreten.

Aufgrund der Ähnlichkeit zu Variablen und der angestrebten Nähe werden Zufallsvariablen (abgekürzt ZV) in der Regel analog zu Daten mit groß X bzw. Y bezeichnet. Die einzelnen möglichen Ereignisse sind $x_1, x_2, \ldots$ bzw. $y_1, y_2, \ldots$

Beispiel 6.1: Geschlecht einer zufällig ausgewählten Person

Sei X=Anzahl Männer bei 4 zufällig ausgewählten Personen. Annahme: P(x=Frau)=P(x=Mann)=0,5 (M=Mann; F=Frau). Mögliche Ereignisse: MMMM; MMMF; MFMM; MMFM; FMMM; MMFF; MFMF; FMFM; FFMM; FMMF; MFFM; FFFM; FMFF; FFMF; MFFF; FFFF

Wahrscheinlichkeit für das Eintreten eines Ereignisses: Anzahl günstiger Ereignisse/Anzahl möglicher Ereignisse

$f(x)=P(X=x_i) \rightarrow$ P(x=4)=1 günstiges Ereignis/16 mögliche Ereignisse=1/16

$P(x=3)=4/16=1/4$

$P(x=2)=6/16=3/8$

$P(x=1)=4/16=1/4$

$P(x=0)=1/16$

$P(x\leq 4)=1/16+4/16+6/16+4/16+1/16=16/16=1$

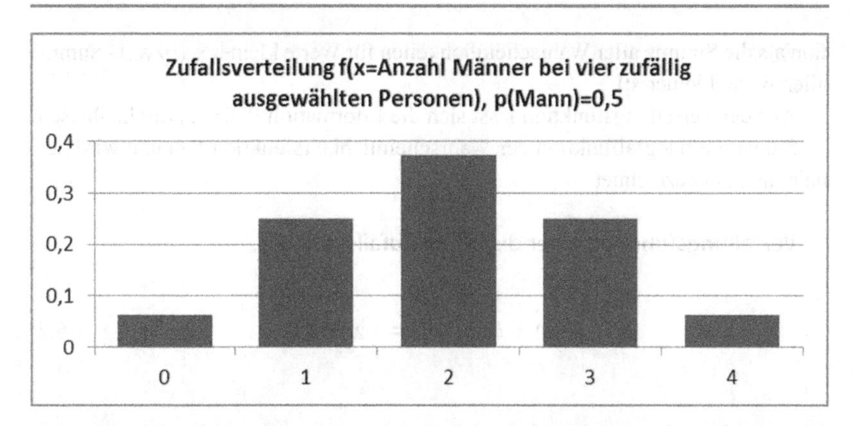

Abb. 6.1 Wahrscheinlichkeitsverteilung der diskreten Zufallsvariable f(x=Anzahl Männer bei vier zufälligen Befragten) Bsp. 6.1

Die Wahrscheinlichkeit für das Auftreten eines Ereignisses wird mit P (probability) bezeichnet. Die Wahrscheinlichkeitsfunktion f(x) nennt zu jedem x_i die dazugehörige p_i. Die Summe aller $\Sigma p_i = 1$, d. h. die Wahrscheinlichkeit aller Ereignisse zusammen ist Eins. Vergleichbar ist dies mit der relativen Häufigkeitsverteilung eines Merkmals (Abb. 6.1).

► Für **diskrete Zufallsvariablen** ist die **Wahrscheinlichkeitsfunktion**

$$f(x) = \begin{cases} P(X = x_i) = p_i, \; x = x_i \in \{x_1, x_2, \ldots, x_k\} \\ 0, \qquad \text{sonst} \end{cases} \tag{6.1}$$

Also Wahrscheinlichkeit, dass die ZV X den Wert x_i annimmt, ist ein p_i entsprechend der Funktion, wenn das Ergebnis im Ergebnisraum liegt. Alle anderen Werte haben eine Wahrscheinlichkeit von 0.

d. h. nimmt eine Zufallsvariable X allgemein die Werte x_i an und gibt es von i = 1,…, k mögliche Ausprägungen, die sich gegenseitig ausschließen, so heißt die Wahrscheinlichkeit für das Auftreten für $x_i = p_i$.

Ebenso wie die Wahrscheinlichkeit für das Eintreffen eines bestimmten Wertes von Interesse ist, ist auch die *Wahrscheinlichkeit für das Eintreffen eines Wertes kleiner (bzw. größer) eines bestimmten x_i* eine wichtige Information.

Analog zur empirischen Verteilungsfunktion bzw. zu den relativen kumulierten Häufigkeiten bei diskreten Daten ergibt sich bei *diskreten ZV* die Verteilungsfunktion als die Summe aller Wahrscheinlichkeiten für Werte kleiner x_i (bzw. 1- Summe aller Werte kleiner x_i).

Aus der Verteilungsfunktion lässt sich die Information $P(X \leq x_i)$ direkt ablesen. Sie ist die Integralfunktion der Wahrscheinlichkeitsfunktion f(x) und wird deshalb als F(x) bezeichnet.

▶ Verteilungsfunktion einer diskreten Zufallsvariable

$$F(x) = P(X \leq x) = \sum_{i:x_i \leq x} f(x_i) \tag{6.2}$$

Die Verteilungsfunktion berechnet sich also als Summe aller Wahrscheinlichkeiten für Ereignisse kleiner oder gleich dem gewünschten Wert x.

Beispiel 6.1: Geschlecht einer zufällig ausgewählten Person (Fortsetzung)

Damit ist die Verteilungsfunktion des Zufallsvorgangs „zufällige Auswahl von 4 Personen" bzw. der Zufallsvariable: „Anzahl Männer bei vier zufällig ausgewählten Personen" wie folgt gegeben: $F(x=0)=0{,}0625$; $F(x=1)=0{,}3125$; $F(x=2)=0{,}6875$; $F(x=3)=0{,}9375$; $F(x=4)=1$

Bei einer stetigen Zufallsvariable sind die Wahrscheinlichkeiten nicht so ohne weiteres anzugeben. Stetig heißt ja, dass das gemessene Merkmal theoretisch in unendlich vielen verschiedenen Intensitäten vorliegen kann. Daraus folgt, dass die Wahrscheinlichkeit für einen ganz bestimmten Wert gegen Null geht. Wie wahrscheinlich ist es beispielsweise, zufällig eine Person zu befragen, die am Vortag genau 3 h 14 min 28 s und 4 ms fernsah? Deshalb ist die Wahrscheinlichkeit für einen einzelnen Wert immer Null und die Wahrscheinlichkeitsverteilung stellt sich in Form einer Dichtekurve dar (Abb. 6.2).

Die Wahrscheinlichkeit wird immer für Wertebereiche angegeben. Die Wahrscheinlichkeit eines Wertebereichs entspricht der Fläche zwischen den Grenzen des Wertebereichs und der Kurve, vergleichbar mit einem Histogramm. Die Fläche unterhalb der Kurve und von Intervallgrenze zu Intervallgrenze beschreibt analog zum Histogramm die Wahrscheinlichkeit dafür, dass ein Wert innerhalb eines bestimmten Intervalls [a; b] liegt. Deshalb ergibt sich bei stetigen ZV die Wahrscheinlichkeit eines Wertebereichs [a;b] $P_{[a;b]}$ durch Integration der Wahrscheinlichkeitsfunktion.

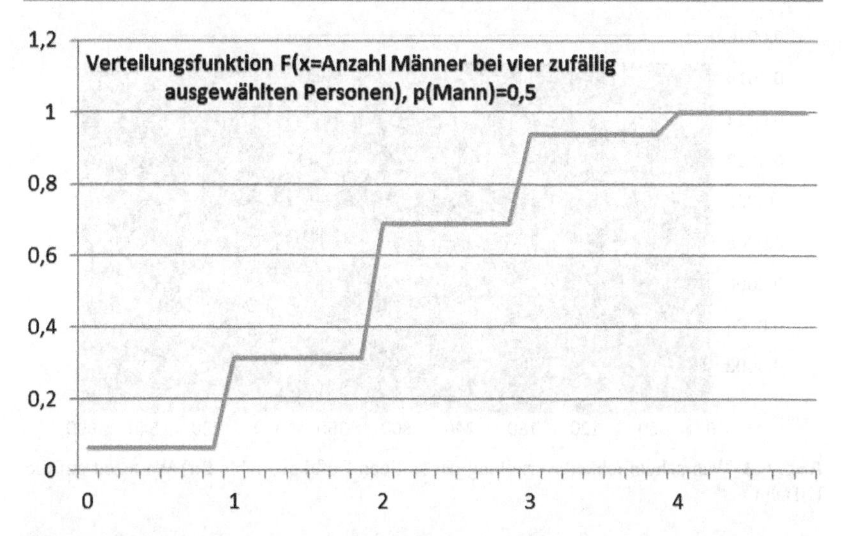

Abb. 6.2 Verteilungsfunktion einer diskreten Zufallsvariable (F(x = Anzahl Männer bei vier zufälligen Befragten))

▶ Für eine **stetige Zufallsvariable** X gilt:

$$P(a \leq X \leq b) = P(a < X \leq b) = P(a \leq X < b) = P(a < X < b) = \int_a^b f(X)dX \quad \text{und } P(X = x) = 0 \quad \text{für jedes } x \in IR \tag{6.3}$$

Die Wahrscheinlichkeitsfunktion ist so normiert, dass die Wahrscheinlichkeit, dass der Wert innerhalb des Intervalls $[x_{\min}; x_{\max}]$ gleich 1 ist, d. h. die Gesamtfläche zwischen der Dichte f(x) und der x-Achse = 1. Die Wahrscheinlichkeit, dass eine Person zwischen 0 und 24 h pro Tag fernsieht, ist 1. Die Wahrscheinlichkeit, dass eine Person zwischen 12 und 16 h am Tag fernsieht, ist dabei vermutlich nur ein kleiner Teil dieser Gesamtwahrscheinlichkeit.

Beispiel 6.2: Zufallsvariable Wartezeit auf die U-Bahn

Es wird davon ausgegangen, dass die Bahn im 10-Minuten-Takt fährt und der Fahrplan nicht bekannt ist. Bei diesem Ereignis sind alle Zeiten zwischen 0 und 10 min gleichwahrscheinlich, auch wenn unsere subjektive Wahrnehmung uns suggeriert, dass wir häufiger länger warten. Das ist so eine Art „Rote-Ampel-

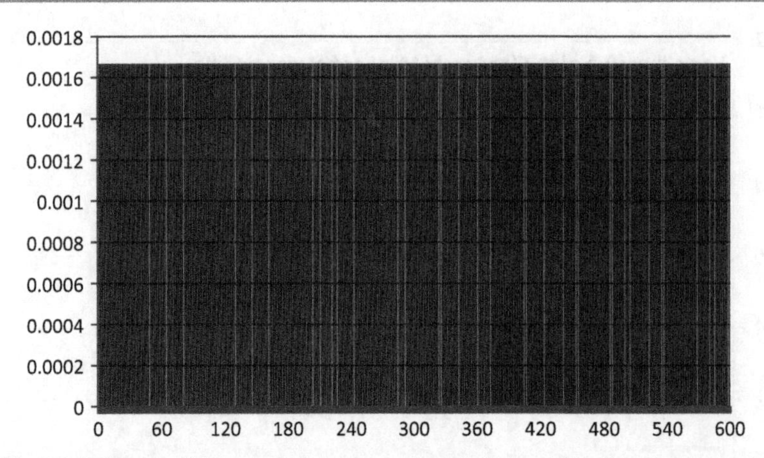

Abb. 6.3 Wahrscheinlichkeitsverteilung der stetigen Zufallsvariable f(x) Wartezeit auf die U-Bahn

Syndrom" – da wir bei Wartezeiten mehr Zeit haben, über sie nachzudenken oder sie zu beklagen, bleiben sie besser im Gedächtnis als die Momente, in denen alles „glatt" läuft.

Damit ist zwischen 0 und 600 s alles möglich und die Wahrscheinlichkeit für eine ganz konkrete Dauer in Sekunden ist sehr gering, nämlich 1/600.

Die Wahrscheinlichkeit für einen Bereich zwischen 0 und 59 s ist 0,1, also 10 %, ebenso für eine Wartezeit zwischen 60 und 119 s etc.

Bei dieser Art von Verteilung spricht man auch von einer stetigen Gleichverteilung.

Da die Berechnung von Wahrscheinlichkeiten für Wertebereiche vor allem bei komplizierten oder Funktionen nicht einfach ist, arbeitet man meist mit den Werten der *Verteilungsfunktion der Zufallsvariablen*, welche analog zur empirischen Verteilungsfunktion für jedes mögliche Zufallsereignis x die Wahrscheinlichkeit ausdrückt, einen Wert bis maximal x zu bekommen: $F(x)=P(X \leq x)$: Die *Verteilungsfunktion einer stetigen ZV* ergibt sich als das sogenannte „unbestimmte Integral" der Dichtefunktion. Es ist die gesamte Fläche unterhalb der Dichtefunktion links von dem gesuchten Wert x (Abb. 6.3).

► Verteilungsfunktion einer stetigen Zufallsvariable

$$P(X < x) = \int_{-\infty}^{x} f(X)dX \tag{6.4}$$

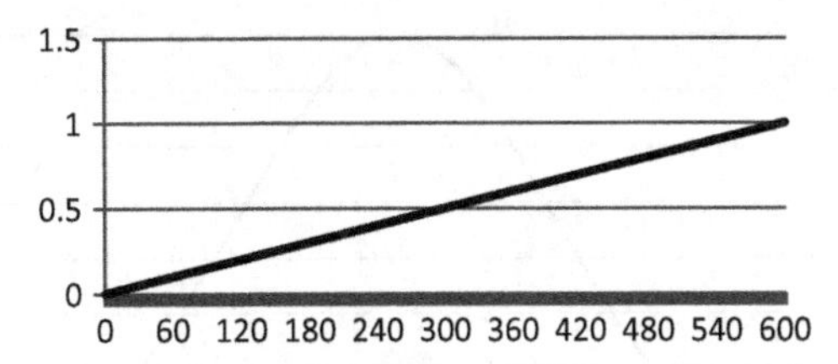

Abb. 6.4 Verteilungsfunktion der stetigen Zufallsvariable F(x = Wartezeit auf die U-Bahn)

Weil die Gesamtwahrscheinlichkeit des Ereignisraums immer 1 ist, ergibt sich die Wahrscheinlichkeit für das Auftreten eines Ereignisses *größer gleich* eines bestimmten Wertes x als genau 1-$P(X<x)$, dem Wert der Verteilungsfunktion an der Stelle x.

z. B. 98 % der Personen sehen weniger als 8 h am Tag fern – entsprechend würden 2 % mehr als 8h pro Tag fernsehen.

Bei Beispiel 6.2: Wartezeit auf die U-Bahn (Fortsetzung)

Hier ergibt sich die Funktion entsprechend der Gleichverteilung als gleichmäßig ansteigend. Sie könnte dementsprechend in Form einer Geradengleichung korrekt beschrieben werden (Abb. 6.4).

Zusammenfassung Zufallsvorgänge führen per Definition zu verschiedenen Ausgängen und haben einen Bereich möglicher Ergebnisse. Diesem Bereich entsprechend werden Zufallsvariablen als die Ergebnisse von Zufallsvorgängen als diskret oder stetig eingeteilt. Analog zur deskriptiven Statistik kann eine Wahrscheinlichkeitsverteilung und die Verteilungsfunktion der Zufallsvariablen angegeben werden. Die Wahrscheinlichkeitsverteilung gibt für einzelne Zufallsvariablen bzw. Wertebereiche des Ergebnisraums die Wahrscheinlichkeit an, dass das Ereignis eintritt. Die Verteilungsfunktion gibt an, wie wahrscheinlich es ist, einen Wert ≤ einem bestimmten Wert x zu bekommen $p(X \leq x)$.

6.2.3 Die (Standard-)Normalverteilung

In der Stochastik gibt es für verschiedene Arten von Zufallsvorgängen konkrete, spezielle Zufallsverteilungen. Eine davon, die stetige Gleichverteilung, haben wir oben schon kennengelernt. In der induktiven Statistik sind vor allem zwei Zufallsverteilungen bedeutsam, weil sie der Situation in Datenerhebungen relativ gut ent-

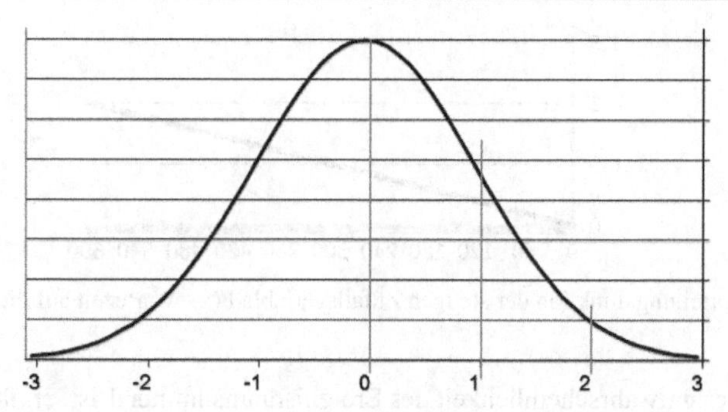

Abb. 6.5 Normalverteilungskurve

sprechen. Bei der einen handelt es sich um die sogenannte *Gaußsche Normalverteilung*, bei der anderen um die *Binomialverteilung*.

> Die *Normalverteilung* beschreibt die Ergebnisse eines Zufallsvorgangs, der von einer – theoretisch – unendlich großen Anzahl von alternativen Faktoren beeinflusst werden kann. Der Einfluss dieser Faktoren wird, vom Zufall bestimmt, entweder wirksam oder nicht.

Ein anschauliches Bild dafür liefert ein Versuch mit einem Nagelbrett: Auf einem Brett sind in regelmäßigen Abständen Nägel eingeschlagen, wobei die Abstände zwischen den Nägeln so groß sind, dass eine Kugel hindurchrollen kann. Ist das Brett schräg aufgestellt und werden oben in der Mitte Kugeln hineingeworfen, so ist der Weg der einzelnen Kugeln durch die Bahn von einer Reihe von zufälligen Ablenkungen bestimmt. Verläuft das Experiment nach Plan, dann sollten sich die Kugeln in Form einer sogenannten Normalverteilungskurve anordnen: eine glockenförmige Verteilung, die symmetrisch ist um ein Maximum und von zwei Wendepunkten auf jeder Seite gekennzeichnet ist (Abb. 6.5).[1]

Die Art von Zufallsvorgang, wie er einer Normalverteilung zugrunde liegt, lässt sich bei mehreren wichtigen Phänomenen finden:

- Individuelle Abweichungen einzelner Personen von einer „natürlichen Norm"
- Zusammenwirken verschiedener Fehlerquellen bei einer Messung
- Zusammensetzung von zufälligen Stichproben

[1] Wer sich das genauer ansehen möchte, findet unter dem Stichwort „Galtonbrett" oder „Galtons'sches Brett" eine Reihe von Abbildungen und Filmen.

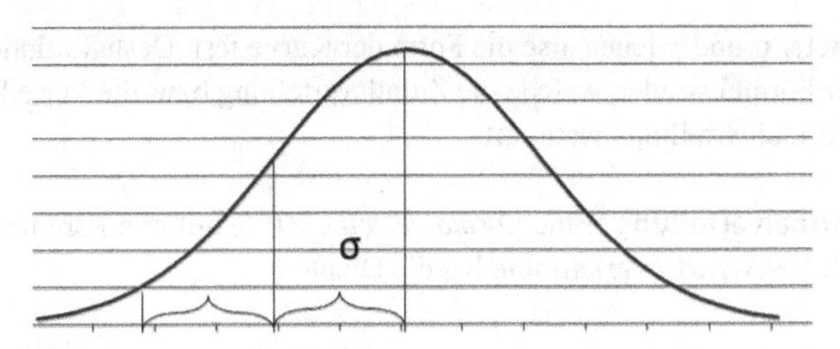

Abb. 6.6 Form und Lage der Normalverteilung um den Mittelpunkt μ mit der Varianz σ^2

- Zusammenfassungen von Ergebnissen einzelner Zufallsvorgänge, z. B. statistische Kennwerte. In den Stichprobenmittelwert „durchschnittliche Nutzung am Stichtag" fließen beispielsweise n zufällige Ereignisse ein: Die TV-Nutzungsdauer am Stichtag „gestern" der n zufällig ausgewählten befragten Personen.

Sämtliche dieser Zufallsvorgänge sind für einen Statistik betreibenden Sozialwissenschaftler von Bedeutung, deshalb ist diese Verteilung so wichtig.

Folgende **Eigenschaften** sind für Normalverteilungen typisch:

- glockenförmiger Verlauf
- symmetrisch um den Erwartungswert (Mittelwert)[2] μ
- Mittelwert und Median fallen zusammen
- zwischen den beiden Wendepunkten liegen ca. 2/3 der gesamten Dichte/Fläche
- der Wertebereich geht von – unendlich bis + unendlich, wobei sich die Verteilung auf beiden Seiten asymptotisch[3] der x-Achse nähert

Die *Breite/Höhe* der Glocke wird von der Streuung des jeweiligen Zufallsvorgangs bestimmt (so streut die Einfüllmenge in Bierflaschen (hoffentlich) weitaus weniger stark als das Geburtsgewicht eines Pferdes). Diese Streuung wird als *Varianz(X)* = σ^2 bezeichnet. Je größer die Streuung, desto flacher und breiter verläuft die Kurve.

Die *Lage* wird vom wahrscheinlichsten Punkt, dem Mittelpunkt der Kurve = μ bestimmt. Bei Bierflaschen sind das z. B. 500 ml. Dieser Wert wird auch Erwartungswert genannt (Abb. 6.6).

> Der Erwartungswert μ ist der wahrscheinlichste Wert einer Zufallsverteilung.

---

[2] Bei Zufallsverteilungen spricht man eigentlich nicht vom Mittelwert, sondern vom Erwartungswert E(x), der den wahrscheinlichsten Wert einer Zufallsvariable benennt.

[3] Asymptotisch bedeutet, dass die Linie praktisch die x-Achse berührt.

Die Parameter σ und μ legen also die Form der Kurve fest. Deshalb finden sie sich auch in der Formel wieder, welche die Zufallsverteilung bzw. die Verteilungsfunktion der Normalverteilung bestimmt.

► **Die Normalverteilung** Eine *normalverteilte ZV* X mit den Parametern μ und $\sigma^2>0$ heißt $X \sim N(\mu,\sigma^2)$ *verteilt und* hat die Dichte

$$f(x)=\frac{1}{\sigma\sqrt{2\pi}}e^{\left(-\frac{(x-\mu)^2}{2\sigma^2}\right)}. \quad (6.5)$$

Es gilt *Erwartungswert (X)* = wahrscheinlichster Wert = μ, *Var(X)* = σ^2

Die *Verteilungsfunktion* ist allgemein definiert als

$$F(x) = P(X \leq x) = \int_{-\infty}^{x} f(t)dt \quad (6.6)$$

► Für $E(X) = \mu = 0$, $Var(X) = \sigma^2 = 1$ erhält man die sog. *Standardnormalverteilung N(0,1)* mit der Dichte

$$\phi(x)=\frac{1}{\sqrt{2\pi}}e^{\left(-\frac{1}{2}x^2\right)} \quad (6.7)$$

und der *Verteilungsfunktion*

$$\Phi(x)=\int_{-\infty}^{x}\phi(t)dt=\int_{-\infty}^{x}\frac{1}{\sqrt{2\pi}}e^{\left(-\frac{t^2}{2}\right)}dt. \quad (6.8)$$

Auf die Beweisführung wird an dieser Stelle verzichtet. Alle Formeln stammen aus Fahrmeier et al. 1999, S. 289–295.

Soll ein Wahrscheinlichkeitsbereich ermittelt werden, z. B. die Wahrscheinlichkeit, dass eine standardnormalverteilte ZV Werte zwischen 1,5 und 2,5 annimmt, so rechnet man

$$\Phi[z_1;z_2]=\Phi(z_2)-\Phi(z_1) \quad (6.9)$$

Subtrahiert man z. B. Φ(1,5), also die Wahrscheinlichkeit, dass ein Wert $z \leq 1{,}5$ auftaucht von Φ(2,5) als der Wahrscheinlichkeit, dass ein Wert $z \leq 2{,}5$, so ergibt sich

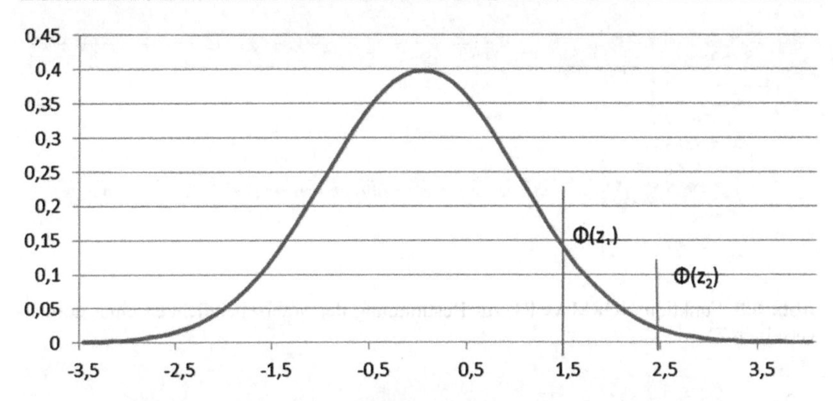

Abb. 6.7 Standardnormalverteilung: Wahrscheinlichkeitsbereiche für $z \leq 1{,}5$ bzw. $z \leq 2{,}5$

die Wahrscheinlichkeit für die Differenz, also die Wahrscheinlichkeit dafür, dass ein zufälliger, normalverteilter Wert im Wertebereich [1,5; 2,5] liegt (Abb. 6.7).

Das Integral der Verteilungsfunktion einer normalverteilten ZV lässt sich analytisch nicht berechnen oder durch bekannte Funktionen beschreiben. Um nun Aussagen über die Wahrscheinlichkeit von Wertebereichen machen zu können, sollen im Folgenden zwei Wege erläutert werden: a) Mit Hilfe eines Tabellenkalkulationsprogramms und b) über die als Tabelle vorliegenden Werte der Standardnormalverteilung.

6.2.3.1 Ermittlung der Wahrscheinlichkeit normalverteilter Zufallsvariablen mit Hilfe des PC

Wie gesagt kann die Normalverteilungsgleichung nicht ohne weiteres integriert werden. Deshalb wurden spezielle Algorithmen entwickelt, um die Werte zu ermitteln. Dies erfordert relativ viel Rechenleistung, was heutzutage allerdings für einen normalen PC kein Problem mehr darstellt. Die meisten Tabellenkalkulations- oder Datenanalyseprogramme verfügen deshalb über eine entsprechende Funktion: Über die Funktion NORM.VERT gibt beispielsweise Excel die Wahrscheinlichkeit einer normalverteilten Zufallsvariable an (Abb. 6.8).

Beispiel 6.3: Wahrscheinlichkeit normalverteilter Ereignisse

Wie wahrscheinlich ist es, eine zufällige Person auszuwählen, die kein Informationsbedürfnis ($x = 0$) hat, wenn das Informationsbedürfnis normalverteilt ist mit dem Mittelwert $\mu = 2$ und der Streuung $\sigma^2 = 2$?

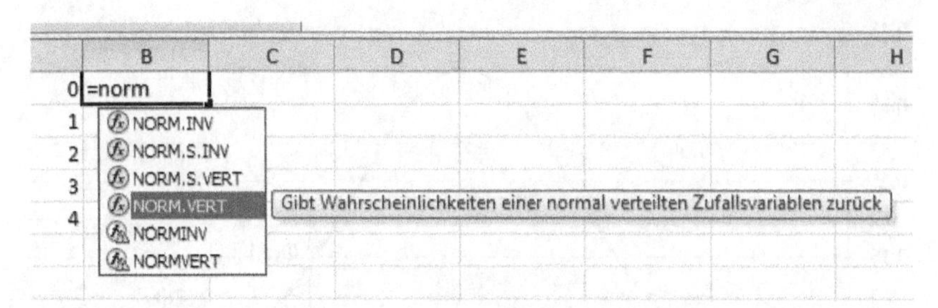

Abb. 6.8 Funktion NORM.VERT zur Bestimmung der Wahrscheinlichkeit einer normalverteilten ZV

Da es sich um eine stetige Zufallsvariable handelt, ergibt es keinen Sinn, nach einem konkreten Wert zu fragen, sondern es muss nach einem Wertebereich gefragt werden. Wir suchen also die Wahrscheinlichkeit dafür, dass eine zufällig ausgewählte Person höchstens ein Informationsbedürfnis von 0 zeigt (Abb. 6.9).

Geg.: Informationsbedürfnis $X \sim N(2;2)$
Ges.: $P(x \leq 0)$
Lös.: F(0) der Normalverteilung N(2,2)

Über die FORMELN (FUNKTION) → STATISTISCH → NORM.VERT wird der Wert ausgegeben.

Zur Berechnung müssen jetzt nur noch die entsprechenden Werte eingegeben werden:

X: Der x-Wert, für den F(x) gesucht wird
MITTELWERT: 2 als Erwartungswert μ der Verteilung,
STANDABW: Da nur die Varianz gegeben ist, wird die Standardabweichung als Wurzel aus der Varianz berechnet. Für Beispiels 6.3: $\sqrt{2}$

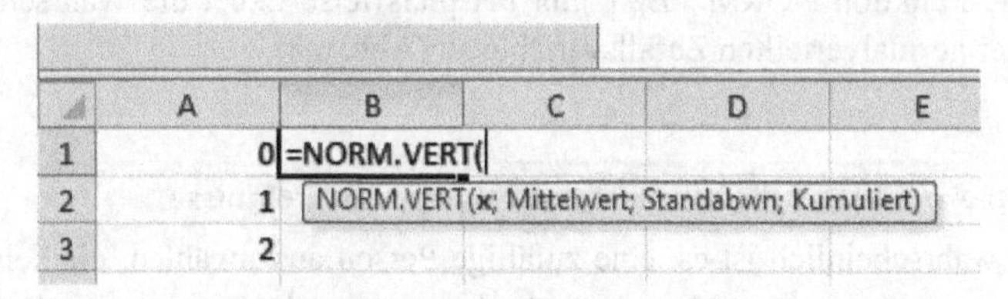

Abb. 6.9 Parameter zur Berechnung der Wahrscheinlichkeit einer normalverteilten Zufallsvariable

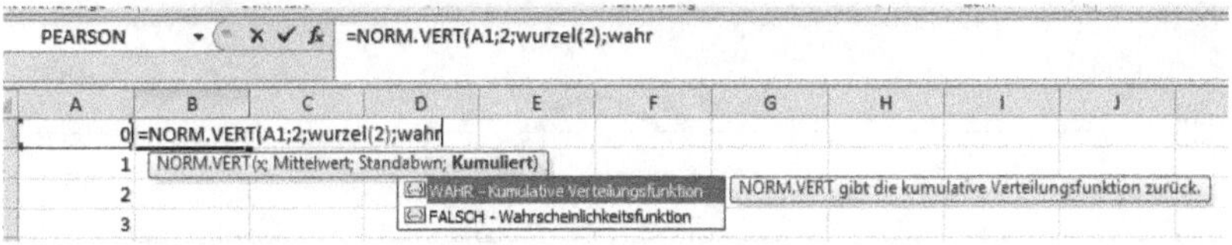

Abb. 6.10 Berechnung der Wahrscheinlichkeit einer normalverteilten ZV bei gegebenem σ^2

KUMULIERT: WAHR, weil nach F(x), also den kumulierten Werten gesucht ist.

Die Wahrscheinlichkeiten, bei der gegebenen Verteilung Werte kleiner gleich der verschiedener x zu bekommen, sind in Tab. 6.2 dargestellt.

Mit den Werten dieser Tabelle kann die Antwort auf die Frage von Beispiel 3 gegeben werden: Die Wahrscheinlichkeit, bei einer zufälligen Befragung eine Person mit einem geringen Informationsbedürfnis (höchstens Wert 0) zu erwischen, ist mit knapp 0,08 relativ gering, sie liegt bei 8 %.

In vielen Fällen ist nicht die Wahrscheinlichkeit für das Auftreten eines bestimmten Wertes gesucht, sondern man fragt nach einer bestimmten Ausprägung, die mit einer bestimmten Wahrscheinlichkeit höchstens auftritt oder nach einem Wertebereich. Will man z. B. wissen, in welchem Wertebereich die Ergebnisse mit 95 %iger Wahrscheinlichkeit liegen, dann such man nach den x-Werten für die gilt: 2,5 % der Werte haben eine geringere Wahrscheinlichkeit bzw. 2,5 % der Werte haben eine höhere Wahrscheinlichkeit. Man fragt damit nach zwei Quantilen der Verteilung: Dem $x_{0,025}$ und $x_{0,975}$-Quantil (Abb. 6.10).

Auch die Quantile bzw. Perzentile einer Normalverteilung kann man sich recht problemlos mit Excel angeben lassen. Sie findet sich ebenfalls bei den statistischen Funktionen und wird als NORM.INV bezeichnet (Abb. 6.12). Zur Berechnung werden folgende Parameter eingegeben:

Bei WAHRSCH wird angegeben, welches Quantil gesucht wird, z. B. das 0,95-Quantil. Bei MITTELWERT und STANDARDABWN werden wieder die entspre-

Tab. 6.2 Werte F(x) einer normalverteilten Zufallsvariable X~N(2;2), gerundet

x	F(x); X~N(2;2)
0	0,09
1	0,24
2	0,50
3	0,76
4	0,92

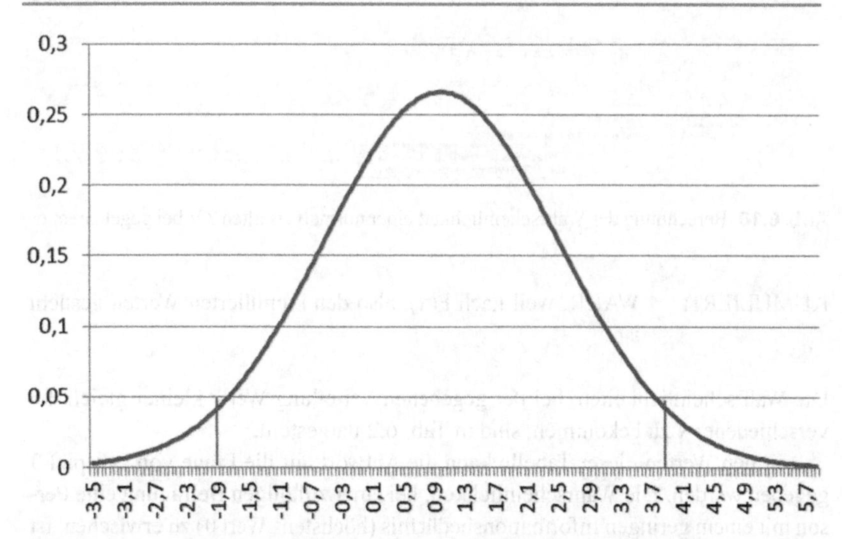

Abb. 6.11 Normalverteilung N(1;2,25) mit x0,025 und x0,975-Quantilen

chenden Parameter der Verteilung eingegeben. Das 0,95-Quantil einer Normalverteilung N(5; 4) ergibt sich damit als 8,29. D. h. mit 95% Wahrscheinlichkeit nehmen die Werte einer solchen Verteilung höchstens den Wert 8,29 an (Abb. 6.12 und 6.13)

6.2.3.2 Ermittlung der Wahrscheinlichkeit normalverteilter Zufallsvariablen über die Tabelle mit den Werten der Standardnormalverteilung

Steht kein Computer zur Verfügung, so muss auf die F(x)-Werte der Standardnormalverteilung zurückgegriffen werden. Diese sind i. d. R. in tabellierter Form in Statistikbüchern etc. angegeben. Im Anhang dieses Skripts finden Sie ebenfalls

Zwischenablage | Schriftart
PEARSON | =NORM.INV(

	A	B	C	D
12				
13		=NORM.INV(		
14		NORM.INV(Wahrsch; Mittelwert; Standabwn)		

Abb. 6.12 Funktion Norm.inv zur Berechnung der Quantile von Normalverteilungen

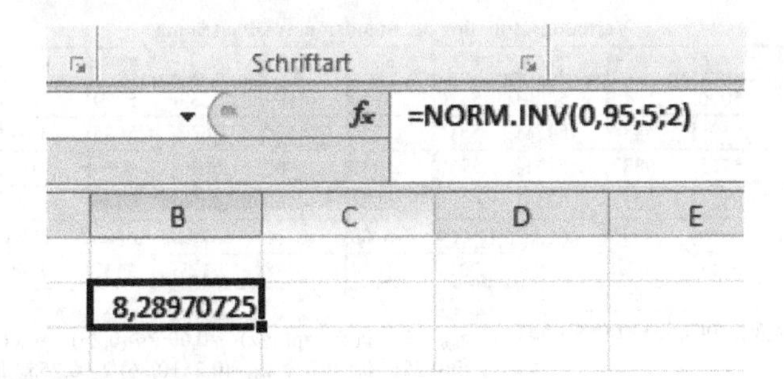

Abb. 6.13 Berechnung des $x_{0,95}$-Quantils einer N(5;4) Standardnormalverteilung mit der Funktion NORM.INV

eine Tabelle mit den Werten der kumulierten Wahrscheinlichkeiten der *Standardnormalverteilung* *Φ(z)* (also die F(x)-Werte einer Normalverteilung mit Varianz (x) = 1 und Erwartungswert/Mittelwert (x) = 0.)

Da sich die Formel mit $\mu = 0$ und $\sigma^2 = 1$ deutlich vereinfacht, können die Wahrscheinlichkeiten für Wertebereiche für diese ZV relativ gut berechnet werden und stellten vor der Entwicklung von Rechnern mit großer Rechenleistung den einzigen, leicht gangbaren Weg dar, die Wahrscheinlichkeiten normalverteilter Variablen zu berechnen oder Quantile normalverteilter Variablen zu ermitteln. Dies ist möglich, weil sich durch eine einfache Transformation jede Normalverteilung in die Standardnormalverteilung transformieren lässt.

Diese Standardisierung wird auch häufig als *z-Transformation* bezeichnet (Gl. 6.10). Die z-Transformation überführt jede Verteilung in eine Verteilung mit dem Mittelwert 1 und der Streuung 0. Die Standardnormalverteilung wird i. d. R. mit Z bezeichnet und die einzelnen Werte entsprechend mit z, um Verwechslungen mit X zu vermeiden. Die dazugehörende Verteilungsfunktion wird mit Φ(z) bezeichnet.

▶ **Standardisierung** Eine normalverteilte Zufallsvariable $N(\mu,\sigma^2)$ wird über

$$Z = \frac{X - \mu}{\sigma} \tag{6.10}$$

zu einer standardnormalverteilten ZV ***N (0,1)***

Entsprechend kann auch der jeweilige Wert der *Verteilungsfunktion F(x)* einer normalverteilten ZV über die in Tabellenform vorliegenden Werte der *Verteilungsfunktion Φ((z) (sprich „Phi") der Standardnormalverteilung* errechnet werden.

Verteilungsfunktion der Standardnormalverteilung

	0	1	2	3	4	5	6	7	8	9
0,0	,5000	,5040	,5080	,5120	,5160	,5199	,5239	,5279	,5319	,5359
0,1	,5398	,5438	,5478	,5517	,5557	,5596	,5636	,5675	,5714	,5753
0,2	,5793	,5832	,5871	,5910	,5948	,5987	,6026	,6064	,6103	,6141
0,3	,6179	,6217	,6255	,6293	,6331	,6368	,6406	,6443	,6480	,6517
0,4	,6554	,6591	,6628	,6664	,6700	,6736	,6772	,6808	,6844	,6879
0,5	,6915	,6950	,6985	,7019	,7054	,7088	,7123	,7157	,7190	,7224

$\Phi(z) = p(z \leq z)$; $\Phi(0{,}53) = p(z \leq 0{,}53) = 0{,}7019$

$z_{0,6}$ → $\Phi(z) = p(z \leq z) = 0{,}60$ → $\Phi(0{,}26) = 0{,}6026$; und $\Phi(0{,}25) = 0{,}5987$ → $z_{0,6} = (0{,}25+0{,}26)/2$ = 0,255. Das 60%-Quantil der Standardnormalverteilung liegt bei z=0,255

Abb. 6.14 Ablesen aus der Tabelle der Standardnormalverteilungsfunktion

$$F(x) = P(X \leq x) = P\left(\frac{X-\mu}{\sigma} \leq \frac{x-\mu}{\sigma}\right) = P\left(X \leq \frac{x-\mu}{\sigma}\right) = \Phi\left(\frac{x-\mu}{\sigma}\right) \tag{6.11}$$

In der Standardnormalverteilungstabelle (Abb. 6.14) wird die Wahrscheinlichkeit in den Feldern der Tabelle angegeben, während in den Zeilen- bzw. Spaltenköpfen die x-Werte auf zwei Stellen hinter dem Komma genau angegeben werden.

Sucht man nach dem *Wert der Verteilungsfunktion* F(x) bzw. Φ(x), dann wird das entsprechende x *aus den Rändern* herausgesucht und der dazugehörige *Wert in der Mitte abgelesen.*

Sucht man ein *Quantil*, dann wird der Anteilswert *in der Mitte gesucht* und dann der entsprechende *x-Wert an den Rändern abgelesen.*

Im Allgemeinen sind die Tabellen der Verteilungsfunktion $\Phi(z) = P(Z \leq z)$ nur für Werte $z \geq 0$ angegeben.

Die Werte für $z \leq 0$ ergeben sich aus der Symmetriebeziehung

$$\Phi(-z) = 1 - \Phi(z) \tag{6.12}$$

Entsprechend gilt: *F(x)* ergibt sich aus

$$F(x) \text{ergibt sich aus } F(\mu - x) = 1 - F(\mu + x) \tag{6.13}$$

Beispiel 6.4: Genauigkeit einer automatischen Abfüllanlage

Die Anlage einer Brauerei füllt lt. Hersteller normalverteilt ab mit $\mu = 500$ ml; $\sigma^2 = 16$ ml²

Wie viel Prozent der Flaschen beinhalten 490 bis 510 ml?

Geg.: X~N(500 ml; 16 ml²)
Ges.: P(490≤X≤510) →
Lös.: (Gl. 6.11)

$$P\left(\frac{x_{\min destens}-\mu}{\sigma} \le z \le \frac{x_{höchstens}-\mu}{\sigma}\right) = \left(\frac{490-500}{4} \le z \le \frac{510-500}{4}\right) = P(-2{,}5 \le z \le 2{,}5)$$

$$= \Phi(2{,}5) - (1 - \Phi(2{,}5)) = 0{,}9938 - (1 - 0{,}9938) = 0{,}9876 \Rightarrow 98{,}76\,\%$$

98,8 % der Flaschen enthalten zwischen 490 und 510 ml.

Übungsaufgaben Kap. 6

1. Zwischen welchen Werten liegen die Werte, die nach der Standardnormalverteilung eine Auftretenswahrscheinlichkeit von mindestens 0,15 und höchstens 0,85 haben?
2. Zwischen x=−1 und x=1 liegen ca. 68 % der Wahrscheinlichkeitsmaße eines Standardnormalverteilten Merkmals. Begründen Sie dies mit Hilfe der Tafel der Werte der Standardnormalverteilung
3. Sie bestellen gerne Schuhe einer bestimmten Marke im Internet. Bei dieser Marke liegt die Wahrscheinlichkeit, dass Ihnen der Schuh passt, leider nur bei 0,5, also 50 %. Leider muss man bei diesem e-shop die Rücksendegebühren übernehmen, wenn man nicht mindestens 30 % der Bestellung behält. Aus diesem Grund interessiert Sie folgende Rechnung:
   Wie wahrscheinlich ist es, dass Ihnen von fünf bestellten Schuhen wenigstens zwei Paar passen?
4. Seien folgende Daten über die Dauer X in Wortmeldungen in Nachrichtenbeiträgen gegeben: $x \sim N(38s;1275s^2)$
   4a) Wie wahrscheinlich ist es, zufällig eine Wortmeldung auszuwählen, die höchstens 10 s dauert?
   4b) Wie wahrscheinlich ist es, zufällig eine Wortmeldung auszuwählen, die länger als 60 min dauert?
   4c) In welchem Wertebereich sind entsprechend der Verteilung 70 % aller Wortmeldungen?

Lernzielkontrolle Kap. 6

- Was ist eine Zufallsvariable, was ist ein Zufallsereignis?
- Was beschreibt die Wahrscheinlichkeitsverteilung und die Verteilungsfunktion einer Zufallsvariable?
- Warum ist die Normalverteilung für die Sozialwissenschaften so wichtig?
- Durch welche Parameter ist die Normalverteilung bestimmt und wie beeinflussen diese die Form der Kurve?
- Wie lese ich ein Quantil und eine Wahrscheinlichkeit aus der Tabelle ab?
- Warum stehen in der Tabelle der Normalverteilungsfunktion nur Werte ≥ 0?

Literatur

Fahrmeier, Ludwig, Rita Künstler, Iris Pigeot, und Gerhard Tutz. 1999. *Statistik. Der Weg zur Datenanalyse*. 2. verb. Aufl. Berlin: Springer.

7 Testen von Hypothesen über Unterschiede und Zusammenhänge

Zusammenfassung

Im siebten Kapitel wird das Prinzip eines Hypothesentests dargelegt und die Bedeutung der Normalverteilung zum Testen von Hypothesen über Mittelwerte herausgestellt. Dann wird die Durchführung einer Reihe von Tests für Hypothesen über Mittelwerte erläutert: Unterscheidet sich der Stichprobenmittelwert von einem theoretisch erwarteten Wert (T-Test für den Erwartungswert)? Unterscheiden sich die Mittelwerte zweier unabhängiger Stichproben voneinander (Test über Mittelwertunterschiede zwischen zwei unverbundenen Stichproben)? Besteht zwischen zwei Maßen derselben Objekte insgesamt ein bedeutsamer Unterschiede (Mittelwertunterschiede bei verbundenen Stichproben)? Zuletzt wird noch die einfaktorielle Varianzanalyse erläutert. Kapitel 7 baut besonders auf Kap. 5 und 6 auf.

Der folgende Abschnitt soll eine Vorstellung davon vermitteln, wie die induktive Statistik als Wissenschaft nach einem statistischen Testverfahren zu Aussagen wie der folgenden kommt: „Der Zusammenhang zwischen dem Informationsbedürfnis und dem Wunsch, mitreden zu können, ist nicht signifikant."

7.1 Grundprinzip und Grundannahmen eines Hypothesentest

Es soll deutlich werden, welche Prinzipien und Grundannahmen zu solchen Entscheidungen führen. Eine wichtige grundlegende Idee dabei sind der statistische Zufall bzw. Zufallsereignisse, welche im letzten Kapitel eingeführt wurden. Die induktive Statistik greift auf die Prinzipien der Stochastik bzw. der Wahrscheinlichkeitstheorie zurück. Grundsätzlich stellt sie die Frage:

I. A. Uhlemann, *Einführung in die Statistik für Kommunikationswissenschaftler*,
DOI 10.1007/978-3-658-05769-5_7

Wie sicher kann ich sein, dass das in der Stichprobe festgestellte Ergebnis nicht rein zufällig entstanden ist?

Dabei geht man beim Testen zunächst immer davon aus, dass das Ergebnis zufällig ist. Nur wenn der Test dies als unwahrscheinlich ausweist, wird von einem systematischen Unterschied oder Zusammenhang ausgegangen, der sich nur deshalb in der Stichprobe zeigt, weil er auch in der Grundgesamtheit vorhanden ist.

Wenn man also in der Stichprobe „überzufällig" viele Frauen findet, die mehr Hausarbeit übernehmen als Männer, dann deutet das darauf hin, dass dies der Fall ist, weil es eben tatsächlich mehr solche Frauen gibt, die dann natürlich auch häufiger in der Stichprobe auftreten. Ein Ungleichgewicht ist dann nicht zufällig, sondern spiegelt reale Verhältnisse der Gesellschaft wider.

Ein statistischer Test geht also zunächst von der „Unschuld" (kein Zusammenhang) der Stichprobe aus, und versucht dann, deren „Schuld" (Zusammenhang liegt vor) zu beweisen. Nur wenn das Testergebnis das kann, wird von einem signifikanten Ergebnis gesprochen.

Entsprechend dieser beiden Situationen werden zwei Hypothesen formuliert. Die Nullhypothese postuliert die Situation „alle Unterschiede oder Zusammenhänge etc. sind rein zufällig", die Alternativhypothese beschreibt die Situation eines systematischen Zusammenhangs bzw. eines systematischen Unterschieds.

Nullhypothese: Unabhängigkeit; kein Zusammenhang; kein Unterschied

Alternativhypothese: Abhängigkeit; Zusammenhang; Unterschied

Ziel des Tests ist es, zu prüfen, ob die vorliegenden Daten eine Falsifikation der Nullhypothese rechtfertigen. Ein statistischer Hypothesentest prüft, ob die Nullhypothese „kein Zusammenhang/kein Unterschied" im Rahmen einer festzulegenden Irrtumswahrscheinlichkeit abgelehnt werden kann.

Damit begegnet uns an dieser Stelle der Unterschied zwischen Verifikation und Falsifikation aus dem kritischen Rationalismus: Eine Verifikation der Alternativhypothese ist nicht möglich. Die Testentscheidung wird über eine Falsifikation der Alternative erreicht.

Dabei ist ein Test so aufgebaut, dass die Wahrscheinlichkeit, die Nullhypothese fälschlicherweise abzulehnen, kontrolliert werden kann. Man spricht dann auch vom Fehler 1. Art bzw. dem Alphafehler. Grundsätzlich sind verschiedene „Irrtümer" denkbar (Tab. 7.1):

Im Folgenden werden die einzelnen Schritte eines Tests im Überblick dargestellt, um das Grundprinzip zu verdeutlichen. Die Berechnung der einzelnen Werte bei dem hier verwendeten Beispiel wird in Kap. 8.1 noch einmal ausführlich erläutert. An dieser Stelle liegt das Augenmerk vor allem auf dem Grundprinzip bzw. den einzelnen Schritten, nach denen ein Test abläuft.

Tab. 7.1 Fehler 1. und Fehler 2. Art beim Hypothesentesten am Beispiel Gruppenunterschied

Situation in der Realität Testentscheidung:	Kein Unterschied zwischen den Gruppen bzw. kein Zusammenhang zwischen den Merkmalen	Es besteht tatsächlich ein Gruppenunterschied bzw. ein echter Zusammenhang zwischen den Merkmalen
Test entscheidet für Unterschied/Zusammenhang (Zurückweisung/Falsifikation der Nullhypothese)	**Fälschlicherweise falsifiziert (Fehler 1. Art) → Irrtumswahrscheinlichkeit α; α-Fehler; Signifikanzniveau α**	Richtig falsifiziert (kein Fehler)
Test entscheidet für kein Unterschied/kein Zusammenhang (Nullhypothese wird nicht abgelehnt/falsifiziert)	Richtig nicht falsifiziert (kein Fehler)	Fälschlicherweise nicht falsifiziert (Fehler 2. Art)→β-Fehler

1. Den ersten Schritt stellt die Entwicklung einer geeigneten Teststatistik dar. Diese ist ein Maß für den Zusammenhang bzw. den Unterschied von Merkmalen. Dabei bedient man sich i. d. R. der Werkzeuge der deskriptiven Statistik. So wird z. B. χ^2 als Teststatistik für einen Zusammenhang in einer Kreuztabelle verwendet oder ein Mittelwertunterschied für den Unterschied zwischen zwei Stichproben.
2. Auf Basis der Stichprobenergebnisse wird nun der Wert dieser Teststatistik in der Grundgesamtheit geschätzt und
3. eine zulässige Irrtumswahrscheinlichkeit festgelegt, meist 0,05 oder 0,01. Diese gibt die Wahrscheinlichkeit an, die Nullhypothese abzulehnen, obwohl sie richtig ist (α-Fehler, Fehler 1. Art, vgl. Tab. 7.1).
4. Dann wird auf Basis eines passenden Wahrscheinlichkeitsmodells abgeschätzt, welche Werte diese Teststatistik höchstwahrscheinlich annehmen wird, falls in der Grundgesamtheit kein Zusammenhang vorliegt. Es wird also die von der *Nullhypothese* beschriebene Situation modelliert. Auf diese Weise kann man feststellen, welche Wertebereiche im Sinn der Nullhypothese wahrscheinlich bzw. unwahrscheinlich sind. Der Wertebereich wird dabei durch die Irrtumswahrscheinlichkeit begrenzt. Hat man z. B. eine Irrtumswahrscheinlichkeit $\alpha = 0{,}05$ bzw. 5 % festgelegt, dann gelten alle Werte innerhalb des Bereichs der zu 95 % wahrscheinlichen Werte als im Sinne der Nullhypothese.
5. Die geschätzte Teststatistik wird nun mit diesem Modell verglichen. Nur wenn der Wert dieser Statistik außerhalb des 1-α-Zufallsbereichs (also dem Bereich, in dem das χ^2 oder der Mittelwertunterschied auch zufällig auftreten könnte) liegt, entscheidet der Test für einen signifikanten Zusammenhang. Es wird also

nur dann für die Alternative votiert, wenn bei den Daten Zusammenhangs- bzw. Unterschiedsmaße auftreten, die nur sehr unwahrscheinlich rein zufällig sind.

Der oben geschilderte Ablauf wird noch einmal an dem folgenden Beispiel verdeutlicht:

Beispiel 7.1 Hypothesentest

Zur Verdeutlichung des Prinzips wird auf den Zusammenhang zwischen Satellitenempfang und Programmzufriedenheit aus dem Beispiel der Nutzeranalyse (vgl. 3.3.1) zurückgegriffen, welcher mit $X^2 = 6{,}97$ ermittelt wurde. Gefragt wird nun: Ist dieser Zusammenhang signifikant, d. h. kann der in der Stichprobe festgestellte Zusammenhang auf die Grundgesamtheit (GG) übertragen werden?

Es wird also 1) Chi^2 als Teststatistik herangezogen und 2) durch das berechnete Maß Chi^2 der Stichprobe für die GG geschätzt. Wir entscheiden uns im 3) Schritt für eine Irrtumswahrscheinlichkeit von 0,05, also 5 %. 4) Daraus ergibt sich, dass alle Werte im Wertebereit [0; 5,99] für die Nullhypothese sprechen[1]. 5) In unserem Beispiel gilt: 6,97 ist nicht im Bereich [0;5.99] →Unter der Maßgabe, dass es sich bei der Stichprobe um eine Zufallsauswahl handelt, kann der in der Nutzeranalyse festgestellte Zusammenhang zwischen Satellitenempfang und Programmzufriedenheit bei einer zulässigen Irrtumswahrscheinlichkeit von 5 % auf die Grundgesamtheit übertragen werden.

Die induktive Statistik befasst sich insgesamt damit, Lösungen für verschiedene Testprobleme zu finden. Die *Aufgaben der induktiven Statistik* sind:

- die Entwicklung geeigneter Teststatistiken,
- das Anbieten von Verfahren zur bestmöglichen Schätzung der Teststatistik in der Grundgesamtheit auf Basis der Stichprobenergebnisse und
- die Bereitstellung geeigneter Wahrscheinlichkeitsmodelle zur Festlegung der Wertebereiche zur Ablehnung des Tests.

Für alle im Bereich deskriptive Statistik eingeführten Kennwerte bzw. Zusammenhangsmaße liegen erprobte Lösungen vor. Die Aufgaben beim Auswerten sind:

- Die Wahl der geeigneten Teststatistik bzw. des geeigneten Tests
- Die Beurteilung der Qualität der Stichprobe zur Eignung für inferenzstatistische Verfahren (vgl. Grundkurs Methoden)

[1] Zur Bestimmung des Wertebereichs siehe Kap. 8.1

- Die Festlegung des zulässigen Irrtumsniveaus α

Die Lernziele der folgenden Abschnitte dieses Kapitels bestehen deshalb darin

a. verschiedene Testprobleme unterscheiden bzw. identifizieren zu können und
b. dazu befähigt zu werden, die dazu passenden Testverfahren anzuwenden.

Grundlegend für alle im Folgenden vorgestellten Verfahren ist eine zufällige Auswahl der Daten, d. h. die Stichprobe wurde zufällig ausgewählt.

Die Daten eines jeden erfassten Objekts sind dann das Ergebnis eines Zufallsvorgangs und können als Zufallsvariablen X mit einer Verteilungsfunktion F, einem Erwartungswert E(X) (= theoretisch wahrscheinlichstes Ereignis) und einer Varianz Var(X) (= theoretische Streuung um den E(X)) modelliert werden. Entsprechend der Datenqualität handelt es sich dabei entweder um einen diskreten oder um einen stetigen Ergebnisraum. Die Ausprägungen eines bestimmten Merkmals einer Stichprobe vom Umfang n stellt dann n Realisierungen dieser Zufallsvariable dar und nach dem Gesetz der großen Zahlen konvergiert bei einer unendlich häufigen Wiederholung eines Zufallsexperiments der Mittelwert der Ergebnisse gegen den Erwartungswert der Zufallsvariable (vgl. Fahrmeier et al. 1999, S. 309 f.).

Liegen also Annahmen über die Verteilung eines Merkmals in der Grundgesamtheit vor, z. B. dass es normalverteilt ist, so kann davon ausgegangen werden, dass bei einer Zufallsauswahl von Objekten die Merkmalsausprägungen derselben Verteilung folgen.

Ist die Stichprobe hinreichend groß (i. d. R. $n \geq 30$), dann kann weiterhin davon ausgegangen werden, dass Kennwerte wie der Mittelwert, welche sich aus dem Zusammenwirken der Werte aller *n* zufällig gezogenen Objekte ergeben, normalverteilte Zufallsvariablen sind: Wird der Mittelwert eines stetigen Merkmals vom Umfang *n* berechnet $(\frac{1}{n}\sum_{i=1}^{n} x_i)$, dann werden dazu *n* zufällige Ereignisse addiert. Das Ergebnis ist damit eine Zufallsvariable, die von *n* zufälligen Faktoren beeinflusst wird. Im vorangegangenen Abschnitt haben wir gelernt, dass eine *normalverteilte Zufallsvariable* von theoretisch unendlich vielen zufällig wirkenden Einflussfaktoren beeinflusst wird (vgl. 6.2.3).

Dasselbe gilt natürlich auch für Daten, die ohnehin als normalverteilt angesehen werden können. Hier ist der Mittelwert unabhängig vom Stichprobenumfang ebenfalls normalverteilt.

Damit kann begründet werden, warum in der empirischen Sozialforschung und auch bei Experimenten immer darauf gedrängt wird, dass wenigstens ein Stichprobenumfang von $n>30$ in einzelnen Vergleichsgruppen vorliegt, denn dann kann der Mittelwert als *normalverteilt* angesehen werden.

Kennt man μ und σ dieser Normalverteilung bzw. kann man diese hinreichend gut schätzen, dann kann man diese Verteilung für eine Testentscheidung heranziehen. Im Folgenden werden verschiedene Tests vorgestellt, die auf dieser Annahme beruhen.

7.2 T-Test für den Erwartungswert

Hierbei geht es darum, zu vergleichen, ob ein in einer Stichprobe festgestellter Mittelwert einem theoretisch ermittelten bzw. festgelegten Wert entspricht ($\mu_{gemessen} = \mu_{theoretisch}$) bzw. unter oder über einem Höchst- bzw. Mindestwert liegt ($\mu_{gemessen} > \mu_{theoretisch}$ bzw. $\mu_{gemessen} < \mu_{theoretisch}$).

Es soll also festgestellt werden, ob der Mittelwert der Daten gleich, echt größer oder echt kleiner als ein bestimmter Wert ist. Dabei muss man davon ausgehen, dass der in den Daten festgestellte Mittelwert immer etwas vom theoretischen Mittelwert verschieden ist, weil es sich um eine Stichprobe handelt und nicht um eine Vollerhebung und entsprechend Informationen fehlen. Letztlich muss geklärt werden, ob die vorgefundene Abweichung noch im Rahmen einer zufälligen Schwankung ist oder tatsächlich auf eine Über- oder Unterschreitung des theoretischen Wertes hindeutet.

Je nachdem, welche Situation überprüft werden soll, ergeben sich folgende Hypothesen:

H_0: $\bar{x} = \mu_0$ vs. H_1: $\bar{x} \neq \mu_0$
H_0: $\bar{x} \geq \mu_0$ vs. H_1: $\bar{x} < \mu_0$
H_0: $\bar{x} \leq \mu_0$ vs. H_1: $\bar{x} > \mu_0$

Ist die Stichprobe $n \geq 30$, dann kann die Situation unter H_0 mit Hilfe der Normalverteilung spezifiziert werden.[2] Wenn die Parameter „wahrscheinlichster Wert" μ und Varianz σ vorliegen, dann ist es nicht weiter schwierig, den Wertebereich anzugeben, außerhalb dem eine Abweichung vom Sollwert sehr unwahrscheinlich und damit vermutlich nicht mehr zufällig ist.

---

[2] Wenn man davon ausgehen kann, dass die Daten ohnehin normalverteilt sind, dann kann der Test auch mit einer kleineren Stichprobe durchgeführt werden. Zur Modellierung unter H_0 wird dann die sogenannte student-t-Verteilung herangezogen. Von dieser Verteilung hat der Test auch seinen Namen. Die genaue Vorgehensweise finden Sie z. B. bei Bortz und Schuster 2010, S. 118–120

7.2.1 Die Zufallsverteilung des Mittelwerts im Sinn der Nullhypothese

Das Problem ist also gelöst, wenn Angaben über die Verteilung einer Zufallsvariable vorliegen. Leider sind die Parameter μ und σ nur in den seltensten Fällen bekannt. Sie sind i. d. R. genauso unbekannt wie die anderen Informationen über die Wirklichkeit und müssen deshalb aus den Daten „geschätzt" werden.

Die Schätzung steht und fällt dann natürlich auch mit der Qualität und vor allem mit dem Umfang der Stichprobe – je mehr Informationen einer Schätzung zugrunde liegen, desto besser ist diese. Für diese intuitiv einleuchtende Behauptung gibt es auch eine mathematische Erklärung, nämlich *das Gesetz der großen Zahlen*. Es besagt, dass bei einer unendlich häufigen Wiederholung eines Zufallsvorgangs die empirisch vorgefundene Häufigkeitsverteilung der möglichen Ereignisse eines Zufallsvorgangs mit deren theoretischer Wahrscheinlichkeitsverteilung konvergiert (Fahrmeier et al. 1999, S. 310).[3]

Wegen dieses Gesetzes ist man einigermaßen berechtigt, aus der vorgefundenen empirischen Verteilung auf die theoretische Verteilung zu schließen, wobei man davon ausgeht, dass die Schlussfolgerung *umso sicherer ist*, je größer die Zahl der Wiederholungen des Zufallsvorgangs ist, d. h. *je mehr zufällig ausgewählte Objekte* empirisch untersucht wurden.

Als bester Schätzer des *wahrscheinlichsten Wertes* (Erwartungswert) einer normalverteilten Zufallsvariable gilt der empirisch festgestellte Mittelwert dieser Zufallsvariablen. Der unbekannte Mittelwert der vorliegenden Zufallsverteilung wird deshalb durch den Mittelwert der vorliegenden Stichprobe geschätzt $(\mu = x)$. Damit ist ein Parameter der gesuchten Normalverteilung schon geklärt. Nun muss noch eine Schätzung für die Streuung des Wertes gefunden werden, dann ist die Normalverteilung bestimmt.

Die Schätzung der Streuung um diesen Mittelwert erfolgt über die Schätzung der Streuung des Merkmals in der Grundgesamtheit.

Dabei wird zum Schätzen der Streuung der Grundgesamtheit die Formel verwendet, die bereits in 4.3.2.3 angesprochen und dort als Stichprobenvarianz bezeichnet wurde. Der Grund, dass nicht durch n, sondern durch n − 1 geteilt wird, ist, dass bei der Berechnung nur n − 1 zufällige Differenzen vom Mittelwert zum Wert

[3] Um diesen Satz besser zu verstehen, können Sie ein ganz einfaches Experiment durchführen. Rein theoretisch ist die Wahrscheinlichkeit beim Münzwurf jeweils 50 % für Kopf oder Zahl. Entsprechend erwarten wir eine Verteilung von 50 % Köpfen und 50 % Zahlen. Machen Sie zunächst 10 Würfe und ermitteln Sie den Anteil der Köpfe. Werfen Sie nun noch 20x und ermitteln Sie erneut den Anteil an Köpfen. Der Anteil der Köpfe müsste theoretisch umso genauer 0,5 ausmachen, je öfter Sie geworfen haben.

Tab. 7.2 Freiheitsgrade als die Anzahl möglicher elementarer Zufallsereignisse einer Berechnung

x_i	$x_i - x$	Weil gilt $\sum_{i=1}^{n}(x_i - x) = 0$, ist, nachdem die ersten drei Differenzen ausgerechnet wurden, die vierte Differenz bereits festgelegt und kann damit nicht mehr zufällig sein. Damit gehen in der Berechnung der Varianz nur n-1 Zufallsereignisse ein. Die Division durch n-1 wird diesem Problem damit mehr gerecht als die Division durch n und ist somit als „bessere" Schätzung einzustufen.
1	0	
0	-1	0+(-1)+0= = -1 → x_4=1
1	0	
2	1	
Mittelwert=(4/4)=1	$\sum_{i=1}^{n}(x_i - x) = 0$	

zusammenwirken. Zur Illustration enthält Tab. 7.2 ein Beispiel mit ganz einfachen Zahlen. Man spricht dabei auch von den Freiheitsgraden: Die Zahl der Freiheitsgrade gibt an, wie viele zufällig variierende Werte in einer Statistik drinstecken können.

Beispiel 7.2: Wie lange dauert die Sendung Tagesschau (ARD, 20:00Uhr) im Mittel tatsächlich?

Wird der theoretische Wert von 15 min = 900 sek eingehalten? Innerhalb eines zufällig ausgewählten Zeitraums seien 40 Sendungen aufgezeichnet und die konkrete Dauer vom Abblenden der Uhr bis zum Ende der Abschlussmoderation festgehalten worden. Es ergibt sich ein Mittelwert von 975 sek. Der Sollwert von 900 sek wurde häufiger über- als unterschritten. Die Standardabweichung der Stichprobe sei mit 90 sek festgestellt worden.
Ges: Grundgesamtheitsvarianz σ^2, geschätzt durch s^2 = Stichprobenvarianz
Lös: Für die vorliegende Standardabweichung von 90 sek wurden die quadrierten Abweichungen vom Mittelwert durch n = 40 geteilt. Für die Stichprobenvarianz soll aber durch n − 1 = 40 − 1 = 39 geteilt werden. Ansonsten ist die Rechnung identisch und die Schätzung von σ^2 erfolgt gemäß Gl. 4.15.

$$\sigma^2 = \frac{1}{(n-1)}\left[(x_1-\bar{x})^2+\dots+(x_n-\bar{x})^2\right] = \frac{1}{(n-1)}\sum_{i=1}^{n}(x_i-\bar{x})^2$$

Eine Umrechnung ist nach Gl. 4.18 entsprechend einfach: $\sigma^2 = \frac{n}{(n-1)}s^2$.

$$\sigma^2 = \frac{40}{39}90^2 = 1{,}026 \cdot 8100 = 8307{,}69; s = 91{,}14 \rightarrow \sigma = 91{,}19$$

Wir sehen, dass die Stichprobenvarianz s^2 bzw. die Schätzung von σ^2 etwas höher ist als die Varianz. Man kann nun schlussfolgern, dass die Dauer der Tagesschau um 20:00 Uhr durchschnittlich bei 975 sek liegt. Geht man davon aus, dass die Daten normalverteilt sind (und n>30), dann kann man weiterhin annehmen, dass 68 % aller Ausstrahlungen der Tagesschau eine Dauer im Bereich $\overline{x} \pm s$ haben, also zwischen 884 sek und 1066 sek lang sind.

Aus der Streuung des Merkmals kann nun auch auf die Streuung des Mittelwertes dieser Merkmale geschlossen werden. Stellen wir uns vor, wir würden noch z. B. 40 weitere Stichproben von n=40 aus dem Programm ziehen und jeweils die Mittelwerte der Dauer der Tagesschau ermitteln. Es ist anzunehmen, dass sich die 40 Mittelwerte der gedachten Stichproben nicht zu 100 % gleichen, sondern dass sie sich voneinander unterscheiden.

Das Ausmaß, mit dem sich die Mittelwerte verschiedener Zufallsstichproben voneinander unterscheiden, hängt maßgeblich davon ab, wie sehr sich die Werte der einzelnen Elemente der Grundgesamtheit voneinander unterscheiden. In unserem Beispiel 7.2 zeigt sich eine mittlere Varianz bei der Dauer der Nachrichtensendung. Deshalb ist umso mehr davon auszugehen, dass die Mittelwerte nicht gleich sein werden, sondern sich normalverteilt um den Mittelwert zufällig anordnen.

Die Stärke dieser Streuung wird jetzt durch die durchschnittliche Abweichung zwischen zwei Werten der Stichprobe geschätzt. Diese erhält man, indem man die gesamte Streuung der Werte durch den Stichprobenumfang teilt. Damit ist die Zufallsverteilung eines Mittelwerts einer Stichprobe mit n>30 (n=„groß genug") bzw. die Zufallsverteilung des Mittelwerts eines normalverteilten Merkmals gefunden. Es gilt: $\overline{x} \sim N\left(\overline{x};\frac{\sigma^2}{n}\right)$.

► Für die Zufallsvariable „Mittelwert" gilt:

1. Mittelwert ist approximativ normalverteilt, wenn n>30
2. Mittelwert ist normalverteilt, wenn das Merkmal X normalverteilt ist.

$$\overline{x} \sim N(\mu_{\overline{x}};\sigma^2_{\overline{x}})$$

3. Der Erwartungswert der Zufallsvariable μ wird mit $\overline{x}$ geschätzt

$$\overline{x} \sim N(\overline{x};\sigma^2_{\overline{x}})$$

4. Die Streuung um den Mittelwert σ^2 wird durch $\frac{s^2}{n}$ geschätzt→

$$\overline{x} \sim N\left(\overline{x};\frac{\sigma^2}{n}\right) \tag{7.1}$$

5. Es gilt:

$$\sigma^2 = \frac{n}{(n-1)}\hat{s}^2 \tag{7.2}$$

bzw.

$$\sigma^2 = \frac{1}{n-1}\sum_{i=1}^{n}(x_i - \bar{x})^2 \tag{7.3}$$

7.2.2 Testentscheidung über die Abweichung eines Mittelwerts von einem theoretischen Wert

Auf Basis dieser Überlegungen können nun unsere Hypothesen darüber getestet werden, ob der Stichprobenmittelwert zum Irrtumsniveau α von einem theoretischen Wert verschieden bzw. echt größer oder echt kleiner ist.

Es gilt: Unter H_0 ist der Mittelwert gleich dem theoretisch erwarteten Wert. Dieser wird als μ_0 bezeichnet. Die Streuung um den theoretischen Wert wird durch die Streuung um den Mittelwert geschätzt.

Unter H_0 ist $\mu \sim N(\mu_0; s^2/n)$

Für die einzelnen Nullhypothesen ergeben sich folgende Ablehnungsbereiche:

H_0: $\bar{x} = \mu_0$: Lehne ab, wenn $p(X > \bar{x}) > 1 - \alpha/2$ oder wenn[4]

$$p(X \leq \bar{x}) < \alpha/2 \tag{7.4}$$

H_0: $\bar{x} \geq \mu_0$: Lehne ab, wenn

$$p(X > \bar{x}) > 1 - \alpha \tag{7.5}$$

H_0: $\bar{x} \leq \mu_0$: Lehne ab, wenn

$$p(X \leq \bar{x}) < \alpha \tag{7.6}$$

Beispiel 7.2 Dauer der Tagesschau (Fortsetzung)

Jetzt können wir die Frage beantworten, ob die theoretische Dauer von 15 min = 900 sek der Tagesschau eingehalten wird. Da gefragt wird, ob die Dauer nicht etwa länger oder kürzer als 900 sek ist, liegt in diesem Fall Testsituation 1 (Gl. 7.4): $\bar{x} = \mu_0$ vor. Um die Entscheidung treffen zu können, müssen wir

[4] Da im Fall dieser Hypothese keine Vorannahmen über die Richtung einer möglichen Abweichung bestehen, kann sie sowohl nach oben (also zu groß) als auch nach unten (der empirisch festgestellte Mittelwert ist zu klein) erfolgen. Die Irrtumswahrscheinlichkeit setzt sich dann aus den beiden Rändern zusammen.

also wissen, wie wahrscheinlich ein Durchschnitt von 975 sek und mehr ist. Die Streuung des Durchschnitts wird gemäß Gl. 7.1 mit $\frac{s}{\sqrt{n}} = \frac{91{,}14}{6{,}33} = 14{,}4$ geschätzt.

Die Berechnung dieser Wahrscheinlichkeit ist über zwei Wege möglich: Zum einen kann die Wahrscheinlichkeit anhand eines geeigneten Tabellenkalkulationsprogramms (vgl. Beispiel 6.4) ermittelt werden, zum andern kann auch der Weg über die z-Transformation beschritten werden, bei dem die Werte mit Hilfe der Tafel zur Wahrscheinlichkeitsverteilung der Standardnormalverteilung berechnet werden. (vgl. Beispiel 6.5).

7.2.2.1 Variante 1: Testentscheidung über die Ermittlung der Wahrscheinlichkeit des empirischen Wertes mit Excel

Wie bereits in Abschn. 6.2.3.1 beschrieben findet man die Funktion NORM.VERT unter den Formeln, und zwar bei den statistischen. Wurde die Funktion angeklickt, müssen nun die richtigen Funktionsargumente eingegeben werden.

Für X den Wert, dessen Wahrscheinlichkeit $P(X \leq x)$ man sucht, bei Bsp. 7.2 den berechneten Mittelwert der Daten.

Bei MITTELWERT: Mittelwert der Verteilung unter H0, in unserem Fall ist das der Wert μ_0. Für Bsp.7.2 sind das die 900 s

Als STANDARDABWN die geschätzte Standardabweichung der Mittelwerty, also die Wurzel aus der geschätzten Streuung $\sigma_{\bar{x}}^2$. Im Bsp. 7.2: s = 14,4.

Bei KUMULIERT wird WAHR eingegeben, denn es ist gesucht $p(\sigma_{\bar{x}}^2 > \bar{x})$.

Ist alles richtig eingegeben, tippt man auf OK und erhält den Wert $P(x \leq 975) = 0{,}999$. Aus der Symmetriebeziehung (Gl. 6.12) ergibt sich: $p(X > \bar{x}) = 1 - p(X \leq \bar{x}) \rightarrow P(x < 0{,}999) = 1 - p(X \leq \bar{x}) = 1 - 0{,}9999 = 0{,}000$.

Beispiel 7.2 Dauer der Tagesschau (Fortsetzung)

Damit liegt die Irrtumswahrscheinlichkeit im Beispiel 7.2 für ein Ablehnen der These, dass 975 sek nicht mehr als 900 sek sind, bei 0,000. und die Nullhypothese muss abgelehnt werden. Damit kann von einer systematischen Abweichung der Ausstrahlungsdauer der Tagesschau von den im Sendeablauf vorgesehen 15 min = 900 sek ausgegangen werden. War die Messung zuverlässig (stimmte die Uhr?) und valide (Wurden Anfangs- und Endzeitpunkt richtig gesetzt?), dann dauert die Tagesschau in der Regel etwas länger als 15 min (Abb. 7.1 und Abb. 7.2).

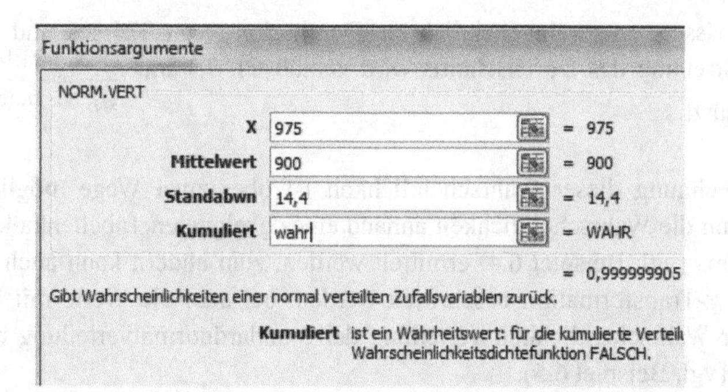

Abb. 7.1 Normalverteilungsfunktion bei Excel – Funktionsargumente von Bsp. 7.2

Abb. 7.2 Normalverteilungsfunktion bei Excel- Ergebnis

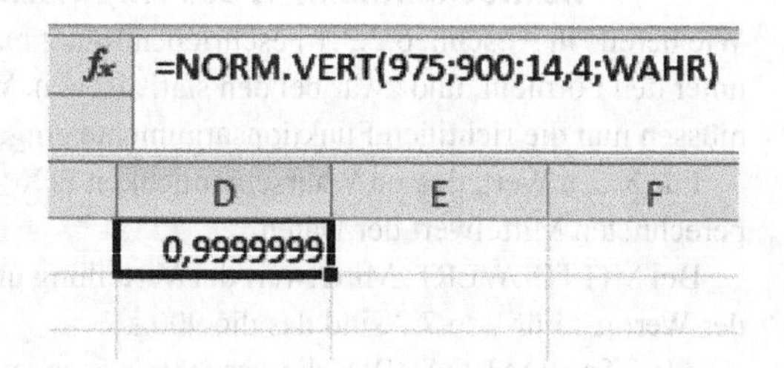

7.2.2.2 Variante 2: Testentscheidung über die Bestimmung des Ablehnungsbereichs anhand der Standardnormalverteilung

Diese Möglichkeit ist standardmäßig in Statistikbüchern angegeben. Auf Basis der Standardisierungsfunktion (Gl. 6.10) wird eine normalverteilte Zufallsvariable $N(\mu,\sigma^2)$ über $Z=\frac{X-\mu}{\sigma}$ zu einer standardnormalverteilten Zufallsvariable $N(0,1)$.

Entsprechend wird die Verteilung von $\mu \sim N(\mu_0;s^2/n)$ transformiert und die Wahrscheinlichkeit $p(X \le \mu)$ einer Zufallsvariablen μ ergibt sich über die Standardnormalverteilung als

$$Z=\frac{x-\mu_0}{s}\sqrt{n} \qquad (7.7)$$

Da häufig nur bestimmte Quantile der Verteilung genau bekannt sind, wird die Testentscheidung i. d. R. auf Basis von α als maximale Wahrscheinlichkeit ermittelt. Es gilt für die verschiedenen Hypothesen:

H_0: $\bar{x}=\mu_0$: Lehne ab, wenn

$$|Z| > z_{1-\alpha/2} \qquad (7.8)$$

H_0: $\bar{x} \geq \mu_0$: Lehne ab, wenn

$$Z < -z_{1-\alpha} \tag{7.9}$$

H_0: $\bar{x} \leq \mu_0$: Lehne ab, wenn

$$Z > z_{1-\alpha} \tag{7.10}$$

Beispiel 7.2 Dauer der Tagesschau (Fortsetzung)

Für Beispiel 7.2 ergibt sich folgendes Vorgehen:
Geg.:μ_0=900 sek; $\bar{x} = 975 sek; s = 91{,}14; n = 40; \alpha = 0{,}05$
Ges: Kann $\bar{x} = \mu_0$ abgelehnt werden?
Lös: Gl. 7.7 $\mu \sim N(\mu_0; s^2/n)$ und Testentscheidung Gl. 7.8: Lehne H_0 ab, wenn $|Z| > z_{1-\alpha/2}$

$$Z = \frac{\bar{x} - \mu_0}{S}\sqrt{n} = \frac{975 - 900}{91{,}14}\sqrt{40} = \frac{75}{91{,}14} \cdot 6{,}32 = 5{,}290$$

Das Quantil $z_{1-\alpha/2}$ wird nun aus der Tabelle abgelesen. $Z_{0,975}$ ergibt sich als 1,96. Da 5,29> als 1,96 ist, wird die Nullhypothese abgelehnt.

Die Situation, dass ein Stichprobenmittelwert mit einem konkreten Wert verglichen wird, liegt in kommunikationswissenschaftlichen Untersuchungen m. E. nach nicht allzu oft vor. Sehr viel häufiger tritt dagegen die Situation auf, dass die Mittelwerte von zwei Teilstichproben miteinander auf Unterschiede verglichen werden.

7.3 Test über Mittelwertunterschiede zwischen zwei unverbundenen Gruppen (T-Test)

Als nächstes wird der sogenannte T-Test vorgestellt. Er macht es möglich, im Rahmen eines zu bestimmenden Fehlers Aussagen darüber zu machen, ob die, bei einer Analyse von Gruppenmittelwerten festgestellten Unterschiede zwischen zwei Teilstichproben von der Stichprobe auf die Grundgesamtheit übertragbar sind.

Beispielhafte Situationen können sein: Bei einer Querschnittstudie werden Männer und Frauen, Ältere und Jüngere, Erwerbstätige und nicht Erwerbstätige hinsichtlich des Merkmals „tägliche Radionutzung“ verglichen; bei einem Experiment werden Versuchsgruppe und Kontrollgruppe miteinander verglichen; eine

Zufallsauswahl zu einem bestimmten Zeitpunkt oder aus einem bestimmten Ort wird mit einer anderen Zufallsauswahl zu einem anderem Zeitpunkt bzw. aus einem anderen Ort verglichen (Mediennutzung in Bayern vs. Hamburg; Fernsehnutzung einer Stichprobe 2005 gegenüber einer anderen Stichprobe von 2010).

► Der im Folgenden vorgestellte Test ist dabei nur anwendbar, wenn folgende Grundbedingungen erfüllt sind:
1. Die Stichprobenziehung basierte auf einer Zufallsauswahl (oder wenigstens einer sehr guten Quotenstichprobe).
2. Zwischen den Stichproben wurde ein Mittelwertunterschied festgestellt.
3. Der Umfang beide Teilstichproben $n, m > 30$.[5]

Sind diese Grundbedingungen erfüllt, dann können die eingangs dargelegten Überlegungen zur Normalverteilung von Mittelwerten für die Lösung des Testproblems Verwendung finden und der im Folgenden vorgestellte Test über einen Inferenzschluss (Verallgemeinerung der Stichprobenergebnisse auf die Grundgesamtheit) ist möglich.

Wie in der Einführung zur induktiven Statistik (1.1.2) erwähnt, soll die Frage beantwortet werden, ob die festgestellten Gruppenunterschiede möglicherweise zufällig zustande gekommen sind.

7.3.1 Testsituation, Nullhypothese und Verteilungsparameter

Der statistische Kennwert, der uns in diesem Fall interessiert, ist die Differenz d zwischen den Gruppenmittelwerten der beiden Merkmale A und B:

$$d = \overline{x}_A - \overline{x}_B \tag{7.11}$$

Da die Strategie eines Tests darin besteht, den Bereich der zufälligen Schwankungen zu charakterisieren, um feststellen zu können, ob der ermittelte Kennwert – in unserem Fall der Mittelwertunterschied zwischen zwei Gruppen – außerhalb des Bereichs der zufälligen Schwankungen liegt, wird wieder jeweils eine „Nullhypo-

[5] Sind die Stichprobe n, $m < 30$, aber die Merkmale in der Grundgesamtheit normalverteilt, so kann der Test ebenfalls durchgeführt werden, wenn die Varianzen bekannt sind. Sind diese nicht bekannt, können aber als annähernd gleich vorausgesetzt werden, dann wird in diesem Fall die t-Verteilung mit $(n + m - 2)$ Freiheitsgraden zur Bestimmung der Irrtumswahrscheinlichkeit verwendet. Genauere Hinweise finden sich z. B. bei Bortz und Schuster 2010, S. 120 ff.

these" H_0 (→kein Unterschied) und eine „Alternativhypothese H_1" (Unterschied besteht) formuliert.

Dabei können theoretisch drei verschiedenen Annahmen überprüft werden:

1. Mittelwert Gruppe A ≠ Mittelwert Gruppe B: $\overline{x}_A \neq \overline{x}_B \rightarrow d \neq 0$
2. Mittelwert Gruppe A > Mittelwert Gruppe B: $\overline{x}_A > \overline{x}_B \rightarrow d > 0$
3. Mittelwert Gruppe A < Mittelwert Gruppe B: $\overline{x}_A > \overline{x}_B \rightarrow d > 0$

Entsprechend ergeben sich folgende Null- bzw. Alternativhypothesen:

$$H_0\colon d = \overline{x}_A - \overline{x}_B = 0 \quad \text{vs.} \quad H_1\colon d = \overline{x}_A - \overline{x}_B = 0$$
$$H_0\colon d = \overline{x}_A - \overline{x}_B \leq 0 \quad \text{vs.} \quad H_1\colon d = \overline{x}_A - \overline{x}_B > 0$$
$$H_0\colon d = \overline{x}_A - \overline{x}_B \geq 0 \quad \text{vs.} \quad H_1\colon d = \overline{x}_A - \overline{x}_B < 0$$

► Ein T-Test bei unverbundenen Stichproben prüft, ob die empirisch erfassten Daten eine Falsifikation der Nullhypothese „kein Unterschied zwischen den Stichproben" rechtfertigen.

Beispiel 7.3: Unterschiedliche Dauer von Nachrichtenbeiträgen bei öffentlich-rechtlichen und privaten TV-Sendern?

Wir beziehen uns wieder auf die Nachrichtenanalyse. Der Mittelwert und die Stichprobenvarianz der Beitragsdauer öffentlich-rechtlicher Sender wurden wie folgt ermittelt: $\overline{x}_{ö.r.} = 76\ sek; s = 48,9\ sek; n_{ö.r.} = 183$. Dieselben Daten liegen auch für die Privatsender vor: $\overline{x}_{pr} = 74,5\ sek; s = 46,6\ sek; n_{pr} = 435$

Ges: Kann der Unterschied von $d = \overline{x}_{ö.r.} - \overline{x}_{pr} = 76$ sek − 74,5 sek = 1,5 sek auf die Grundgesamtheit übertragen werden?

$$H_0\colon d = 0 \qquad H_1\colon d \neq 0$$

Um die Frage zu beantworten bzw. zu entscheiden, ob die Nullhypothese abgelehnt werden darf, wird das Augenmerk auf den *Mittelwertunterschied d* gelegt. Er ist in diesem Fall die Teststatistik.

Dabei werden folgende Überlegungen zugrunde gelegt: 1) Die Nachrichtensendungen und damit auch die einzelnen Beiträge wurden zufällig ausgewählt. Damit ist die Dauer eines Beitrags das Ergebnis eines Zufallsvorgangs. 2) Die Mittelwerte der Gruppen der Beiträge in Nachrichtensendungen öffentlich-rechtlicher bzw. privater Sender sind damit die Ergebnisse einer Verknüpfung von Zufallsvorgängen. 3) In Punkt 7.1 wurde dargelegt, dass Mittelwerte bzw. Kennwerte aus Daten zufällig gezogener Stichproben vom Umfang n > 30 als normalverteilt gelten. Damit liegen zwei normalverteilte Zufallsvariablen vor: $\overline{x}_{ö.r.}$ *und* $\overline{x}_{pr}$. 4) Die Differenz von zwei normalverteilten Zufallsvariablen ist ebenfalls eine normalverteilte Zufallsvariable.

- Die Differenz aus zwei normalverteilten Zufallsvariablen ist normalverteilt mit $d \sim N(\mu;\sigma^2)$.

Da die Situation für den Fall beschrieben werden soll, dass die Nullhypothese gilt, ist der wahrscheinlichste Wert (der Erwartungswert) dieser Normalverteilung d = 0 und es gilt: $d \sim N(0;\sigma^2)$. Die Varianz dieses Wertes ergibt sich aus der Summe der Varianzen der beiden Mittelwerte. Da gilt $\bar{x} \sim N\left(\bar{x};\frac{s^2}{n}\right) \rightarrow d \sim N\left(0;\frac{s_x^2}{n}+\frac{s_y^2}{m}\right)$.

- **Zufallsvariable Mittelwertunterschied**

1. Ein Mittelwert ist approximativ normalverteilt wenn n > 30:

$$\bar{x} \sim N\left(\bar{x};\frac{s^2}{n}\right) \tag{7.12}$$

2. Die Distanz zwischen den Mittelwerten von zwei Variablen X und Y mit n > 30 und m > 30 ist ebenfalls normalverteilt:

$$d \sim N\left(d_0;\frac{s_x^2}{n}+\frac{s_y^2}{m}\right). \tag{7.13}$$

3. d_0 ist dabei der in der Nullhypothese angenommene Unterschied (meist $d_0 = 0$, d. h. kein Unterschied)

Beispiel 7.3: Unterschiedliche Dauer von Nachrichtenbeiträgen bei öffentlich-rechtlichen und privaten TV-Sendern? (Fortsetzung)

Berechnung der Streuung der Mittelwertdistanz.

Geg: $\bar{x}_{ö.r.} = 76seks; s = 48{,}9sek; n_{ö.r.} = 183\ \bar{x}_{pr} = 74{,}5sek; s = 46{,}6sek; n_{pr} = 435$

Ges: Schätzung der Verteilung der Mittelwertdistanz σ_d

Lös: Die Verteilung des Mittelwertunterschiedes kann damit mit Gl. 7.12 und Gl. 7.13 wie folgt berechnet werden:

$$\bar{x}_{ö.r.} \sim N\left(\bar{x}_{ö.r.};\frac{s_{x_{ö.r.}}^2}{n_{ö.r.}}\right) \text{ und } \bar{x}_{pr} \sim N\left(\bar{x}_{pr};\frac{s_{x_{pr}}^2}{n_{pr}}\right)$$

$$\rightarrow N\left(0;\frac{48{,}9^2}{183}+\frac{46{,}6^2}{435}\right) = (0;13{,}1+5) = N(0;18{,}1).$$

→Wenn H_0 richtig ist, dann liegen 68 % der Mittelwertunterschiede zwischen $0 \pm \sqrt{18{,}1} = 0 \pm 4{,}25s$ vgl. 6.2.3. Vergleicht man dies mit dem Mittelwertunterschied von 1,5sek, dann lässt sich vermuten, dass die Nullhypothese durch die vorliegenden Daten nicht falsifiziert wird. Dies wird nun genau festgestellt.

Auf Basis dieser Normalverteilung wird nun entschieden, ob die Irrtumswahrscheinlichkeit für die empirisch gemessene Mittelwertdifferenz die Ablehnung der Nullhypothese rechtfertigt.

7.3.2 Testentscheidung über einen signifikanten Unterschied zwischen den Mittelwerten zweier unverbundener Stichproben

Der Vergleich mit der Faustregel, dass bei normalverteilten Daten 68 % der Daten im Bereich $\overline{x} \pm s$ liegen, gibt in unserem Beispiel schon einen deutlichen Hinweis darauf, dass die Irrtumswahrscheinlichkeit bei einer Ablehnung der Nullhypothese relativ hoch ist.

Sie stellt aber noch keinen korrekten Test dar. Hierfür muss zunächst vom Forscher die zulässige Irrtumswahrscheinlichkeit α bzw. das gewünschte Signifikanzniveau α angegeben werden. Es sollte höchstens bei 10 % ($\alpha=0{,}1$) liegen, häufig wird auch eine Irrtumswahrscheinlichkeit von höchstens 1 % ($\alpha=0{,}01$) angestrebt. Wann welche Irrtumswahrscheinlichkeit noch zulässig ist, hängt von verschiedenen Faktoren ab. Diesbezüglich wird es am Ende dieses Kapitels noch eine zusammenfassende Diskussion geben.

► Am häufigsten wird eine Irrtumswahrscheinlichkeit von höchstens 5 % bzw. $\alpha=0{,}05$ verwendet.

Ist die Entscheidung über α getroffen, wird anhand der Daten festgestellt, mit welcher Wahrscheinlichkeit ein kleinerer bzw. ein größerer Mittelwertabstand *d* als der zwischen den Stichproben festgestellte auftritt.

H_0: $d = \overline{x}_A - \overline{x}_B = 0$ Lehne H_0 ab, wenn $p(X > d) > 1 - \frac{\alpha}{2}$ oder wenn

$$p(X \leq d) < \frac{\alpha}{2} \qquad (7.14)$$

H_0: $d = \overline{x}_A - \overline{x}_B \leq 0$ Lehne H_0 ab, wenn

$$p(X > d) > 1 - \alpha \tag{7.15}$$

H_0: $d = \overline{x}_A - \overline{x}_B \geq 0$ Lehne H_0 ab, wenn

$$p(X \leq d) < \alpha \tag{7.16}$$

Mit der, anhand der vorgefundenen Situation, geschätzten Normalverteilung wird also die Testentscheidung anhand der Wahrscheinlichkeit für das Auftreten eines Mittelwertunterschieds *d* getroffen. Auch bei diesem Test werden wieder zwei Möglichkeiten dargestellt – die Berechnung mit Hilfe von Excel und die Ermittlung der Ablehnungsgrenzen über die Standardnormalverteilung.

Im Folgenden wird zunächst die numerische Ermittlung der Irrtumswahrscheinlichkeit bzw. der Testentscheidung dargestellt.

7.3.2.1 Testentscheidung über die Ermittlung der Irrtumswahrscheinlichkeit mit Excel

Wie beim Test in 7.2 wird die Normalverteilungsfunktion von Excel genutzt (vgl. Abb. 7.1). Jetzt gibt man die Funktionsargumente wie folgt ein:

X: Den Wert, dessen Wahrscheinlichkeit P(X≤x) man sucht, (Bsp. 7.3: d=−1,5).

MITTELWERT: Den Mittelwert der Verteilung im Sinn von H_0= 0 für kein Unterschied.

STANDABWN: Die Standardabweichung der Mittelwertdistanz geschätzt, (Bsp. 7.3: 4,25).

KUMULIERT: WAHR, denn es ist gesucht P(X≤x).

Ist alles richtig eingegeben, tippt man auf OK und erhält den Wert P(x≤−1,5)=0,3621

Beispiel 7.3: Unterschiedliche Dauer von Nachrichtenbeiträgen bei öffentlich-rechtlichen und privaten TV-Sendern? (Fortsetzung)

Damit gilt: 0,3620>0,05 (=α/2). Die Nullhypothese wird damit beibehalten und es kann nicht von einem systematischen Unterschied in der Beitragsdauer von Nachrichten bei öffentlich-rechtlichen und privaten Sendern ausgegangen werden.

7.3.2.2 Testentscheidung über die Bestimmung des Ablehnungsbereichs anhand der Standardnormalverteilung

Auf Basis der Standardisierungsfunktion wird eine normalverteilte Zufallsvariable $N(\mu,\sigma^2)$ über $Z = \frac{X-\mu}{\sigma}$ zu einer standardnormalverteilten Zufallsvariable $N(0,1)$ (Gl. 6.10).

▶ **Entsprechend wird die Verteilung** von $d \sim N\left(d_0; \frac{s_x^2}{n} + \frac{s_y^2}{m}\right)$ transformiert und die Wahrscheinlichkeit $p(x \leq d)$ einer Zufallsvariable d ergibt sich über die Standardnormalverteilung als

$$Z = \frac{d - d_0}{\sqrt{\frac{s_x^2}{n} + \frac{s_y^2}{m}}} \tag{7.17}$$

Mit der Standardnormalverteilung werden nun anhand der vom Forscher festgelegten zulässigen Irrtumswahrscheinlichkeit α die Grenzen des Wertebereichs von *d* festgelegt, außerhalb dem die Nullhypothese abgelehnt wird. Für die einzelnen Situationen ergeben sich folgende Ablehnungsbereiche der Nullhypothesen:

H_0: $H_0: d = \bar{x}_A - \bar{x}_B = 0$

Lehne H_0 ab, wenn[6] $|Z| > z_{1-\alpha/2}$ (7.18)

H_0: $d = \bar{x}_A - \bar{x}_B \leq 0$

Lehne H_0 ab, wenn $Z < -z_{1-\alpha}$ (7.19)

H_0: $d = \bar{x}_A - \bar{x}_B \geq 0$

Lehne H_0 ab, wenn $Z > z_{1-\alpha}$ (7.20)

[6] Auch hier gilt wieder dass sich aufgrund der zweiseitigen Situation auch die Irrtumswahrscheinlichkeit auf beide Ränder der Verteilung aufteilt. Diesem Umstand wird durch den Vergleich mit α/2 Rechnung getragen.

Tab. 7.3 Häufig benötigte Quantile der Standardnormalverteilung

α	0,1	0,05	0,01
$z_{1-\alpha/2}$	1,645	1,96	2,575
$z_{1-\alpha}$	1,285	1,645	2,325

Die Werte werden aus der Tabelle der Verteilungsfunktion der Standardnormalverteilung herangezogen. Um dies zu erleichtern, werden gängige Quantile hier noch einmal im Überblick dargestellt (Tab. 7.3)

Das Vorgehen eines T-Tests auf Mittelwertdifferenz mit Hilfe der Quantile der Standardnormalverteilung wird im Folgenden an einem weiteren Beispiel verdeutlicht:

Beispiel 7.4: Haushaltstätigkeit von Männern und Frauen – Mittelwertvergleich

In der Nutzerstudie wurde u. a. nach der Zeit gefragt, die die Personen durchschnittlich pro Woche mit Arbeiten im Haushalt und mit Kinderbetreuung verbringen. Der Mittelwertvergleich ergab, dass zwischen Männern und Frauen eine Differenz von insgesamt etwa 3 h besteht: $\overline{x}_m = 7,9h; s = 9,6h; n_m = 63;$ $\overline{x}_w = 10,9h; s = 9,9h; n_w = 58\cdot$

Ist dieser Unterschied von 7,9h − 10,9h = − 3h mit einer Irrtumswahrscheinlichkeit von max. 0,05 signifikant, d. h. kann man mit hoher Sicherheit sagen, dass Frauen mehr Zeit für Haushalt und Kinderbetreuung aufwenden als Männer?

$H_0: d = \overline{x}_{Männer} - \overline{x}_{Frauen} \geq 0$ $\qquad$ $H_1: d = \overline{x}_{Männer} - \overline{x}_{Frauen} < 0$

Lös: Gemäß Gl. 7.17 und 7.19 lehne H_0 ab, wenn

$$z = \frac{d - d_0}{\sqrt{\frac{s_x^2}{n} + \frac{s_y^2}{m}}} < -z_{1-\alpha} \quad Z = \frac{-3}{\sqrt{\frac{9,6^2}{63} + \frac{9,9^2}{58}}} = \frac{-3}{1,76} = -1,689$$

$z_{1-\alpha}$: Tafel Normalverteilungsfunktion → Quantil der Standardnormalverteilung zum Wahrscheinlichkeitswert von 1 − (0,05/2) = 1 − 0,025 = 0,975 (vgl. Tab. 7.3) → $z_{1-\alpha} = z_{0,95} = -1,64$ → − 1,689 < − 1,645 → H_0 ablehnen.

Mit einer Irrtumswahrscheinlichkeit von 5 % wenden Frauen mehr Zeit für Haushalt und Kinderbetreuung auf als Männer.

Die induktive Statistik liefert also mit dem Test auf Mittelwertunterschied (T-Test) ein Werkzeug, mit dem Mittelwertunterschiede in zwei Gruppen auf ihre Signifikanz geprüft werden können. Die hier dargestellte Version passt dabei aus meiner Sicht für die meisten Situationen: Das metrische Merkmal ist beliebig verteilt und die beiden durch das dichotome Merkmal gebildeten Gruppen umfassen jeweils mindestens 30 Fälle.

Daneben sind noch weitere Varianten dieses Tests möglich, z. B. wenn das Merkmal normalverteilt, die Gruppengröße aber n, m<30 ist. In diesem Fall wird nicht eine Standardnormalverteilung zur Testentscheidung herangezogen, sondern eine sogenannte Student-t-Verteilung. (Fahrmeier et al. 1999, S. 445).

Diese Verteilung ist ebenfalls symmetrisch, läuft aber an den Rändern nicht so schnell der Ordinate zu. Ab n>30 lässt sich diese Verteilung sehr gut mit der Standardnormalverteilung approximieren (Fahrmeier et al. 1999, S. 300 f.). Die Student-t-Verteilung gibt dem Test auf Mittelwertdifferenz seinen Namen: *T-Test*.

Ist eine der beiden Gruppen vom Umfang kleiner als 30 und es kann nicht von einer Normalverteilung ausgegangen werden, dann besteht noch die Möglichkeit, auf einen parameterfreien Test auszuweichen. Fahrmeier et. al. schlagen in diesem Fall den Wilcoxon-Rangsummen-Test vor (Fahrmeier et al. 1999, S. 445 f.), Bortz nennt den U-Test von Mann-Whitney (Bortz 2005, S. 151 ff).

Zusammenfassend kann man sagen, dass die Wahrscheinlichkeit dafür, dass ein Mittelwertunterschied signifikant wird, von den Einflussfaktoren *Effektgröße*, *Stichprobenumfang* und *Stärke der Streuung* abhängt:

- Je größer der festgestellte Unterschied, desto eher ist er auf die Grundgesamtheit übertragbar.
- Je kleiner die Streuung in den Gruppen ist, desto eher ist der Mittelwert auf die Grundgesamtheit übertragbar.
- Je größer die Stichprobe ist, desto leichter werden auch kleine Effekte signifikant.

In den Beispielen wurde dies zum Teil deutlich. So war mit einem Mittelwertunterschied der Nachrichtenbeitragslänge von 1,5sek zwischen öffentlich-rechtlichen und privaten Sendern der festgestellte Mittelwertunterschied sehr gering, so dass es nicht verwunderlich war, dass der Hypothesentest keine Falsifikation der Nullhypothese ergab und damit keine Hinweise auf einen systematischen Zusammenhang vorliegen (Beispiel 7.2). Bei Beispiel 7.3 war der Unterschied zwischen Männern und Frauen im Hinblick auf die Haushaltstätigkeit sehr groß, es lag also ein großer Effekt vor. Allerdings ist auch die Streuung dieses Merkmals sehr hoch, so dass die zulässige Irrtumswahrscheinlichkeit nur sehr knapp nicht unterschritten wurde.

Zum Abschluss wird noch einmal die Beitragslänge von Nachrichtenbeiträgen für ein weiteres Beispiel aus der Inhaltsanalyse von Nachrichtensendungen herangezogen:

Beispiel 7.4: Ist der Unterschied zwischen der durchschnittlichen Dauer der Nachrichtenbeiträge von ARD und ZDF auf die Grundgesamtheit übertragbar?

In Tab. 5.3 im 5. Kap. des Skripts werden die Mittelwerte und die Standardabweichungen der Beitragslängen der verschiedenen Sender abgebildet. Der Tabelle entnehmen wir folgende Werte:

$\overline{x}_{ARD} = 64{,}6\ sek; s = 47{,}8\ sek; n_{ARD} = 100; \overline{x}_{ZDF} = 72{,}2\ sek; s = 50{,}5\ sek; n_{ZDF} = 116.$

Die zulässige Irrtumswahrscheinlichkeit wird mit 5 % festgelegt.

Ges: H_0: d=0 H_1: d ≠ 0

Lös: Gl. 7.11: d=72,2−64,6=7,6;

Gl. 7.17: $d \sim N\left(0; \frac{47{,}8^2}{100} + \frac{50{,}5^2}{116}\right) = \sim N(0;44{,}87)\ \sigma_d = \sqrt{44{,}87} = 6{,}7$

Gl. 7.18: Lehne H_0 ab, wenn $T = \left|\frac{d - d_0}{\sqrt{\frac{s_x^2}{n} + \frac{s_y^2}{m}}}\right| > z_{1-\alpha/2;}\ T = \left|\frac{7{,}6}{6{,}7}\right| = |1{,}134| > 1{,}96$

(falsch). H_0 muss beibehalten werden. Der festgestellte Unterschied in der durchschnittlichen Dauer von Nachrichtenbeiträgen zwischen ARD und ZDF liegt noch im Bereich des Zufalls.

Insgesamt sind T-Tests in empirischen Auswertungen sehr verbreitet, denn selbst wenn das Gruppierungsmerkmal in mehr als zwei Ausprägungen vorliegt, wird es häufig entweder in ein dichotomes Merkmal umgewandelt, wie etwa beim Beispiel der Sender, die in öffentlich-rechtlich und privat dichotomisiert wurden, oder es werden nur zwei von mehreren Gruppen voneinander unterschieden, wie im Beispiel 7.3, bei dem ARD und ZDF miteinander verglichen wurden.

Wenn nun z. B. drei Gruppen *A, B, C* vorliegen, dann könnten folgende drei Ausprägungspaare verglichen werden: *A vs. B; A vs. C; B vs. C*

Das Problem ist: Bei mehreren Tests an denselben Daten multipliziert sich der Fehler. Wenn z. B. ein Merkmal in Ausprägung A, B und C vorliegt, und man drei Tests macht: A vs. B, B vs. C, A vs. C und jedes Mal eine Irrtumswahrscheinlichkeit von 0,05 angenommen wurde, dann gilt: Fehler=1−(0,95*0,95*0,95)=1−(0,86)=0,14 (Fahrmeier et al. 1999, S. 416 f.)

Damit ist die zulässige Gesamtirrtumswahrscheinlichkeit überschritten. In so einem Fall sollte immer ein Signifikanzniveau von 0,01 angestrebt werden (1−(0,99*0,99*0,99)=1−0,97=0,03).

Für den Fall, dass das diskrete Merkmal in mehr als zwei Ausprägungen vorliegt, bietet die induktive Statistik aber auch noch ein anderes, besser geeignetes Verfahren an, mit dem festgestellt werden kann, ob unter den einzelnen, von einem Merkmal gebildeten, Gruppen signifikante Unterschiede auftreten. Dieses wird in Punkt 7.5 dargestellt. Zunächst widmen wir uns aber noch einem anderen Mittelwerttest.

7.4 Mittelwertunterschiede bei verbundenen (abhängigen) Stichproben

Der in 7.3 vorgestellte T-Test auf Mittelwertunterschiede geht von der Situation aus, dass die beiden Teilstichproben unverbunden (unabhängig) sind.

Es kann aber auch vorkommen, dass *von einem Objekt zwei verschiedene metrische Ausprägungen miteinander verglichen werden sollen*, z. B. die Einstellung einer Person vor oder nach dem Lesen eines Artikels, die Häufigkeit von Nebenbei-Nutzung bei Echtzeitfernsehen und bei zeitversetztem Fernsehen, die Bekanntheit einer Marke bei einer Person vor und nach der Werbekampagne, usw. usf.

Bei einer solchen Situation verändert sich der Test, denn nun wird die Differenz nicht auf Aggregatebene gebildet, indem die Mittelwerte verglichen werden (wie beim T-Test), sondern die Differenz wird gleich auf der Objektebene bzw. der Mikroebene gebildet. Für jedes Objekt/jeden Fall wird der Wert der einen Variablen von dem Wert der anderen Variable subtrahiert, d. h. es wird für jedes Objekt die Differenz zwischen den beiden Werten gebildet.

Die so entstandene Variable wird nun untersucht, wobei die Nullhypothese davon ausgeht, dass die Werte identisch sind.

Beispiel 7.5 Seriennutzer: Unterschiede in der Nutzungsmotivation „Informieren" zwischen zeitversetzter Fernsehnutzung und der Fernsehnutzung in Echtzeit

Im Fragebogen wurde jeweils die Zustimmung zu dem Item „Ich sehe (zeitversetzt) fern, um mich zu informieren" bei jeder Person abgefragt. Für alle, die auf beide Weisen fernsehen, ist es nun interessant, zu prüfen, ob eine der beiden Nutzungsarten mehr dem Informationsbedürfnis dient als die andere. Die Hypothese soll mit einer Irrtumswahrscheinlichkeit von maximal 5 % getestet werden.

Dazu wurde zunächst für jede Person die Differenz berechnet, indem von der Zustimmung zum Motivationsitem bei der normalen TV-Nutzung die Zustimmung zum selben Item bei der zeitversetzten Nutzung subtrahiert wurde. Da es

Tab. 7.4 Differenz Informationsmotiv TV-Echtzeit & Zeitversetzt (Bsp. 7.5)

Differenz		Häufigkeit	Prozente
Gültig	−4	2	2,3
	−3	2	2,3
	−1	1	1,1
	0	27	31,0
	1	24	27,6
	2	12	13,8
	3	12	13,8
	4	7	8,0
	Gesamt	87	100,0

sich um eine diskrete Variable handelt, ist eine Darstellung des Ergebnisses in Form der Tab. 7.4 sinnvoll.

Die Berechnung von Mittelwert und Streuung in der Stichprobe kann nun mit Gl. 4.6 $\bar{x} = a_1 f_1 + \cdots + a_k f_k = \sum_{j=1}^{k} a_j f_j$ bzw. Gl. 4.17 vorgenommen werden

$$\tilde{s}^2 = (a_1 - \bar{x})^2 f_1 + \cdots + (a_k - \bar{x})^2 f_k = \sum_{j=1}^{k} (a_j - \bar{x})^2 f_j$$

Es ergibt sich ein Mittelwert $\bar{x} = 1{,}12$ und eine Varianz $s^2 = 2{,}7$ Nach Gl. 7.2 schätzen wir $\sigma^2 = \tilde{s}^2 \cdot \frac{n}{n-1} = 2{,}7 \cdot \frac{87}{86} = 2{,}73.$

Im Grunde gleicht die Situation dem in 7.2 dargestellten Test: Betrachtet man den Unterschied zwischen den beiden Messungen je Objekt als eine neue Variable U, dann wird im Test geprüft, ob die Variable U im Durchschnitt echt von 0 verschieden bzw. größer oder kleiner ist.

Ein T-Test über einen Mittelwertunterschied bei verbunden Stichproben gleicht formal einem t-Test der mittleren Differenz $\bar{u}$ auf den Erwartungswert 0 (vgl. 7.2.2).

Es können sich insgesamt folgende Testsituationen ergeben:

H_0: $\bar{u} = \mu_0$ vs. H_1: $\bar{u} \neq \mu_0$

H_0: $\bar{u} \geq \mu_0$ vs. H_1: $\bar{u} < \mu_0$

H_0: $\bar{u} \leq \mu_0$ vs. H_1: $\bar{u} > \mu_0$

Die Prüfgröße ist wieder ein Stichprobenmittelwert, nämlich der Mittelwert der Differenzen u zwischen den zwei Variablenausprägungen je Objekt. Entsprechend dem in 7.2 beschriebenen Vorgehen kann die Verteilung der Prüfgröße bei n>30 einfach bestimmt werden Gl. 7.1: $\bar{x} \sim N\left(\mu;\frac{\sigma^2}{n}\right)$. Wenn H_0 zutrifft, dann ist der Erwartungswert $\mu=0$ (Im Mittel besteht kein Unterschied; $\bar{u}=0$).

Die Streuung von $\bar{u}$ wird wie gehabt aus der Streuung der neuen Variable in der Stichprobe u geschätzt (Gl. 7.2). Damit kann die Wahrscheinlichkeitsverteilung angegeben werden. Je nachdem, ob die Prüfgröße kleiner oder größer Null ist, ergeben sich folgende Testentscheidungen, wenn die Wahrscheinlichkeit für das aus den Daten errechnete $\bar{u}$ direkt ermittelt wird.

H_0: $\bar{u}=\mu_0$:

Lehne ab, wenn $p(X>\bar{u})>1-\alpha/2$ oder wenn[7] $p(X\leq\bar{u})<\alpha/2$ (7.21)

H_0: $\bar{u}\geq\mu_0$:

Lehne ab, wenn $p(X>\bar{u})>1-\alpha.$ (7.22)

H_0: $\bar{u}\leq\mu_0$:

Lehne ab, wenn $p(X\leq\bar{u})<\alpha$ (7.23)

Beispiel 7.5 Seriennutzer: Unterschiede in der Nutzungsmotivation „Informieren" zwischen zeitversetzter Fernsehnutzung und der Fernsehnutzung in Echtzeit. (Fortsetzung)

Im Sinne der Nullhypothese ergibt sich ein Mittelwert von 0. Als Streuung wird die Streuung von $\bar{u}$ verwendet. Diese wird nach Gl. 7.1 berechnet aus

$$\sigma\frac{2}{u}=\frac{\sigma_u^2}{n}=\frac{2,73}{87}=0,031;\sqrt{0,031}=0,18$$

Unter H_0 ergibt sich dann eine Verteilung der Prüfgröße $\bar{x}\sim N\left(0;\frac{\sigma^2}{n}\right)$:

$$\bar{x}\sim N\left(0;\frac{\sigma^2}{n}\right)\sim N\left(0;\frac{2,73}{87}\right)\sim N(0;0,031)$$

[7] Auch hier gilt wieder dass sich aufgrund der zweiseitigen Situation auch die Irrtumswahrscheinlichkeit auf beide Ränder der Verteilung aufteilt. Diesem Umstand wird durch den Vergleich mit α/2 Rechnung getragen.

Die Prüfgröße ist positiv: Gl. 7.23: Lehne H_0 ab, wenn $1-P(X \leq \overline{u}) < \alpha/2$
Wie beim Test in 7.2 wird zur Ermittlung der Wahrscheinlichkeit in diesem Skript beispielhaft die Normalverteilungsfunktion von Excel genutzt (vgl. Abb. 7.1). Die Funktionsargumente (vgl. Abb. 7.2) werden wie folgt eingegeben:

X: Den Wert, dessen Wahrscheinlichkeit $P(X \leq x)$ man sucht, also $\overline{u}$ (Bsp. 7.5: $\overline{u} = 1{,}12$).

MITTELWERT: Den Mittelwert der Verteilung im Sinn von $H_0=0$ für kein Unterschied.

STANDABWN: Die Standardabweichung der Mittelwertdistanz geschätzt, (Bsp. 7.5: 0,18).

KUMULIERT: WAHR, denn es ist gesucht $P(X \leq x)$.

Ist alles richtig eingegeben, tippt man auf OK und erhält für Bsp. 7.5 den Wert $P(x \leq 1{,}12) = 1$

Beispiel 7.5 Seriennutzer: Unterschiede in der Nutzungsmotivation „Informieren" zwischen zeitversetzter Fernsehnutzung und der Fernsehnutzung in Echtzeit. (Fortsetzung)

Das Ergebnis für $P(X \leq \overline{u}) = 1 \rightarrow 1 - P(X \leq \overline{u}) = 0 < \alpha/2 \rightarrow$ Lehne H_0 ab. Echzeitfernsehen wird signifikant mehr zur Befriedigung eines Informationsbedürfnisses genutzt als zeitversetztes Fernsehen.

Auf die Berechnung eines T-Tests bei verbundenen Stichproben mit Hilfe der Quantile der Standardnormalverteilung wird an dieser Stelle nicht noch einmal eingegangen. Sie entspricht dem in 7.2.2 dargestellten Vorgehen.

7.5 Einfache Varianzanalyse (ANOVA)

Der folgende Abschnitt widmet sich der Situation, dass die Mittelwerte mehrerer unabhängiger Gruppen auf Unterschiede untersucht werden sollen. Es handelt sich also um eine erweiterte Situation des T-Tests für unverbundene Stichproben.

► Die *Varianzanalyse* zielt darauf ab, zu untersuchen, ob durch ein *Gruppierungsmerkmal X* (ein Merkmal, das diskret ist und anhand dessen in Gruppen eingeteilt werden kann) ein entscheidender Anteil der in einem *metrischen Merkmal Y* insgesamt vorhandenen Streuung erklärt werden kann.

Es greift dabei auf das bei der sog. Streuungszerlegung (vgl. 5.1.3) erläuterte Prinzip zurück, bei dem die vorhandene Streuung eines Merkmals insgesamt in die Streuung des Merkmals innerhalb der Gruppen und die Streuung des Merkmals zwischen den Gruppen aufgeteilt und miteinander ins Verhältnis gesetzt wird (Gl. 5.2).

Beispielhafte Situationen dafür könnten sein: Welche Schwankungen im Nettoeinkommen einer Person können durch die jeweilige Steuerklasse erklärt werden? Inwiefern kann die Anzahl der in verschiedenen Genres einer Fernsehgattung durchschnittlich gezeigten Kinder durch die verschiedenen Genres (Kinderserien, Familienserien, Krimiserien) erklärt werden?

Sind dabei *die Abstände* zwischen den *in den einzelnen Gruppen festgestellten Mittelwerten* und dem *Gesamtmittelwert eines Merkmals* relativ groß und gleichzeitig die Abweichung der Daten in den Gruppen um diese Mittelwerte relativ klein, so weist dies darauf hin, dass die Gruppierungsvariablen in einem signifikanten Zusammenhang mit dem metrischen Merkmal stehen. Werden z. B. in einer Kinderserie im Durchschnitt fünf, in Familienserien im Durchschnitt zwei und in Krimis im Durchschnitt 0,3 Kinder gezeigt, so würde sich eine große Streuung um einen angenommen Gesamtdurchschnitt an gezeigten Kindern je Serienfolge vermutlich hauptsächlich deshalb ergeben, weil so verschiedene Genres analysiert wurden: Die Streuung innerhalb der Genres ist klein, die durch die Verschiedenheit der Genre hervorgerufenen Streuung dagegen groß.

Entsprechend des in 5.1.3 erklärten Vorgehens stellt das Verhältnis zwischen der *durch die Gruppierungsvariablen erklärten Streuung* zu der *nicht erklärten Reststreuung* eine geeignete Statistik dar, um das Ausmaß des Effekts der Gruppierungsvariablen zu charakterisieren.

Das Vorgehen bei einer Varianzanalyse gleicht dem bei der Streuungszerlegung. Allerdings wird nicht das Verhältnis zwischen Gesamtstreuung und dem durch die Mittelwerte erklärten Anteil als Teststatistik verwendet, sondern das *Verhältnis zwischen erklärter Streuung* und *Reststreuung*. Entsprechend dem üblichen Vorgehen wird die Teststatistik *Streuungsverhältnis* als Zufallsvariable angesehen.

Allerdings ist der zugrunde liegende Zufallsvorgang relativ komplex, weil die Teststatistik eine Verknüpfung mehrerer Zufallsvorgänge darstellt: 1) Zum einen liegen jedem Wert zwei Zufallsvorgänge „Auswahl zufälliger Objekte" zugrunde: Die zufällige Zugehörigkeit zu einer Ausprägungsgruppe eines diskreten Merkmals X und der zufällige Wert des metrischen Merkmals Y. 2) Diese Zufallsvorgänge wirken zu einer normalverteilten Zufallsvariable „Gesamtmittelwert" bzw. *k* normalverteilten Zufallsvariablen „k Gruppenmittelwerte" zusammen. 3) Geht man in der Nullhypothese wie immer davon aus, dass die Abweichungen der Gruppenmittelwerte vom Gesamtmittelwert zufällig sind, dann ergibt sich für jeden Gruppenmittelwert k eine zufällige Abweichung von einer normalverteilten Zufallsvariable. Solche Zufallsvorgänge werden am besten durch eine sog. Chi^2-Verteilung abgebildet. 4) Zum Schluss ergibt sich die Teststatistik aus dem Verhältnis dieser quadrierten zufälligen Abweichungen von einer Normalverteilung, weil die durch die Gruppemittelwerte erklärte Streuung durch die Reststreuung geteilt wird. Die Wahrscheinlichkeit für Werte, die sich aus dem Verhältnis von Chi^2-verteilten Zufallsvariablen ergeben, wird mit der sogenannten F-Verteilung theoretisch modelliert.

► Bei der Zufallsvariable, die bei der Varianzanalyse die Teststatistik bildet, handelt es sich um ein Verhältnis zwischen zwei Streuungen. Eine zu diesem Zufallsvorgang passende Verteilung ist die sogenannte F-Verteilung.

Bei einem solchen Test spricht man von der *einfaktoriellen Varianzanalyse*. Einfaktoriell, weil nur der Einfluss einer diskreten Variablen untersucht wird, und Varianzanalyse, weil die verschiedenen Verhältnisse verschiedener Streuungen (Varianzen) zueinander zur Analyse herangezogen werden.

► **Grundannahmen der Varianzanalyse** Das metrische Merkmal ist in den einzelnen Gruppen *normalverteilt* oder jede Gruppe $n_i > 30$.
Die Varianz in den einzelnen Gruppen ist in der Grundgesamtheit *gleich*.
Die Gruppen sind voneinander *unabhängig*.

Die einfaktorielle Varianzanalyse lässt sich noch erweitern. So kann man auch den Einfluss mehrerer diskreter Merkmale gleichzeitig untersuchen. Da zwischen den beiden Merkmalen auch sogenannte Wechselwirkungen auftreten können, erhöht sich die Komplexität zunehmend.

Für dieses einführende Statistiklehrbuch wird angestrebt, dass Sie wissen, in welcher Situation Sie eine einfache Varianzanalyse durchführen müssen, wie Sie die Testentscheidung treffen und wie Sie die Ergebnisse interpretieren.

7.5.1 Berechnung der Teststatistik

Die Berechnung der Teststatistik für eine Varianzanalyse ähnelt im Prinzip der Berechnung der Streuungszerlegung in der deskriptiven Statistik. Allerdings müssen für einen Hypothesentest die Werte für die Grundgesamtheit geschätzt werden. Die Mittelwerte in den Gruppen werden wieder durch die Mittelwerte der Stichprobe geschätzt, die Streuungen um die Mittelwert jeweils durch die Zahl der in die Berechnung eingehenden Zufallsvariablen (Freiheitsgrade) geteilt.

▶ Berechnung der Teststatistik F für die Varianzanalyse

$$F = \frac{\sum_{i=1}^{I} n_i(\overline{y}_{i.} - \overline{y}_{..})^2 / (I-1)}{\sum_{i=1}^{I}\sum_{j=1}^{n_i}(y_{ij} - \overline{y}_{i.})^2 / (n-I)} \tag{7.24}$$

I = Anzahl der Gruppen
$\overline{y}_{i.}$ = Mittelwert der i-ten Gruppe
$\overline{y}_{..}$ = Gesamtmittelwert („grand mean")

Es werden also zwei Summen berechnet:

1. Die Summe der quadrierten Abweichungen der einzelnen Gruppenmittelwerte vom Gesamtmittelwert
2. Die Summe der quadrierten Abweichungen der einzelnen Merkmalswerte von ihren Gruppenmittelwerten

Das heißt wir müssen berechnen:

1. Gesamtmittelwert
2. Gruppenmittelwerte
3. quadrierte Abweichungen der Merkmale von den Gruppenmittelwerten

Die Berechnung einer solchen Prüfgröße mit Hilfe eines Tabellenkalkulationsprogramms wird im Rahmen des folgenden Beispiels 7.6 dargestellt.

Beispiel 7.6: Wie viel der Beitragslänge eines Nachrichtenbeitrags wird durch die Reichweite des darin berichteten Ereignisses erklärt?

Bei diesem Beispiel greifen wir wieder auf die Zahlen der Nachrichtenanalyse zurück. Um die Prüfgröße zu ermitteln, müssen folgende Schritte vollzogen werden: 1) Sortieren der Daten nach dem Gruppierungsmerkmal und Berechnung des Gesamtmittelwertes und der Gruppenmittelwerte. Dies geschieht mit Hilfe der Funktion MITTELWERT (Abb. 7.3).

PEARSON =MITTELWERT(C2:C5)

	A	B	C	D	E
1	Sender	Beitrag	Dauer_sek	Reich-weite	Mittelwerte
2	80	8009315	22	0	
3	10	10010314	67	0	
4	30	30260208	111	0	
5	80	80260212	32	0	=MITTELWERT(C2:C5)
6	10	1026208	23	1	
7	50	50070405	24	1	

Abb. 7.3 Berechnung von Gruppenmittelwerten mit Excel

PEARSON =Anzahl(D2:D5)

	A	B	C	D	E	F
1	Sender	Beitrag	Dauer_sek	Reich-weite	Mittelwerte	n Gruppen
2	80	8009315	22	0		
3	10	10010314	67	0		
4	30	30260208	111	0		
5	80	80260212	32	0	58	=Anzahl(D2:D5)
6	10	1026208	23	1		

Abb. 7.4 Auszählen einer Anzahl von Daten mit Excel

Für die Berechnung der Prüfgröße müssen weiterhin die einzelnen Gruppengrößen n_i festgestellt werden. Die Funktion ANZAHL zählt aus, wie viele Zellen einer Reihe gefüllt sind (Abb. 7.4).

Nachrichtenanalyse n34 Varianzanaly

PEARSON =(D5-70,15)*(D5-70,15)*E5

	A	B	C	D	E	F	G
1	Sender	Dauer_sek	Reich-weite	Schritt 2	Schritt 3	Schritt 4	
2	80	22	0				
3	10	67	0				
4	30	111	0				
5	80	32	0	58	4	=(D5-70,15)*(D5-70,15)*E5	
6	10	23	1				

Abb. 7.5 Bildung der quadrierten Differenz zwischen Gruppenmittelwert und Gesamtmittelwert

Als nächstes wird für alle Gruppen die Abweichung zwischen Gesamtmittelwert und Gruppenmittelwert errechnet, quadriert und mit der jeweiligen Gruppengröße multipliziert: $\sum_{i=1}^{I} n_i(\overline{y}_i - \overline{y}_{..})^2$.[8] Abb. 7.5 Diese quadrierten Differenzen werden aufsummieren (Abb. 7.6 Spalte F) und durch (I − 1) = (5 − 1) = 4 geteilt. Man erhält damit die durch die Mittelwerte erklärte Varianz: 3131,48/4 = 782. Damit ist die mittlere erklärte Streuung und damit der Zähler von Gl. 7.24 berechnet.

Für den zweiten Teil von Gl. 7.24 wird nun noch die Streuung in den einzelnen Gruppen ermittelt, also der Nenner von Gl. 7.24: Dazu werden zunächst jeweils die quadrierten Abweichungen von den Gruppenmittelwerten berechnet. Dies werden dann alle aufsummiert (Abb. 7.6, Spalte G) und am Ende durch n − I geteilt: $\sum_{i=1}^{I}\sum_{j=1}^{n_i}\left(y_{ij} - \overline{y}_{i.}\right)^2 / (n - I)$.[9]

Als Summe aller quadrierten Abweichungen zwischen Werten und den jeweiligen Gruppenmittelwerten ergibt sich 71663,1. Dies wird jetzt noch durch n − I, also durch 34 − 5 = 29 geteilt und wir erhalten die MQR, die mittlere quadratische Reststreuung: MQR = 71669,067/29 = 2471,14

[8] Die Berechnung wird hier dargestellt, damit Sie sich noch einmal das Prinzip der Streuung vergegenwärtigen. Excel bietet mit der Funktion VAR.P eine Möglichkeit, die Varianz einer Wertmenge zu berechnen. Multipliziert man diese Ergebnis mit *n*, dann bekommt man auch die Summe der quadrierten Abweichungen.

[9] Auch diese Berechnung kann mit Hilfe der Funktion VAR.P erleichtert werden, indem für jede Gruppe einzeln die Varianz berechnet und jeweils mit der Gruppengröße multipliziert wird.

Datei Start Einfügen Seitenlayout Formeln Daten Überprüfen

Einfügen Calibri 11

Zwischenablage Schriftart Ausrichtung

PEARSON =SUMME(G2:G35)

	A	B	C	D	E	F	G
1	Sender	Dauer_sek	Reich-weite	Schritt 2	Schritt 3	Schritt 4	Schritt 7
2	80	22	0				1296
3	10	67	0				81
4	30	111	0				2809
5	80	32	0	58	4	590,49	676
6	10	23	1				1024
7	50	24	1				961
8	80	118	1	55	3	688,3002	3969
9	50	26	2				2704
10	70	25	2				2809
11	60	93	2				225
12	70	133	2				3025
13	60	113	2	78	5	308,3434	1225
14	10	15	3				2533,444
15	40	27	3				1469,444
16	20	114	3				2368,444
17	10	32	3				1111,111
18	20	106	3				1653,778
19	80	126	3				3680,444
20	50	21	3				1965,444
21	40	129	3				4053,444
22	10	42	3				544,4444
23	80	21	3				1965,444
24	80	121	3				3098,778
25	40	30	3	65,33	12	278,0634	1248,444
26	40	91	4				92,16
27	60	177	4				9139,36
28	80	107	4				655,36
29	10	26	4				3069,16
30	50	26	4				3069,16
31	60	103	4				466,56
32	80	27	4				2959,36
33	70	30	4				2641,96
34	40	136	4				2981,16
35	60	91	4	81,4	10	1266,287	92,16
36			Gesamt	70,15	34	3131,484	=SUMME(G2:G35)

Tabelle1 Tabelle2 Tabelle3 Tabelle4 Tabelle5 Tabelle6

Abb. 7.6 Verschiedenen Rechenschritte bei der Varianzanalyse

Die Reststreuung ist offensichtlich deutlich höher als die erklärte Streuung. Im letzten Schritt werden die Werte ins Verhältnis gesetzt (Gl. 7.24):

$$F = \frac{\sum_{i=1}^{I} n_i \left(\bar{y}_{i.} - \bar{y}_{..}\right)^2 / (I-1)}{\sum_{i=1}^{I} \sum_{j=1}^{n_i} \left(y_{ij} - \bar{y}_{i.}\right)^2 / (n-I)} = \text{MQE/MQR} = 782{,}87/2471{,}14 = 0{,}317$$

7.5.2 Testsituation und Testentscheidung

Wenn die Prüfgröße für die Varianzanalyse berechnet ist, dann kann die Testentscheidung getroffen werden. Bei der Varianzanalyse ist die Testsituation immer gleich – in der Nullhypothese wird davon ausgegangen, dass kein Gruppenwert einen von 0 verschiedenen Abstand a vom Gesamtmittelwert hat:

H_0: $a_1 = a_2 = \cdots = a_i = 0$ vs. mindestens ein $a_i \neq 0$

Die Prüfgröße folgt einer F-Verteilung. Dies ist eine Zufallsverteilung, die durch zwei Parameter näher bestimmt wird: Die Anzahl der Freiheitsgrade im Zähler (n_1) und die Anzahl der Freiheitsgrade im Nenner der Prüfgröße (n_2). Sie ist also $F(I-1;n-I)$-verteilt. Das Signifikanzniveau α muss wie immer vom Forscher festgelegt werden. Die Testentscheidung erfolgt, wenn $F > F_{1-\alpha}(I-1,n-I)$.

► Bei einer Varianzanalyse gilt: Lehne H_0 ab, wenn

$$F > F_{1-\alpha}(I-1, n-I) \tag{7.25}$$

Viele Tabellenkalkulationsprogramme geben auch die Werte der F-Verteilung bzw. die Werte der Verteilungsfunktion von F-Verteilungen an. Um die Testentscheidung zu treffen, kann entweder die Wahrscheinlichkeit ermittelt werden, unter H_0 einen Wert größer als der errechnete F-Wertes zu bekommen und mit 1-α verglichen werden, oder es wird das $F_{1-\alpha}(I-1,n-I)$-Quantil berechnet.

Excel gibt die Werte der jeweiligen F-Verteilung aus. Sie finden die Funktion über → FORMELN → STATISTISCH → F.VERT. (vgl. Abb. 7.7).

Bei X: wird der Wert der. Teststatistik eingegeben **Freiheitsgrade 1:** I-1, also Anzahl der Gruppen – 1; **Freiheitsgrade 2:** n-I, also Anzahl der Fälle – Anzahl der Gruppen **Kumuliert:** WAHR, weil wir die Wahrscheinlichkeit, einen Wert bis zu der errechneten Prüfgröße bekommen wollen wenn die Gruppenunterschiede zufällig sind.

In Abb. 7.7 wird das Ergebnis 0,136 ausgegeben. Die Wahrscheinlichkeit, dass *die Prüfgröße kleiner oder gleich* des angegebenen Wertes ist, liegt also bei 0,136.

Abbildung 7.8 zeigt die Dichtefunktion und die Verteilungsfunktion der F-Verteilung des Beispiels. Man sieht, dass der Wert 0,3 nahe beim Erwartungswert der Verteilung (Maximum) liegt. Der für Beispiel 7.6 errechnete Wert ist also für die Nullhypothese typisch. Um zu der Wahrscheinlichkeit zu gelangen, unter H_0 einen Wert *größer* als des errechneten F-Wertes zu bekommen (= Irrtumswahrscheinlichkeit), wird dieser von 1 subtrahiert. Entsprechend ergibt sich die Irrtumswahrscheinlichkeit *p* als 1-F(Prüfgröße).

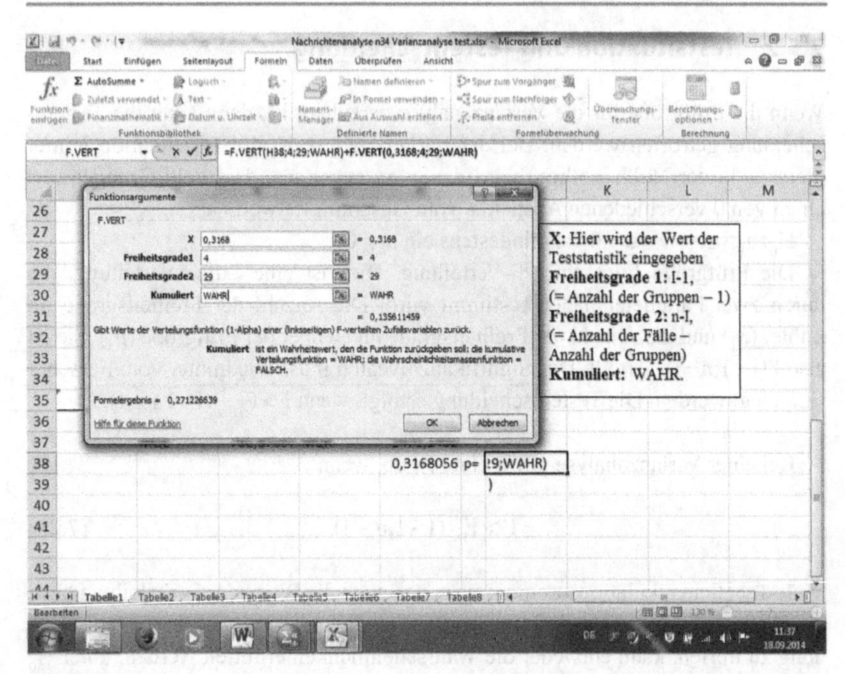

Abb. 7.7 Funktionsparameter der F-Verteilung zur Testentscheidung bei einer Varianzanalyse

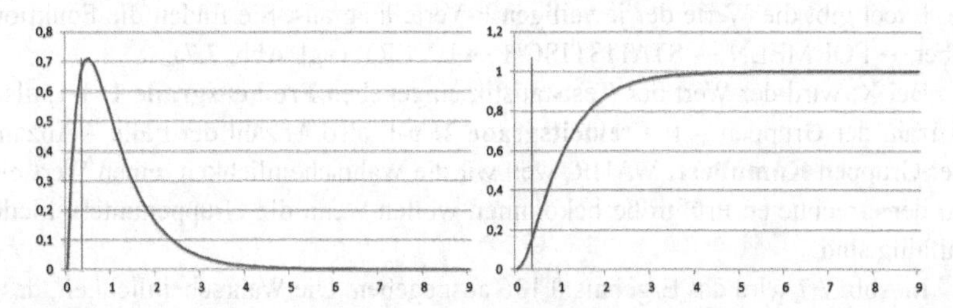

Abb. 7.8 Dichtefunktion (*links*) und Verteilungsfunktion (*rechts*) einer F(4;29)-Verteilung

Ich persönliche finde die Testentscheidung mit Hilfe des Quantils einfacher. Das Quantil kann ebenfalls mit Hilfe von Excel berechnet werden: Sie finden die Funktion über → FORMELN → STATISTISCH → F.INV. Bei einem Signifikanzniveau von $\alpha = 0{,}05$ ergibt sich die einzugebende Wahrscheinlichkeit mit 0,95. In der Zelle findet sich damit folgende Funktion (= F.INV($1 - \alpha$;I − 1;n − I).

Wenn die errechnete Teststatistik größer ist als der ermittelte Wert, dann darf die Nullhypothese abgelehnt werden. Ansonsten sind die festgestellten Mittelwertunterschiede als zufällig zu interpretieren.

Steht kein Tabellenkalkulationsprogramm zur Verfügung, so existieren auch Listen, die die gängigsten Quantile der verschiedenen F-Verteilungen enthalten, z. B. bei Bortz und Schuster 2009, S. 591 ff. Auch dort kann man die Quantile 0,75, 0,90; 0,95 und 0,99 entnehmen.

Beispiel 7.6: Wie viel der Beitragslänge eines Nachrichtenbeitrags wird durch die Reichweite des darin berichteten Ereignisses erklärt (Fortsetzung)?

Für die Prüfgröße 0,317 ergibt sich $P(X \leq 0{,}317) = 0{,}14$. $P(X > 0{,}317) = 1 - 0{,}14 = 1 - 0{,}14 = 0{,}86$. Die Irrtumswahrscheinlichkeit ist mit 0,86 viel zu hoch. Die Mittelwertunterschiede können nicht auf die Grundgesamtheit übertragen werden. Wenn man die Entscheidung (Gl. 7.25) über das Quantil treffen will, dann wird dieses als 1–α, als das 0,95-Quantil der F(4;29)-Verteilung berechnet. Es wird als $F_{0{,}95}(4{,}29) = 2{,}70$ ermittelt. Erst wenn die errechnete Prüfgröße diesen Wert übersteigen würde, wäre die Nullhypothese abzulehnen und es könnte von signifikanten Mittelwertunterschieden ausgegangen werden.
Bei Bortz und Schuster (2010, S. 595) findet sich das Quantil wie folgt: Für 28 Nennerfreiheitsgrade und 4 Zählerfreiheitsgrade ergibt es sich als 2,69, für 30 Nennerfreiheitsgrade und Zählerfreiheitsgrade ergibt es sich als 2,71. Für 29 Nennerfreiheitsgrade schätzen wird $(2{,}69 + 2{,}71)/2 = 2{,}70$

Insgesamt wurde in diesem Kapitel in das Prinzip des Testens eingeführt und vier verschiedene Tests auf Mittelwertunterschiede vorgestellt. Abbildung 7.9 zeigt noch einmal die Namen dieser Testverfahren bei dem Statistikprogramm SPSS, die alle unter dem Menüpunkt „Mittelwerte vergleichen“ zu finden sind (Tab. 7.9).

Übungsaufgaben Kapitel 7 (vgl. Tab. 7.5)

1. Sind die Nachrichtenbeiträge von *RTL2* echt kürzer als die von ProSieben? Testen Sie zum Niveau $\alpha = 0{,}05$?
2. Bestehen zwischen *ProSieben, RTL2 und Vox* signifikante Mittelwertunterschiede? Testen Sie zum Niveau $\alpha = 0{,}1$
3. Nehmen wir an, es sei eine durchschnittliche Mindestdauer von 60 sek ein Qualitätsmaß. Testen Sie die Hypothese, dass *RTL2* dieses Maß unterschreitet zum Niveau $\alpha = 0{,}01$

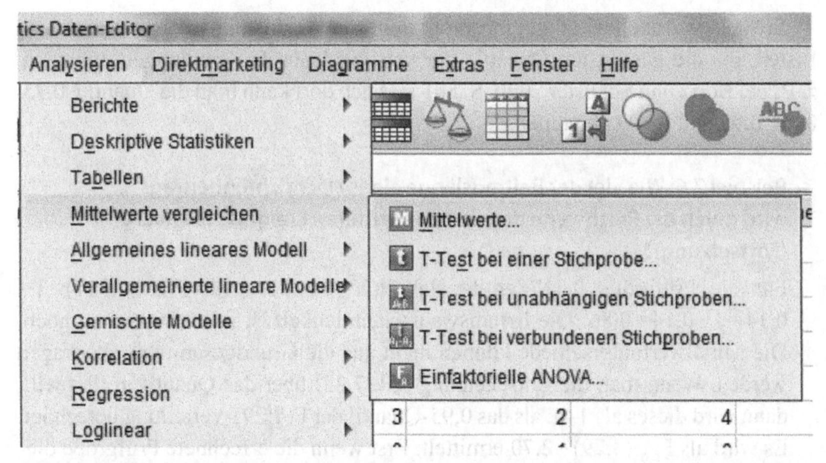

Abb. 7.9 Verschiedenen Tests auf Mittelwertdifferenzen bei SPSS. (Vergleich Mittelwert mit theoretischem Wert (7.2) Mittelwertvergleich bei unabhängigen Stichproben (7.2) T-Test bei verbundenen Stichproben (7.4) Varianzanalyse (einfaktoriell))

Tab. 7.5 Gegeben sind Daten der Länge von Nachrichtenbeiträgen

Sender	Mittelwert	N	Standardabweichung s
ARD	64,63	100	47,798
Kabel1	70,08	64	42,519
ProSieben	67,63	63	41,559
RTL	68,92	134	48,995
RTL2	47,02	106	37,238
Sat1	68,06	83	43,686
Vox	75,51	78	60,372
ZDF	72,15	116	50,462
Insgesamt	66,31	744	47,755

Lernzielkontrolle Kapitel 7

Was ist das Ziel eines Hypothesentests? Was beschreibt das Signivikanzniveau bzw. die Irrtumswahrscheinlichkeit α? Was steht immer in der Nullhypothese? Welchen Test wählen Sie, wenn Sie vergleichen wollen, ob in einer Experimentalgruppe A ein höherer Mittelwert vorliegt als in einer Experimentalgruppe B? Welchen Test wählen Sie, wenn Sie nicht zwei, sondern drei Experimentalgruppen haben? Welchen Test wählen Sie, wenn

Sie bei Gruppe A wissen wollen, ob zwischen der ersten und der zweiten Messung desselben Merkmals eine bedeutsame Veränderung eingetreten ist? Welchen Test wählen Sie, wenn Sie prüfen wollen, ob ihre Gruppe B einem theoretisch festgelegten Normwert entspricht?

Literatur

Bortz, Jürgen, und Christof Schuster. (2010). *Statistik für Human- und Sozialwissenschaftler*. 7., vollst. überarb. u. erw. Aufl. Berlin: Springer.

Fahrmeier, Ludwig, Rita Künstler, Iris Pigeot, und Gerhard Tutz. (1999). *Statistik. Der Weg zur Datenanalyse*. 2. verb. Aufl. Berlin: Springer.

Tests auf signifikante Zusammenhänge

8

Zusammenfassung

Im achten Kapitel werden die in Kap. 3 (Chi²) und in Kap. 5 (Korrelationskoeffizient) ausführlich erörterten Zusammenhangsmaße wieder aufgegriffen. Mit dem Chi²-Test und dem Test auf signifikante Korrelation wird jeweils ein Verfahren vorgestellt, welches prüft, ob ein in einer zufälligen Stichprobe gefundener Zusammenhang auf die Grundgesamtheit übertragen werden kann.

Bislang wurden in diesem Skript verschiedene Tests zur Analyse von Mittelwertunterschieden betrachtet. Im Rahmen der deskriptiven Statistik stellen diese aber nur eine Form von Hypothesen dar. Mindestens ebenso häufig werden Zusammenhangshypothesen geprüft.

► Bei Zusammenhangshypothesen wird gefragt, ob die in der deskriptiven Analyse festgestellten Zusammenhänge in der Stichprobe auf die Grundgesamtheit übertragen werden können.

Wie beim Testen üblich, wird dazu der geeignete Kennwert für den Zusammenhang aus der deskriptiven Statistik herangezogen.

In den ersten Kapiteln des Skriptes wurden zwei wichtige Kennwerte für Zusammenhänge eingeführt: In Kap. 3 der auf dem Chi²-Wert basierende korrigierte *Kontingenz koeffizienten* K_{korr} und in Kap. 5 den *Pearson'schen Korrelationskoeffizienten* r_{pears}.

Testverfahren zum Prüfen einer Übertragung des festgestellten Zusammenhangs auf die Grundgesamtheit bieten zum einen geeignete Prüfgrößen und

I. A. Uhlemann, *Einführung in die Statistik für Kommunikationswissenschaftler*,
DOI 10.1007/978-3-658-05769-5_8

zum anderen dazu passende Zufallsverteilungen an. Anhand dieser Zufallsverteilungen kann festgestellt werden, ob ein in der Stichprobe festgestellter Zusammenhang auf die Grundgesamtheit übertragen werden kann. In den nächsten Abschnitten werden die Tests für diese beiden oben genannten Zusammenhangsmaße erläutert.

8.1 Chi²-Unabhängigkeitstest

Bei diesem Test geht es um den Zusammenhang in einer Kreuztabelle. In Kap. 3 des Skriptes wurde ausführlich beschrieben, wie zwei nominale bzw. ordinale Merkmale in einer gemeinsamen Kreuztabelle dargestellt werden und wie man eine Kreuztabelle anhand der bedingten Häufigkeiten auf Zusammenhänge zwischen den Variablen untersucht.

8.1.1 „X²"-Test – Testsituation und Testentscheidung

Als Maß für den Zusammenhang in einer Kreuztabelle wurde u. a. χ^2 eingeführt (dort Gl. 3.6):

$$\chi^2 - Wert: \quad \chi^2 = \sum_{i=1}^{k} \sum_{j=1}^{m} \frac{\left(h_{ij} - \frac{h_i.h._j}{n} \right)^2}{\frac{h_i.h._j}{n}} \tag{8.1}$$

Für einen Hypothesentest der Hypothesen

H_0: Alle Merkmalskombinationen sind voneinander unabhängig vs.

H_1: Wenigstens eine Ausprägungskombination ist abhängig

wird dieses χ^2 als Prüfgröße herangezogen.

Der im Folgenden vorgestellte Test ist nur unter bestimmten Bedingungen zulässig:

▶ **Grundbedingungen χ^2-Test**
Die erwartete Häufigkeit ist in mindestens 80 % der Fälle > 5.
Keine der erwarteten Häufigkeiten ist 0.

Die Wahrscheinlichkeit des errechneten χ^2-Werts wird anhand der sogenannten χ^2-Verteilungen ermittelt. Die χ^2-Verteilungen sind genauso wie die Normalverteilungen feste Verteilungen einer Verteilungsfamilie und beschreiben die Summe mehrerer standardnormalverteilter, quadrierter ZV.

Diese Verteilungen lassen sich dazu verwenden, zu prüfen, ob die Summe von quadrierten Variablen, die in Form der quadrierten Differenz von erwarteten und beobachteten Häufigkeiten in das χ^2-Maß einfließen, der Ausprägung einer entsprechenden χ^2-Verteilung entspricht (→ es besteht kein Zusammenhang) oder ob das errechnete χ^2-Maß zu groß ist, was dann darauf schließen lässt, dass es sich nicht um zufällige Abweichungen handelt (→ Unabhängigkeit muss abgelehnt werden).

Damit kann dann folgende Nullhypothese getestet werden.

H_0: Alle Zellen sind voneinander unabhängig ($\chi i^2 = 0$)	vs.	H_1: Zwischen wenigstens zwei Zellen besteht ein Zusammenhang

Zur Bestimmung der passenden χ^2-Verteilung werden die sogenannten Freiheitsgrade herangezogen. Weist eine Kreuztabelle *einen* Freiheitsgrad auf, dann wird die $\chi^2(1)$- Verteilung verwendet, bei *drei* Freiheitsgraden eine $\chi^2(3)$-Verteilung usw. Die Freiheitsgrade sind die Zellen einer Kreuztabelle, die bei fest gegebenen Rändern frei variieren können, denn nur so viele Zufallsvariablen bilden zusammen den χ^2-Wert dieser Tabelle.

► Die Zahl der Freiheitsgrade einer Kreuztabelle ergibt sich wie folgt:

$$k = \text{Anzahl Spalten},\ m = \text{Anzahl Zeilen:}\quad df = (m-1)\ x\ (k-1) \tag{8.2}$$

	A	B	C	
m	*10*			50
w			*25*	50
	40	20	40	100

(m-1)(k-1) =
(2-1)(3-1)= 2 x 1=
2 Freiheitsgrade

	A	B	
m	*10*		50
w			50
	40	60	100

(m-1)(k-1) =
(2-1)(2-1)= 1 x 1=
1 Freiheitsgrade

	A	B	C	D	
m	*10*			5	50
w			*25*		50
	35	20	30	15	100

(m-1)(k-1) =
(2-1)(4-1)=1 x 3 =
3 Freiheitsgrade

Ist χ^2 gemäß Gl. 8.1 errechnet und die passende Verteilung mit Gl. 8.2 ermittelt, so wird im letzten Schritt geprüft, ob der errechnete χ^2-Wert kleiner oder größer ist als das 1-α-Quantil der entsprechenden χ^2-Verteilung. Ist das Maß größer, dann wird die Unabhängigkeit abgelehnt. Wenigstens zwischen zwei der Ausprägungen besteht dann ein Zusammenhang.

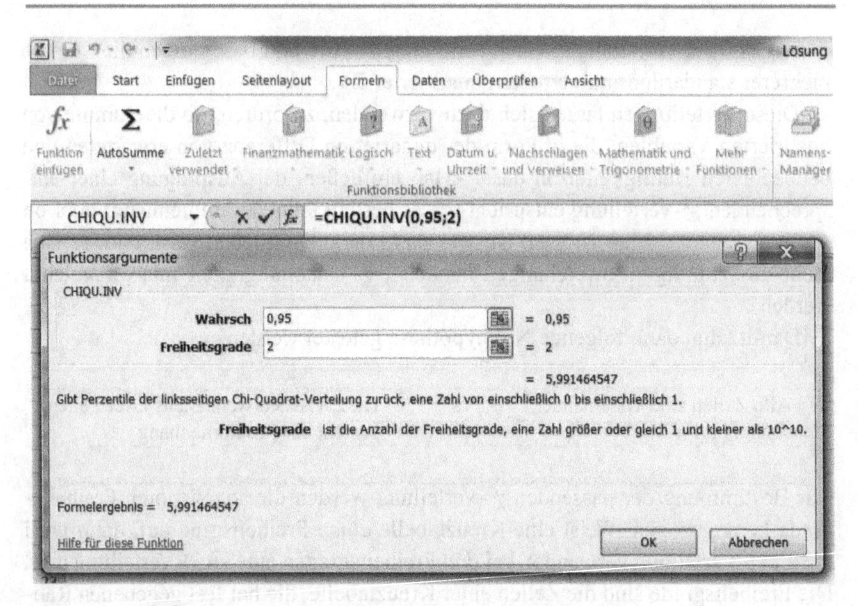

Abb. 8.1 Ermittlung des Quantils einer χ^2-Verteilung über Excel

▶ Testentscheidung: Lehne H_0 ab, wenn

$$\chi^2 > \chi^2_{1-\alpha}\big((k-1) \times (m-1)\big) \tag{8.3}$$

Eine Übersicht ausgewählter Quantile ausgewählter χ^2-Verteilungen (χ^2-Verteilungen) finden Sie z. B. bei Bortz und Schuster 2010, S. 588.

Bei Excel bekommen Sie das Quantil über die Funktion=CHIQU.INV(1 − α; Freiheitsgrade) (Abb. 8.1). Bei **Wahrsch** geben Sie den p-Wert des gesuchten Quantils, nach Gl. 8.3 also 1 − α ein. Bei **Freiheitsgrade** sind die berechneten Freiheitsgrade (Gl. 8.2) einzugeben.

Beispiel 8.1 Programmzufriedenheit und Satellitenempfang (vgl. Kap. 3).

Tab. 8.1 Zusammenhang zwischen Programmzufriedenheit und Satellitenempfang Nutzeranalyse $n = 121$

Satellitenempfang	Zufriedenheit mit dem Programm:			
Beobachtet gemeinsame Häufigkeiten	Nicht zufrieden	Weniger zufrieden	Sehr zufrieden	Randsumme
Kein Satellitenempfang	9	51	28	88
Satellitenempfang vorhanden	3	11	19	33

Tab. 8.1 (Fortsetzung)

Satellitenempfang	Zufriedenheit mit dem Programm:			
Erwartete *Häufigkeiten*				
Kein Satellitenempfang	8,7	45,1	34,2	88
Satellitenempfang vorhanden	3,3	16,9	12,8	33
Differenz beobachtete und erwartete Häufigkeiten				
Kein Satellitenempfang	0,3	5,9	−6,2	0
Satellitenempfang vorhanden	−0,3	−5,9	6,2	0
Quadrierte und mit erwarteten Häufigkeiten gewichtete Differenzen				
Kein Satellitenempfang	$0{,}3^2/8{,}7=0{,}01$	0,77	1,12	1,9
Satellitenempfang vorhanden	0,02	2,07	2,98	5,07
			Summe	*6,97*

Es geht um den Zusammenhang zwischen Programmzufriedenheit und Empfangsmöglichkeit Satellitenempfang. χ^2 wurde berechnet als 6,97 (Tab. 8.1.)

Aus Anzahl Spalten k=3, Anzahl Zeilen m=2 folgt nach Gl. 8.2→ df=(3−1) x (2−1)=2×1=2 Freiheitsgrade. Das entsprechende $\chi^2_{0,95}$ (2)=5,9915 wird mit Hilfe von Excel abgelesen (Abb. 8.1) → Weil 6,97>5,9915 folgt: Lehne H_0 ab.

Programmzufriedenheit und Satellitenempfang sind nicht voneinander unabhängig, sondern die Zufriedenheit ist bei Satellitenempfang höher als bei alternativen Empfangsmöglichkeiten

8.1.2 X²-Test mit Excel

Die Berechnung eines χ^2-Test mit Hilfe von Excel ist grundsätzlich recht einfach sobald die Kreuztabellen der beobachteten und der erwarteten Häufigkeiten vorliegen, da das Programm mit CHIQU.TEST direkt eine Funktion zur Berechnung der Irrtumswahrscheinlichkeit anbietet (Abb. 8.2)

Um den Test durchzuführen, müssen die jeweiligen Bereiche der beiden Kreuztabellen (beobachtete und erwartete Werte) markiert werden (vgl. Abb. 8.3). Als Ergebnis erscheint die Irrtumswahrscheinlichkeit dafür, die Nullhypothese „Kein Zusammenhang" fälschlicherweise abzulehnen. Hier liegt sie mit 0,031 unter 0,05. Die Nullhypothese wird abgelehnt.

Bei SPSS findet sich der Test im Rahmen des Menüpunkts Kreuztabellen (vgl. Kap. 3.2.4). Nachdem die Variablen angegeben wurden und die gewünschten Werte in den Zellen angeklickt wurden, findet sich unter dem Punkt STATISTIKEN die Option Chi-Quadrat. Klickt man diese an, dann wird der χ^2-Unabhängigkeitstest berechnet.

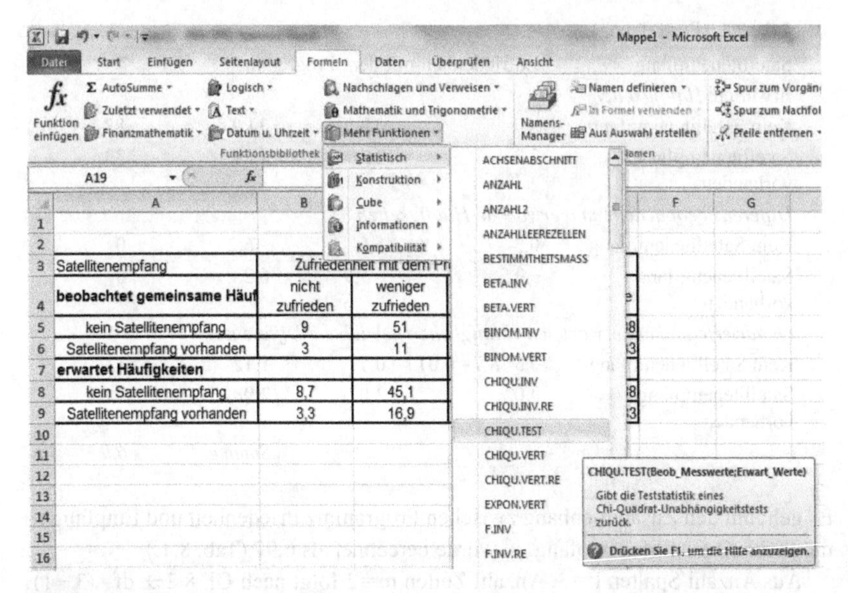

Satellitenempfang	Zufriedenheit mit dem Pr	
beobachtet gemeinsame Häuf	nicht zufrieden	weniger zufrieden
kein Satellitenempfang	9	51
Satellitenempfang vorhanden	3	11
erwartet Häufigkeiten		
kein Satellitenempfang	8,7	45,1
Satellitenempfang vorhanden	3,3	16,9

Abb. 8.2 Funktion für den χ^2-Test bei Excel

Satellitenempfang	Zufriedenheit mit dem Programm:			
beobachtet gemeinsame Häuf	nicht zufrieden	weniger zufrieden	sehr zufrieden	Rand-summe
kein Satellitenempfang	9	51	28	88
Satellitenempfang vorhanden	3	11	19	33
erwartet Häufigkeiten				
kein Satellitenempfang	8,7	45,1	34,2	88
Satellitenempfang vorhanden	3,3	16,9	12,8	33

Funktionsargumente

CHIQU.TEST

Beob_Messwerte B5:D6 = {9.51.28;3.11.19}

Erwart_Werte B8:D9 = {8,7.45,1.34,2;3,3.16,9.12,8}

= 0,030252955

Gibt die Teststatistik eines Chi-Quadrat-Unabhängigkeitstests zurück.

Beob_Messwerte ist der Bereich beobachteter Daten, den Sie gegen die erwarteten Werte testen möchten.

Formelergebnis = 0,030252955

Hilfe für diese Funktion OK Abbrechen

Abb. 8.3 χ^2-Test mit Excel – Eingabe beobachtete und erwartete Werte

Die Analyse und die Interpretation der Art des Zusammenhangs erfolgen gemäß der in Kap. 3 besprochenen Strategien.

8.2 Test auf Signifikante Korrelation

Wie der Name andeutet verfolgt dieser Test das Ziel, zu prüfen, ob der, in der Stichprobe festgestellte und mit dem Pearsonschen Korrelationskoeffizienten ausgedrückte Zusammenhang zwischen zwei metrischen Merkmalen auf die Grundgesamtheit übertragen werden kann.

Der Korrelationskoeffizient (5.2.2) wird dabei wie folgt berechnet (vgl. Gl. 5.4):

▶ **Bravais-Pearson-Korrelationskoeffizent** Aus den Daten $(x_{i,} y_i)$, $i = 1,\ldots,n$ ergibt dieser sich als

$$r_{XY} = \frac{\sum_{i=1}^{n}(x_i - \bar{x})(y_i - \bar{y})}{\sqrt{\sum_{i=1}^{n}(x_i - \bar{x})^2 \sum_{i=1}^{n}(y_i - \bar{y})^2}} = \frac{\tilde{s}_{XY}}{\tilde{s}_X \tilde{s}_Y} \tag{8.4}$$

Er nimmt Werte zwischen -1 und $+1$ an, wobei gilt:
1 = direkt proportionaler, linearer Zusammenhang
-1 = indirekt proportionaler, linearer Zusammenhang
0 = Unabhängigkeit bzw. kein linearer Zusammenhang

Dabei wird der unbekannte Zusammenhang zwischen den beiden Variablen X und Y in der Grundgesamtheit mit ρ_{XY} ausgedrückt.

▶ Für einen Hypothesentest
H_0: Beide Merkmale korrelieren nicht miteinander ($\rho_{XY} = 0$) vs.
H_1: zwischen den Merkmalen besteht ein positiver bzw. negativer Zusammenhang ($\rho_{xy} \neq 0$) – wird r_{xy} dazu verwendet, ρ_{XY} zu schätzen.

Es ergeben sich folgende mögliche Testsituationen:

H_0: $\rho_{XY} = 0$ vs. H_1: $\rho_{XY} \neq 0$
H_0: $\rho_{XY} \geq 0$ vs. H_1: $\rho_{XY} < 0$
H_0: $\rho_{XY} \leq 0$ vs. H_1: $\rho_{XY} > 0$

Ist $n>25$[1], dann können zufällige Abweichungen von einem Korrelationskoeffizienten 0 (Situation $H_0\ \rho_{XY}=0$ kein Zusammenhang) als standardnormalverteilt angenommen werden:

$$\rho_{XY} \sim N(0,1) \tag{8.5}$$

Die Standardabweichung dieser Normalverteilung

$$\text{wird damit geschätzt als } \sqrt{\frac{1-r_{xy}^{2}}{n-2}} \tag{8.6}$$

Es ergeben sich folgende Testentscheidungen:

$$H_0: \rho_{XY} = \mu_0: \quad \text{Lehne ab, wenn} \quad p(X > \rho_{XY}) > 1-\frac{\alpha}{2}$$

$$\text{oder wenn} \quad p(X \leq \rho_{XY}) < \frac{\alpha}{2} \tag{8.7}$$

$$H_0: \rho_{XY} \geq \mu_0: \text{ Lehne ab, wenn} \quad p(X > \rho_{XY}) > 1-\alpha \tag{8.8}$$

$$H_0: \rho_{XY} \leq \mu_0: \text{ Lehne ab, wenn} \quad p(X \leq \rho_{XY}) < \alpha \tag{8.9}$$

(vgl. Fahrmeier et al. 1999, S. 455)

Um die Testentscheidung zu treffen, werden zwei Möglichkeiten erläutert – einmal die Berechnung der Irrtumswahrscheinlichkeit mit Hilfe von Excel und zum andern die Testentscheidung mit Hilfe der Quantile der Standardnormalverteilung.

8.2.1 Korrelationstest – Testentscheidung mit Hilfe von Excel

Entsprechend dem Vorgehen bei 7.2 kann zur Testentscheidung die Irrtumswahrscheinlichkeit mit Hilfe von Excel ermittelt werden. Nachdem die entsprechende Funktion (NORM.VERT) (vgl. Abb. 7.1) geöffnet wurde, werden die Funktionsparameter (vgl. Abb. 7.2) eingegeben:

X: Den Wert, dessen Wahrscheinlichkeit $P(X \leq x)$ man sucht, also r_{yx}

Mittelwert: Im Sinn von $H_0=0$ für kein Zusammenhang → 0

---

[1] Bei einer kleineren Stichprobe ist die Prüfgröße Student-t($n-2$)-verteilt. Vgl. dazu auch Fahrmeier et. al. (1999, S.434ff.)

Standabw.: Als Standardabweichung $\sqrt{\frac{1-r_{xy}^{2}}{n-2}}$ (8.6)

Kumuliert: Wahr, denn es werden die Werte der Verteilungsfunktion benötigt.

Beispiel 8.2 Signifikante Korrelation

Bei einer Stichprobe vom Umfang n = 45 liegt ein positiver Korrelationskoeffizient von $r_{xy} = 0{,}35$ vor. Kann dieser mit einem Irrtumsniveau von max. $\alpha = 0{,}05$ auf die Grundgesamtheit übertragen werden?

Verteilung unter H_0 nach Gl. 8.5: $\rho_{XY} \sim N(0,(1-r_{xy}^2)/n-2)$

Schätzung von σ^2 nach Gl. 8.6: $(1-r_{xy}^2)/n-2) = (1-0{,}35^2)/43) = 0{,}020$.

Berechnen von σ: $\sigma = \sqrt{\sigma^2} = \sqrt{0{,}020} = 0{,}141$

Einsetzen NORM.VERT(0,35;0;0,141;WAHR). Die Wahrscheinlichkeit $P(\rho_{xy} \leq r_{xy})$ ergibt 0,9935. Da es sich um einen positiven Korrelationskoeffizienten handelt muss $P(\rho_{xy} > r_{xy})$ ermittelt und mit α verglichen werden (Gl. 8.7): $1-P(\rho_{xy} \leq r_{xy}) < \alpha \rightarrow$ $1\text{-}0{,}9928 < 0{,}05 \rightarrow H_0$ ablehnen. Der Wert kann auf die Grundgesamtheit übertragen werden.

Bei SPSS findet ein Test auf signifikante Korrelation automatisch statt, sobald eine bivariate Korrelation durchgeführt wird, wird die Irrtumswahrscheinlichkeit automatisch mit ausgegeben (vgl. 5.2.3).

Sobald der in der Zeile „Signifikanz“ (in unserem Fall 2-seitig) stehende Wert kleiner ist als die zulässige Irrtumswahrscheinlichkeit, kann die Nullhypothese „kein Zusammenhang“ abgelehnt werden. In der von SPSS ausgegebenen Tabelle (Tab. 8.2) trifft dies für keinen Zusammenhang zu. Die Auswahl zwischen einem einseitigen (H_0: $\rho_{XY} \geq 0$ bzw. $\rho_{XY} \leq 0$ oder einem zweiseitigen Test H_0: $\rho \neq 0$) muss vom Nutzer getroffen werden. Voreingestellt ist normalerweise der zweiseitige Test. Damit der Benutzer in jedem Fall einfach nur den Wert bei „Signifikanz“ mit dem als zulässig festgelegten Signifikanzniveau vergleichen muss, wird die Irrtumswahrscheinlichkeit beim zweiseitigen Test für beide Seiten addiert ausgegeben.

Die in diesem Skript verwendete Regel zur Testentscheidung (Gl. 8.7):

Lehne H_0 ab, wenn $p(X > \rho_{XY}) > 1-\frac{\alpha}{2}$ oder wenn $p(X \leq \rho_{XY}) < \frac{\alpha}{2}$ entspricht formal den oben angewendeten Testentscheidungen. Hier wird allerdings zwischen positiven und negativen Werten unterschieden, deshalb wird der Wert mit α/2 verglichen.

Tab. 8.2 SPSS-Ausgabe Bivariate Korrelation

Korrelationen

		Für Beruf pro Woche aufgewendete Stunden	F32_Ausbi_h	F35_aktiv	Für den Haushalt pro Woche aufgewendete Stunden
Für Beruf pro Woche aufgewendete Stunden	Korrelation nach Pearson	1	1,000	-,158	-,149
	Signifikanz (2-seitig)			,198	,221
	N	69	2	68	69
F32_Ausbi_h	Korrelation nach Pearson	1,000	1	,273	,217
	Signifikanz (2-seitig)			,080	,166
	N	2	42	42	42
F35_aktiv	Korrelation nach Pearson	-,158	,273	1	,043
	Signifikanz (2-seitig)	,198	,080		,644
	N	68	42	120	120
Für den Haushalt pro Woche aufgewendete Stunden	Korrelation nach Pearson	-,149	,217	,043	1
	Signifikanz (2-seitig)	,221	,166	,644	
	N	69	42	120	121

8.2.2 Korrelationstest – Testentscheidung über die Bestimmung des Ablehnungsbereichs anhand der Standardnormalverteilung

Auch für ρ_{xy} kann man die Testentscheidung ohne Computer treffen, indem man sich wieder der z-Transformation bedient.

$$\text{Aus } \rho XY \sim N\left(0, \left(1-r_{xy}^{2}\right)/n-2\right) \text{ ergibt sich } Z = \frac{r \cdot \sqrt{n-2}}{\sqrt{1-r^{2}}} \sim N(0,1) \tag{8.10}$$

$$H_0\text{: } \rho_{XY} = 0\text{: Lehne ab, wenn } |Z| > z_{1-\frac{\alpha}{2}} \tag{8.11}$$

$$H_0\text{: } \rho_{XY} \geq 0\text{: Lehne ab, wenn } Z < -z_{1-\alpha} \tag{8.12}$$

$$H_0\text{: } \rho_{XY} \leq 0 \text{ Lehne ab, wenn } Z > z_{1-\alpha} \tag{8.13}$$

Beispiel 8.3 Signifikante negative Korrelation

Für eine Korrelationskoeffizienten von −0,149 bei einem Stichprobenumfang von 69 (vgl. Tab. 8.2) ergibt sich Z nach Gl. 8.10 als

$$Z = \frac{r \cdot \sqrt{n-2}}{\sqrt{1-r^{2}}} = \frac{-0{,}149 \cdot \sqrt{67}}{\sqrt{1-(-0{,}149)^{2}}} = \frac{-1{,}22}{0{,}99} = -1{,}233.$$

Tab. 8.3 Übungsaufgabe 2: Kreuztabelle Recherche nach Fitness/Ernährung x Kosmetik/Wellness/Spa

Fitness/Ernährung * Kosmetik/Wellness/Spa Kreuztabelle					
Recherche im Internet im Hinblick aufseiten Fitness/Ernährung		Recherche im Internet nach Kosmetik/Wellness/Spa			Gesamt
		Nie	Selten	Oft	
Nie	Anzahl	47	11	0	58
	Erwartete Anzahl	33,4	16,9	7,7	58,0
	% innerhalb von Fitness/Ernährung	81,0 %	19,0 %	0,0 %	100,0 %
	% der Gesamtzahl	32,6 %	7,6 %	0,0 %	40,3 %
	Anzahl	24	21	5	50
	Erwartete Anzahl	28,8	14,6	6,6	50,0
	% innerhalb von Fitness/Ernährung	48,0 %	42,0 %	10,0 %	100,0 %
	% der Gesamtzahl	16,7 %	14,6 %	3,5 %	34,7 %
Oft	Anzahl	12	10	14	36
	Erwartete Anzahl	20,8	10,5	4,8	36,0
	% innerhalb von Fitness/ Ernährung	33,3 %	27,8 %	38,9 %	100,0 %
	% der Gesamtzahl	8,3 %	6,9 %	9,7 %	25,0 %
Gesamt	Anzahl	83	42	19	144
	Erwartete Anzahl	83,0	42,0	19,0	144,0
	% innerhalb von Fitness/Ernährung	57,6 %	29,2 %	13,2 %	100,0 %
	% der Gesamtzahl	57,6 %	29,2 %	13,2 %	100,0 %

Bei H_0: $\rho_{XY} \geq 0$ gilt nach Gl. 8.12: Lehne H_0 ab, wenn $Z < -z_{1-\alpha}$

Bei einem Irrtumsniveau von $\alpha = 0{,}05 \rightarrow Z_{0,95}$ ergibt sich als 1,64. Da $-1{,}233 > -1{,}64$ wird die Nullhypothese nicht abgelehnt.

Übungsaufgaben Kapitel 8

1. Zwischen zwei Merkmalen wurde in einer Stichprobe vom Umfang $n = 27$ eine Korrelation von $-0{,}25$ berechnet. Besteht ein signifikanter negativer Zusammenhang? Die zulässige Irrtumswahrscheinlichkeit wird mit $\alpha = 0{,}05$ festgelegt.
2. In Tab. 8.3 finden Sie das Ergebnis einer Befragung zur Gesundheitskommunikation – nach welchen Gesundheitsthemen recherchieren die Befragten im Internet?
   Welcher Zusammenhang lässt sich erkennen? Ist der Zusammenhang zum Niveau $\alpha = 0{,}01$ signifikant?

Lernzielkontrolle Kap. 8

Wie lautet bei einem Zusammenhangstest die Nullhypothese? Wie kann auf signifikante Korrelation getestet werden? Welche Prüfgröße wird zum Testen eines signifikanten Zusammenhangs in einer Kreuztabelle verwendet? Welche Voraussetzungen müssen für einen Chi^2-Test gegeben sein? Welche Stichprobengröße muss vorliegen, damit ein Test auf signifikante Korrelation mit einer Normalverteilung durchgeführt werden kann?

Literatur

Bortz, Jürgen, und Christof Schuster. 2010. *Statistik für Human- und Sozialwissenschaftler*. 7., vollst. überarb. u. erw. Aufl. Berlin: Springer.

Fahrmeier, Ludwig, Rita Künstler, Iris Pigeot, und Gerhard Tutz. 1999. *Statistik. Der Weg zur Datenanalyse*. 2. verb. Aufl. Berlin: Springer.